U0645725

本书系2013年教育部人文社会科学研究专项任务项目（高校思想政治工作）一类课题《在大学生中积极培育和践行社会主义核心价值观研究》中期研究成果。

一位高校辅导员的100篇"微"日志

曾 鑫 著

GUANGXI NORMAL UNIVERSITY PRESS

广西师范大学出版社

·桂林·

图书在版编目（CIP）数据

一位高校辅导员的 100 篇"微"日志 / 曾鑫著. —
桂林：广西师范大学出版社，2014.11（2019.5 重印）
（高校辅导员 100 系列丛书 / 高杨，赵东主编）
ISBN 978-7-5495-5849-0

Ⅰ. ①一… Ⅱ. ①曾… Ⅲ. ①高等学校－辅导
员－工作 Ⅳ. ①G645.1

中国版本图书馆 CIP 数据核字（2014）第 200152 号

广西师范大学出版社出版发行

（广西桂林市五里店路 9 号 邮政编码：541004）
（网址：http://www.bbtpress.com）
出版人：张艺兵
全国新华书店经销
湛江南华印务有限公司印刷
（广东省湛江市霞山区绿塘路 61 号 邮政编码：524002）
开本：880 mm ×1 240 mm 1/32
印张：10.875 字数：260 千字
2014 年 11 月第 1 版 2019 年 5 月第 4 次印刷
印数：9 001~11 000 册 定价：40.00 元

如发现印装质量问题，影响阅读，请与出版社发行部门联系调换。

总序 ZONG XU

教育部思想政治工作司司长　冯　刚

　　高校辅导员是大学生思想政治教育工作的直接组织者和实施者,是大学生健康成长的指导者和引路人,肩负着引导大学生积极践行社会主义核心价值观的重要使命。如何完成时代赋予的新使命,成为一名能够指导和帮助学生健康成长的优秀辅导员老师,不仅是高校辅导员自身成长发展的需要,也是高校辅导员完成培养社会主义建设者和接班人的时代重任的需要。2014年5月4日,习近平总书记与北京大学师生座谈时强调:青年要自觉践行社会主义核心价值观,与祖国和人民同行,努力创造精彩人生。高校辅导员应该在引导青年学生自觉培育和践行社会主义核心价值观方面发挥积极作用。

　　大学生是青年群体的一个重要组成部分,是青年群体中的佼佼者,理应走在践行社会主义核心价值观的前列。大学生正处于价值观形成和确立的关键时

1

期,而他们的价值取向影响着未来整个社会的价值取向。习近平总书记指出:"对一个民族、一个国家来说,最持久、最深层的力量是全社会共同认可的核心价值观。"的确,经过几代人的努力,今天的中国已经站在了新的历史起点上,比历史上任何时期都更有条件实现中华民族伟大复兴的梦想。而实现中国梦需要广大青年自觉践行社会主义核心价值观,需要他们在践行中激扬青春、开拓人生、奉献社会。在今天,共塑富强、民主、文明、和谐,自由、平等、公正、法治,爱国、敬业、诚信、友善的价值观念,已经成为全国各族人民的共识。大学生们只有牢固确立社会主义核心价值观的理念,一辈子的路才能走得正,走得宽,走得远。而随着移动互联网技术的快速发展,文化传播的速度在加快,社会思想环境日益复杂,这对高校辅导员做好思想教育工作提出了新要求、新挑战,使他们在通向优秀之路上需要付出更多的努力,这也正是辅导员工作的价值和魅力所在。

"高校辅导员100系列"丛书正是为了帮助高校辅导员应对诸多新挑战而编写的。它涵盖了各个层面的辅导员工作,是辅导员队伍建设领域的一项重要实践成果,对进一步推动辅导员队伍建设,提升思想政治教育工作的科学化水平具有积极的作用和重要的参考价值。丛书由4本书组成:《优秀高校辅导员给大学生的100封信》是100名优秀辅导员以"给大学生的一封信"为题写成的100篇文章,他们最想对学生说的话语,或者是他们认为最有必要给学生的提醒和建议;《给高校辅导员的100条建议》的作者是有着多年基层学生工作经验,练就了学生工作"十八般本领"的一线辅导员老师,他们结合自己工作中的体验和思考,对辅导员尤其是新辅导员提出最为实际和有效的100条建议,是辅导员做好工作的重要参考;《高校辅导员"微"心语100篇》选取100篇全国高校辅导员的优秀博文,以"中国梦·育人梦"为主题加以贯穿,既能引导大学生解决思想、学习、就业、心理等方面的实际问题，又可帮助辅导员理清工作思路、交流工作技巧；《一位高校辅导员的 100 篇"微"日志》的作者虽然是辅导员岗位上的"新面孔"，却早已在学生工作领域里"耳濡目染"多年，作为"微时代"的辅导员，他抓住了"新媒体"这对翅膀，其撰写的系列文章既有对学生成长的悉心指导，也有对辅导员自身成长的深切关注，以独特的视角映射了一个新时代辅导员的成长之路。

党的十八大报告指出，要把立德树人作为教育的根本任务，培养德智体美全面发展的社会主义建设者和接班人，培养学生的社会责任感、创新精神和实践能力，这对在高校育人过程中发挥重要作用的高校辅导员队伍提出了更高的要求。不少高校也把辅导员队伍建设放到高等教育改革发展稳定的大局中进行谋划和推进，逐步完善标准体系、制度体系和培训体系，扎实推进高校辅导员队伍的专业化、职业化建设。在此过程中，要想成为一名优秀辅导员，不但需要良好的政治素质和道德修养，而且需要不断提升职业素养和业务水平。相信这套丛书能为高校辅导员们提供有益的帮助。

是为序。

2014 年 11 月

自　序

　　做辅导员以来,工作之余,也常自省每日之得失,每每有所得,常常想形成以文,但有时候忙于事务,有时候又难免有所倦怠,终归是很多想法被搁浅了,但我却不觉得可惜。所谓文章的得失,正如农夫播种,种下去的种子,有的发芽了,有的却没有。时节的更替没有留给我们懊恼的机会,我想每一个播种的人都会将收获的希望寄托在那些已经破土的嫩芽身上,去培土,去浇灌,去耕耘。于是,我尽量按着工作和生活的节奏来治文章:以文记事,托文言志,反思工作,省察自我,体味生活。到今天,这片自留地倒也发出了不少嫩芽,于是便有了这本关于辅导员工作的集子。

　　记得初入大学,有那么一段时间自己是在迷茫中度过的。虽然满怀理想,但终究免不了青葱岁月里的躁动。迷茫中,幸而得到辅导员的指引,才让我看清方向,坚定前行。岁月更替,人随时迁,如今,我自己也成了一名辅导员,肩上扛着导航青春、立德树人的使命。每当看到大学生被成长中的一些问题所困扰时,我就仿佛看到了从前的自己。为与自己谈心,为青年解惑,线下谈心,线上辅导,我开辟了一个导航青春的"曾哥谈心坊"。每次把文章贴上网络,都得到同学们的关注和回应,欣喜之余,也更多地感到了身上的责任。

正因为这种责任的重大,我不断地感觉到能力的贫乏和自身的欠缺。随着工作的深入,一些不足和困惑也出现在了辅导员这条职业成长的道路上。幸好有前辈们的指点和同事们的帮助,让我一路走来。有时候提笔反思,想到那些面对工作难题不知道如何处理的焦虑、那些因事情处理不到位而产生的懊恼和那些辅导员工作中的乐与忧,我庆幸,每一次的忧虑、每一段的经历最后都已化成故事的素材,都已化成可以引发思考的节点。经历过实践的锤炼和思想的拷问,我终于发现,原来所有问题都可以成为我们改进工作的动力和财富,都可以成为我们职业成长路上的开山之石。于是便有了《行者无疆——职业成长路》《且行且思——工作鑫思考》《朝花夕拾——辅导员反思录》和《教育时评——热点鑫观察》等几个篇章。我想,在做好学生成长辅导这一中心工作之外,关注辅导员自身的职业成长路,于我们辅导员队伍建设,于我们学生工作的开展,也是一件颇具意义的事情吧。

人们常说,世上没有比人更高的山峰。在辅导员这条道路上,跋涉的途中有曲折,有艰辛,也有沁人心脾的幸福和快乐,让我们坚定信念,且行且思,执着前行,一起攀登属于我们心中的那座山峰吧!

目录

一、行者无疆——职业成长路

2　我们能给学生留下些什么

5　辅导员的关注圈和影响圈

8　辅导员气场论

12　辅导员的快乐事

15　辅导员如何传递正能量

18　新辅导员如何快速融入院系

21　新辅导员如何消除演讲中的"晕台反应"

24　年轻辅导员如何经营好自己的人脉

28　辅导员如何降低烦恼指数

31　让辅导员高效地忙起来

34　领导错了怎么办

37　辅导员要有"春晚导演"的心态

40　辅导员职业发展要谨防"青蛙"心态

43　三味"心态药",防治辅导员"三高症"

46　把职业当成事业

二、青春物语——曾哥谈心坊

50	"去哪儿了"的思考
53	成功的标准
56	误人的"天赋论"
59	开学致辞
62	和你"同居"的日子
65	欢迎加入外貌协会
68	劝君莫做"低头族"
71	用马克思主义哲学原理指导大学生的学习和就业
78	一个关于生活的疑问
82	给"拖延症患者"的处方
85	四六级"马后炮"
87	2014，你该如何存在
90	刍论考试之正道
93	致小崔同学说二三事
96	如何破解"求而不得"的遗憾
102	能不能像打游戏一样搞学习
106	大学生专业实习重在"炼心"
109	中国合伙人：性格、标签和人生轨迹
112	核心价值观——中国梦征程中的精神家园
116	我是一个心直口快的人，我需要改变吗？
120	不喜欢的专业可能通往一个新的世界
124	宰相必起于州部，猛将必发于卒伍

三、且行且思——工作"鑫"思考

130　加强辅导员的"微素养"

133　学生工作中的"用户体验"

137　辅导员工作中的"小米模式"

141　解放思想,尽好我们的"微"薄之力

144　培育"意见领袖",引导"布朗运动"

147　一个"无节操"的应用——小抄网

150　经营好辅导员的情报系统

153　开好年级会的十个建议

158　如何谈话才能打开学生的"话匣子"

161　参加培训要做到"三从四得"

164　赞美的力量

167　群发的短信我也回

170　恼人的秋风

172　培养我们的年级性格

176　巧用"冷处理",化解"热问题"

180　辅导员要用好批评

184　如何让学生"落选不落伍"

187　巧用"三种效应"提升学生干部执行力

190　用好"三面镜",做好"三深入"

193　走访宿舍是个技术活

196　家校多沟通,"包邮"不可少

199　贫困生资助,不妨多点"暗箱操作"

202	学风问题，无人能够推卸责任
206	学生安全稳定中的"海恩法则"与"墨菲定律"
210	打造学生工作品牌力求"三戒"
213	学生工作品牌建设谨防"烂尾"
216	用好辅导员考核这根"指挥棒"

四、朝花夕拾——辅导员反思录

220	关爱的尺度
223	台上台下的学问
226	生活中的"视而不见"
229	挺身入局
232	遇见不喜欢的自己
235	跟推销员学习打电话
239	算盘往事
242	人与工具
245	"总的来说"
247	不要滥用你的建议
250	对"西游记团队"的冷思考
254	新形势下辅导员的"学生观"
257	从"元芳，你怎么看"来谈谈辅导员的议事和用人
262	谈谈学生的执行力
265	建立学生的判断体系
268	截止日期：被拖延的生产力
271	没有努力就没有奇迹

274 因为优秀，难以卓越

五、教育时评——热点"鑫"观察

278 成为每一个孩子心中的"卡洛斯"

282 我与流浪状元谈谈心

285 在每一个学生心中建立一座逸夫楼

287 像新闻联播一样开始"卖萌"

290 《爸爸去哪儿》：张亮是个好辅导员

293 给"另类青年"多一些包容

296 青春的维度不只是"北上广"

299 司法审判能否为扭曲的人性刮骨疗毒

301 被忽视的教育——从一封不靠谱的邮件谈起

303 "记住父母生日"——一道被忽视的"难题"

306 有必要给大学生补补消费课

309 不妨给"潮课"点个赞

312 莫让"心灵鸡汤"腻了大学生的心

315 从"学渣"到"学霸"——跨越那一步之遥

318 令人忧心的"逃课神器"

322 书香校园，给大学生注入一剂精神"读"药

325 为"理科身"安上一颗"文艺心"

328 也谈《江南 style》

后　记

1

行者无疆 —— 职业成长路

我们能给学生留下些什么

周末,同学的婚宴上,久违了的老同学齐聚一堂,围着大学时的辅导员坐了一圈,八个人的桌子,硬是挤了十二个人。平常大家都忙于工作,各自的生活又有太多的琐碎事,难得聚在一起,回忆往事、叙旧感怀就变得那么自然。

席间,大家聊到对大学的记忆。很多人说,对于自己在大学里上过的课,听过的讲座,大都记不清楚了。工作以后有的同学没有从事与自己的专业相关的工作,甚至连专业知识都丢得差不多了。倒是辅导员开年级会讲过的一些话,带我们做过的一些活动,现在谈起来却是记忆犹新。有位女同学还说,那时候,老师常领着我们去福利院看望孤寡老人,自己是每周都去。现在毕业了,工作了,有了自己的家庭,虽然不像学生时代那样有那么多的时间去做一些公益活动,但是自己每次看到老人上公交车都主动让座,看到有老太太在路边摆摊卖袜子鞋垫什么的,尽管自己不缺,也总是想去买一两双。

听了她的讲述,大家都觉得很有触动。仔细想起来,自己现在的一些想法和某些价值观,有很大一部分都是在大学时期形成的,并且与辅导员的影响有很大的关系。就像这位女同学一样,大学时候的福利院之行,就是辅导员在她心里用公益种下了一颗善良的种子,给她留下了一种对人、对这个世界的人文关怀。这让现在身为辅导员的我,产生了思考,我不禁向自己发问:作为一名教育者,我又能够给这些成长中的孩子留下些什么呢?

最近,我承担了我校"1＋1＋1"人才培养计划中"中国特色社会主义理论培训学校"的一个小班的班主任工作,主要任务是带领学员开展以"理论沙龙"和"实情研究"为形式的教育实践活动。同学们围绕改革发展中的社会热点展开讨论,深入社会开展实际调研,"指点江山、激扬文字",书写青年责任,抒发追梦情怀。

这种探索式的实践育人带给我出乎意料的收获,我欣喜地看到同学们身上所迸发出来的对于改革的关注和作为一名青年大学生身上所体现出来的社会责任感。他们不仅接受到了理论的熏陶,同时也主动地将自己融入到对整个社会发展进程的思考中。教育的本质应该是一个"化"的过程,这种探索式、实践式的育人对于学生的意义不仅仅是简单的知识的增长,更是一种思维和价值判断的锻炼,是一种胸怀和情操的培养,从长远来说,前者对于学生的影响是阶段性的,而后者则是深入骨髓的。

问题的答案似乎就在这里。对于教育而言,它体现在人身上的效果有长期和短期之分。短期的教育效果如知识和技能,可以通过训练习得,也可以通过考试检测,其效果取决于训练的时间与强度。但教育的长期效果,体现在对人心灵的陶冶、精神境界的提升,则需要通过熏陶的方式来获得,而这才是关乎学生个人乃至整个社会未来的决定因素。作为一名辅导员,我们本身不担任专业课程的教学工作,知识的传授也许不在我们的能力范围之内,但是我们所做的工作却是关于一个人未来的成长乃至整个社会未来走向的事情。对于我们的学生,在保障其取得学业上的收获之外,我们更应该在他们成长的道路上撒播一些关乎人性、道德、责任和真善美的种子。我们的教育应当与生命、青春、生活同步,与社会同轨,与国家民族的发展进步同脉搏。我们应当给学生打下善良的底色,应当更多地体现生活的主题,引导学生去发现

"生命中的喜悦",去体验"生活中的感动",去思考"个人与社会的关系",去审视"自我价值与社会价值"。"教育的根本在于立德树人",我想,这大概就是我们辅导员能够努力去给学生留下的一些东西吧。

回音壁

"师者,传道,授业,解惑也。""传道"和"授业"解决的是"知其然"层面的问题,只是知识在时间和空间两个维度所发生的"物理性"的延续,给予学生的是"鱼";而"解惑"解决的是"知其所以然"的问题,重在催化出学生无穷的潜力,给予的是"渔"。在高校人才培养中,除专业课老师外,学生们还有一个专属配套的人生导师——辅导员。这是一段存在于师生心里的特殊的、物理距离与化学距离不相一致的路程。请假、谈心谈话、策划活动、各种表格签字盖章,辅导员办公室几乎是所有学生踏入次数最多的一扇门,也是最熟悉的物理路程。但当毕业时,又能有多少学生心中能留下一段引起"化学反应"的人生教诲?作为一名辅导员,作为一名老师站在学生面前时,你就注定将用一种特殊的方式开启一段短暂却又深刻的影响年轻生命的旅程,它是神圣的,同时也是细致入微的。德育的真谛在于春风化雨,润物无声,如果非要为它树立一个准则,我想,那一定是:不要辜负那方兴未艾、勃发生机的千万种生命的可能性与创造性,并为他们的成长垫一锹肥沃的土壤。

(郑州大学党委学生工作部部长、学生处处长　戴国立)

辅导员的关注圈和影响圈

最近,有学生在年级会后给我写纸条,上面说了这么一个问题:"想要的太多,超过实际,供需矛盾,内心不静,沉不下心来做眼前的事。"

正好,前不久刚读到了一本畅销书叫做《高效能人士的七个习惯》,里面提到有关关注圈和影响圈的观点,于是就索性借来用用,用关注圈和影响圈的理论对学生做了一番如下的分析解释。

心不静,往往在于你关注的太多。在我们的生活中,我们想要的很多,比如要学习好,要身体健康,要有一份美好的感情,要有一定的经济实力,要有一定的社会地位,要有好的学习环境,要有好的人缘,要得到别人的认可,要健康,要快乐,要拿奖学金,要……我们暂且将这关注的一切都划入关注圈。在这个关注圈内,有些是可以被我们掌控的,比如好好学习,锻炼好身体,好好读几本书,发展一个兴趣爱好,好好把握身边的友谊,珍惜身边的人……这些都是我们现在能够做到的,它们形成一个较小的圈子,叫做影响圈。而有些则超出了我们现在的范围,比如强大的经济实力,别人对我们的看法和其他一切不切实际的想法,等等,这些都是影响圈之外的。而我们需要做的就是积极主动地专注影响圈,专心做自己力所能及的事,使影响圈不断扩大和扩张。这样就会收获很多,而如果把很多的精力和时间都放在关注圈之内,紧盯自己的弱点、环境问题以及超出个人能力范围的事情不放,结果就会越来越怨天尤人，自怜自艾，终日无所事事，碌碌无为。所以，关注并踏踏实实地做目前力所能及的事情才是最重要的。

在对学生做了这样一番解释之后，我不禁也想到了自己。所谓医者不能自医，有时候，我们在替局外人答疑解惑时，其实自己也常常陷入类似的困境。作为辅导员，我们在工作中也常常陷入静不下心来做事的困境。除了被日常事务所扰，另一个重要的原因就是我们想得太多，做不到宁静致远。有时候，我们常常陷入到关注圈之内，想要更好的工作环境，想要更好的待遇、更好的职业发展机会，想要自己的工作得到同行的赞誉，想得到上级的认可……我们想要的很多。但有时候你越是想就越容易分散自己的注意力，就越容易陷入难以集中精力做一件事情的困境。反倒不如脚踏实地、扎扎实实地做好眼前的事情，将自己的注意力集中到眼前的影响圈里。比如，我们不妨利用这些空想的时间多转转学生宿舍，多与学生谈谈心；不妨认认真真地写好那些原本以为不甚重要的工作日志和谈话记录；不妨多与老辅导员谈谈心，学学别人的工作经验和工作方法；不妨静下心来码码字，写下自己的工作感悟和对学生的寄语；不妨对自己的工作多加梳理，认真规划，扎扎实实地做出一些亮点。总之，一切行动都比那些不切实际的想法来得实际。所以，我们辅导员也应该对自己的关注圈和影响圈有足够清醒的认识，建立脚踏实地、扎实实干的工作态度和作风。

回音壁

面对两个半径不同的同心圆，我们是在两个圆中间的空白地带胶着不堪,还是用力把自己能够掌控的影响圈慢慢向外扩充,这是一个人们常常忽视却又在其中兜转的哲学问题。心理学上有这样的一句话:"人的核心竞争力一般都来自不紧不慢的事,读书、锻炼身体,以及业余爱好。"与其艳羡他人的天空斑斓,不如埋头耕耘自己的土地。人们最关注的往往是最不重要的,而忽视的事情却是当下最要紧的事。静心,做好手边的每一件事,那些你期盼的未来,就会如约而至。用来源于做成一件事情的满足感和成就感铺设阶梯,然后站在高处俯视远方,可能空白处已在不经意间被填满。

(郑州大学党委学生工作部部长、学生处处长　戴国立)

辅导员气场论

最近几年,"气场"一词开始流行起来,人们纷纷表示,在人际交往中"气场"很重要。很多时候,大家也拿"气场"一词来形容一个人魅力大、稳得住阵脚,"霸气侧漏"作为形容气场大的一个衍生词,在广大青年学生中使用频率和使用范围一直在不断提高和扩大。

随着气场影响力的不断发展,逐渐有许多人开始研究气场,一时间身背各种头衔的国内外作家、学者开始撰写、出版"气场"方面的专著,有美国人皮克·菲尔博士撰写的《气场》一书,还有号称美国当代著名职场培训师、心理咨询师的大卫·希尔(David Hill)的《气场之最新实战》。当然,在"气场"研究的相关著作中,也少不了中国学者的研究成果,渝京海的《气场大全集》、成杰的《气场》等著作在各大网上书市卖得也挺火热,一时间,"气场修习术"似乎成了家喻户晓的居家、职场必备神器。

其实,要论"气场"的来源,这些著作都未免有些太嫩,早在南北朝时期宋临川王刘义庆所编的《世说新语·容止》里就已生动描述了气场现象。话说,三国时期,匈奴使者觐见曹操,曹操觉得自己形象不帅气,就让一表人才的崔琰装成他接见,自己则扮成武士提着刀站在床头。会见完毕曹操命人问匈奴使者对魏王的印象如何,匈奴使者说魏王俊美,气度非凡,但床头捉刀人才是真正的英雄。用现代的话说就是崔琰虽然仪表堂堂,但是气场强大的曹操才是真英雄。此"代人捉刀"之典故,形象描绘了气场的力量所在,一个人的非凡气度,是外力所难以掩盖的,他往往会释放出耀眼的光芒。

在辅导员工作中,气场也十分重要,辅导员作为学生成长的引路人和人生导师,他的一言一行,一举一动都通过其气质和行为表现出来,形成辅导员的独特气场,直接影响他所教育的学生,影响着他所带年级的班风、学风和整体风貌。所以,辅导员研究点气场修习术也是很有必要的。综合前人的经验以及自己这段时间以来带学生的体会和感悟,我觉得,辅导员修炼气场,重点要养好"五气"。

第一,辅导员要练好底气

辅导员气场修炼的第一步是要练底气。思想政治教育工作是一项复杂的以人为对象的工作,我们做培养人、教育人的工作,首先就要求我们自己有足够的储备。俗话说,想给别人一碗水,自己要有一桶水,想教育别人,就先要提高自己,不断加强自己的知识和能力储备。这就要求我们辅导员不断认真学习思想政治教育的相关理论,要充分了解学生特点,掌握思想政治教育的规律。只有这样,才能不断增强自身的育人底气。

第二,辅导员要弘扬正气

所谓"学高为师,身正为范"。辅导员作为教育者定要为人师表,以身作则,坚守正气,弘扬正气,传播正气。一方面,从思想引导上来讲,辅导员要注重在学生中宣传社会正气,引导学生积极弘扬主旋律、传播正能量,努力培养大学生的社会主义核心价值观,加强其社会责任感、创新精神和实践能力;另一方面,在学生事务的处理中,辅导员一定要坚守正气,努力做到公平、公正,以正服人。

第三,辅导员要充满朝气

朝气是一种积极向上、奋发有为的精神,青年学生风华正茂,正处朝气蓬勃之时。作为辅导员,练好朝气,是融入学生的需要,也是做好工作的需要。一方面,只有辅导员自身充满朝气,才能更好地融入学生、感染学生,带领学生不断进取;另一方面,辅导员工作需要我们饱含激情,如果一个辅导员被长期的工作磨灭了激情,丧失了朝气,就容易陷入暮气沉沉的境地,不思进取,得过且过,最终会误人子弟。

第四,辅导员要饱含锐气

锐气,是一种锐意进取、开拓创新的精神。习总书记曾经说过,"创新,就是敢走别人没走过的路",这就告诉我们要勇于探索实践,想别人没想过的,做别人没有做过的。从当前大学生思想政治教育所面临的形式和情况来看,我们的工作仍然面临严峻的形势,仍然面临许多新情况和新问题,在提高大学生思想政治教育针对性和有效性上还缺乏有效的方法和措施,这就需要我们辅导员在思想政治教育的工作实践中大胆创新,积极探索,形成大学生思想政治教育的有效做法和经验,推动我们的工作不断向前发展。

第五,辅导员要长接地气

在古希腊神话中,大力神安泰是海神和地神的儿子,力大无比,百战百胜,但他有一个致命的弱点,那就是他一旦离开大地,离开母亲的滋养,就失去了一切力量。他的对手刺探了这个秘密,设计让他离开大地,把他高高举起,在空中杀死了他。后来,在管理学上人们把这种一旦脱离相应条件就失去某种能力的现象称为"安泰效应"。在辅导员工作中,安泰效应就像一座警钟,它警示我们,学生就是辅导员成长的大地,学生就是辅导员的群众基础。辅导员只有深入学生,才能了解学生,才能有针对性地帮助学生解决成长中的各种问题,成为学生成长的人生导师,所以说,我们做辅导员,一定要长接地气,一旦脱离学生你就将失去赖以生存和发展的土壤!

回音壁

很多团队的成功管理者在实践中有四宝:以情感人,以理服人,以制度化规范人,以人格魅力征服人。作者所提及的"五气"正是辅导员提升自身人格魅力的很好的途径。其中"底气"是"五气"的根基;"正气"是一名辅导员的为人师表;"朝气"是一名辅导员的力量所在;"锐气"则是辅导员工作不断向前发展的精神动力;而接"地气"则是每一个辅导员做好学生工作的不二法宝。一名优秀的辅导员,应该是一名"杂家",应该具有广阔的眼界、渊博的学识和系统的知识体系,还要练就担当"人生导师"的风骨和气场。作者所提的"辅导员气场论",是对于我们辅导员自身素质修炼的一个精练概括,值得我们去思考,去实践。

(郑州大学党委学生工作部副部长、学生处副处长　苏伟)

辅导员的快乐事

又到教师节了,和往年一样,我们几个大学同学又聚到了一起,前往看望我们大学时候的辅导员。还是那些人,还是那些事,老师跟我们几个学生在一起,又把从前的那些人那些事翻了个遍,还包括谁谁现在在哪工作,谁结婚了,谁家有孩子了,谁最近来看过她,谁取得了大的成绩等等情况。虽然大家已经毕业,老师对从前我们的事还是如数家珍,依然不变的还是那份亲切和满足。

每年9月的相聚,已经成为我们毕业后的约定,每次临走了,老师都会说上一句话。她常说,做老师最快乐的事是看到自己的学生成长成才,最幸福的事就是同学们记得来看我。每次听到这句话,我都似乎有所感,却又难以道出个一二三。而今年的这句话,则因为自己角色的改变,多听出了一些意味,因为今年也是我自己做辅导员后的第一个教师节,听了老师的感慨,我似乎逐渐明白了辅导员的那些快乐事。

A同学是我大学时候的铁哥们,那时候家里穷,连饭都吃不起,老师时不时地资助他,帮助他顺利完成学业,有一回其父病重,老师二话不说就借钱给他。A同学毕业后事业做得一帆风顺,最难忘记的就是老师。生活中的喜庆欢乐都第一时间与老师分享。"老师,我买车了""老师,我今年评先进啦"……老师每次听到这些消息都由衷地感到幸福和高兴。还有一位小C同学,上学时也是常常得到老师的关怀和帮助,毕业后经常跑过来看望老师。有次闲聊,看见老师总是手腕疼,就非得拉着老师去看医生。第二天专程请假,开车把老师从办公室接走,陪着她转了一天医院。还有每次参加同学的婚礼,老师没到就没人敢开席,每次老师一到场,现场气氛都要被推高许多。

这些都是我老师的快乐事。以前自己做学生,难以体会到这种快乐所带来的体验是一种什么层次的享受。现在,我自己做了一名辅导员,虽然带学生的时间还不是很长,但也或多或少地感受到了这种快乐的所在。有时候,年级里发生一些事情,当有同学不理解,工作陷入僵局的时候,猛然间收到学生安慰和理解的短信,心中瞬间也会升起一股暖暖的感动。有时候,看到自己精心培养的学生获得了出色的成绩,自己也会感到由衷的骄傲。还有天气凉时来自学生添加衣物的提醒,教师节时收到来自学生写的卡片和平安夜里那象征着平安的 apple,这些简单而温暖的举动,常常给人带来由衷的快乐。

当我逐渐领略到这种快乐的滋味时,我便开始回味和思考我老师所说的那种快乐。其实,这一切快乐的根源都没有那么神秘,它只有一个秘诀,那就是真诚的付出。试想,一个普通的辅导员何以能够得到如此珍贵的尊敬和想念。原因就在于她对待学生从来都是全心全意的付出和关爱。人与人之间的感情是相互的,没有无缘无故的爱,也没有无缘无故的恨,种下什么,就收获什么。今天我们从事辅导员工作,如果我们一心为学生的成长着想,处处以学生的利益为先,那么我们的这种付出也一定会得到学生们的回应,我们也将收获那沁人心脾的快乐!

回音壁

就像许多优秀辅导员说的那样,做好辅导员最简单的办法就是照着自己学生时代心目中优秀辅导员的标准来要求自己。辅导员工作是一件良心活,作为一名辅导员,能够对学生全心全意地付出,能够将立德树人的责任内化到自己的思想和行动中,才能够在这条道路上收获那些沁人心脾的快乐。学生是老师一辈子的财富,学生每个阶段的成长,学生每次的交流回应都是我们辅导员职业幸福感的一次次"高峰体验"。

(郑州大学党委学生工作部副部长、学生处副处长 苏伟)

辅导员如何传递正能量

所谓"为人师表",是指辅导员作为大学生成长过程中的人生导师,处处都要做好榜样示范作用。其一言一行在很大程度上会影响着学生的思想和行为,甚至对学生一生都会产生作用。所以,有句话说"每一个学生身上都或多或少有他辅导员的影子"。这句话是有一定道理的,一个辅导员带学生四年,在这长期的相处中,辅导员的价值观念、思想态度、行为方式会作用到学生身上,起到言传身教的作用,从而影响和塑造学生。因此,我们做辅导员的一定要认清楚自身的责任,我们自己本身就是一个有影响力的发声筒,一定要发出充满正能量的声音。

一、在坚定信仰中积蓄正能量

正能量代表那些积极的、健康的、催人奋进的、给人力量的、充满希望的人和事,同时正能量也源于我们的思想和认识,它是我们在传播思想、表达观点时所体现出来的那种健康向上、乐观积极的情感和态度。作为一名辅导员,我们首先需要自己充满正能量,才能有足够的能量向大学生传递。而这种正能量的积蓄和储备又源于哪呢?我想,主要源于我们坚定的信仰和价值。辅导员作为大学生理想信念的指引者,必须坚定自己的理想信念,确立社会主义核心价值观。这就要求我们自觉加强党性修养,熟读、理解马克思主义经典著作,准确把握中国特色社会主义的内涵,先做到自己对中国特色社会主义事业的"三个自信",

在坚定信仰中磨砺意志,增强承担责任和重担的勇气,不断积蓄正能量。

二、在深入学生中吸取正能量

辅导员的群众基础永远是与其关系最紧密的学生,一切工作都应该围绕学生的成长和发展来做。所以,我们做学生工作,不仅要经常性地深入学生,在深入学生的过程中,了解学生的困难和需求,帮助他们解决问题,视学生为亲人,赢得他们的信任和拥护,而且要在深入学生中不断发现学生中的先进典型事迹,拜学生为师,从青年学生中吸取正能量。因为这些青年学生中散发着正能量的先进事迹和典型代表,本身就来自学生群体,没有距离感,但却有说服力,具有同辈示范的效应。

三、在网聚人心中传播正能量

网络是青年学生表达思想,参与讨论社会、国家大事的聚集地,网络阵地既有充满正能量的红色地带,也有负能量集聚的灰色地带,甚至黑色地带。辅导员传递正能量,需用好网络,网聚人心。第一,辅导员不能脱离网络,当学生都在微博、微信活跃时,我们做辅导员的没有理由不去占领这个阵地,最起码你得在那里待着,然后择机适时发出正面引导的声音。第二,辅导员网络发声要善用网言网语。在网络这片自由而活跃的土地上,辅导员再去撒播传统的种子,企图用"社论体""说教式"的言语来传播正能量,则在当前的网络土壤上已经没有长期存活的可能。所以,我们必须静下心来观察,用心去听,去感受,然后再用同学们喜欢和能够接受的方式,巧妙地传播正能量。第三,辅导员网络发声要真诚,有理。通过网络传播正能量,对学生进行正面引导,切忌空洞和口号,一切理论和观点都要有足够的理由来支撑,不能只是空喊,这样没有学生会买账。我们的发声一定要真心实意,有理有据。就如前段时间网络热传的爱国文章《没有了祖国你将什么都不是》,从阿拉伯世界政府的倒台,层层论证,用事实和逻辑证明,没有国家的稳定,百姓幸福无从谈起,文章说理透彻,感情真挚,很快赢得网友的传颂,正能量遍布网络,这值得我们学习。

回音壁

一个辅导员所面对的群体,往小了说是一个个学生,往大了说是未来建设中国特色社会主义事业的主要力量。我们的工作对象关系到我们国家未来的事业。因此,作为教育者,我们的一言一行都应该体现我们国家和社会所倡导的主流价值。我们所传递的一定是满满的爱和正能量。尤其是在传播媒介和传播方式发生飞速变化的当今社会,我们不仅要将传播正能量的意识深入人心,而且要科学研究和把握新媒介下的传播规律,让正能量得到有效传播、高效传播。

(郑州大学化学与分子工程学院党委副书记　冯慧)

新辅导员如何快速融入院系

辅导员的岗位具有一定的特殊性,现在我们高校辅导员都是采用学校和院系双重领导的方式,一方面辅导员统一归学校学生处管理;另一方面,辅导员主要负责院系某个年级的学生工作,又由院系管理。所以,对于一名新辅导员来说,快速融入院系,既有利于为做好工作打基础,同时也有利于我们职业的长远发展。

但是,融入院系,也是一个技术活,需要掌握一定的艺术和技巧。

一是要用好一个"谦"字。作为一名新人,刚分到一个新的单位,谦虚谨慎总是没错的。在新的环境里,人生地不熟,要面对小到办公设备的配置,常用办公用具的领取,学生有事盖个章办个证,大到一般的工作程序和流程,学院常规工作、重点工作以及各项规章制度和事情处理,一个新人对这些肯定是不熟悉不了解的,这就需要我们带着一颗谦虚谨慎的心去用心学习。把学习作为自己融入新单位的一个切入点,常主动跟同事们请教,学业务、学规章、学院系文化,通过学习请教,快速适应学院环境,掌握业务,并且拉近与同事们的关系。

二是要用好一个"勤"字。在中国的行政文化里,对于新人我们总是喜欢用压担子来锻炼和考验他。其实有时候,这种压担子说得直白一点,就是老人对新人的使唤。有些辅导员年轻气盛,觉得不能接受。其实仔细想想大没有必要。我们作为年轻人,精力旺盛,身体也好,多干点活,勤跑跑腿,也是应该的事情。况且在这种干活和跑腿的过程中,我们还能趁机熟悉业务,加深与同事们的业务联系,并且还能够给予同事们方便,树立自己爽快、干练的形象,这种一举多得的事情,何乐而不为呢。

三是要用好一个"干"字。谦虚、爽快、干练都是树立形象的基础,人最终还得靠业绩来说话。所以,真抓实干,敢想敢干,取得实实在在的工作成绩才是快速融入院系的突破口。新辅导员分到院系一定要本着真抓实干的精神,在了解熟悉院系情况、学生情况的基础上,扎扎实实地根据专业特点和学生特点开展工作。掌握工作要领和工作方法,既要做好常规工作,又要勤于思考,要根据所带学生的特点开展针对性的工作,打造属于自己的学生工作品牌,然后等待一段时期的积累而产生比较明显的效应,取得一定的工作成果。但是切记在这过程中不可急于求成,操之过急,防止为出成绩而说大话,放空炮,做表面文章。一定要讲究实干,把工作做扎实。

四是要讲究一个"推"字。当今世界,人们的生活节奏和工作节奏都很快,人们已经没有太多的耐心和时间来了解一个慢热型的人,适时适度地向你的同事们介绍自己、推介自己,让大家了解你的工作,了解你的为人,就具有一定的必要性。比如,辅导员与学院任课老师的关系:任课老师承担着教学工作,很多时候,我们需要向任课老师了解学生的学习情况,有时候也需要将学生的诉求反映给任课老师,还有学生的科技创新工作、专业思想教育等等,这些都离不开任课老师的支持,当然,我们辅导员自身在学院的发展也需要任课老师们的支持。所以,于公于私,无论是对于做好工作还是促进自身发展,我们都要同学院的专业课老师加强沟通。在这个沟通的过程中,我们可以适当地把自己的工作和做法跟任课老师们交流,请他们提意见,提建议,将任课老师的力量也吸收到我们的工作中来,共同促进我们的学生工作。

总而言之,新辅导员快速适应院系,融入院系是开展工作的基础,也是职业发展的需要。新辅导员不仅要真诚实意地与人相处,同时也要讲究艺术和方法,树立谦虚谨慎、肯干实干的工作作风和形象,并且要适时推介自己,打开工作局面,创造良好氛围。

回音壁

由于辅导员工作的复杂性,拥有一个良好的外部工作环境是辅导员开展好工作的重要前提。如何营造良好的外部环境是刚入职的辅导员所存在的共同困惑。作者所提炼的"谦""勤""干""推"四个字为新入职的辅导员指明了努力和前进的方向。尤其是一个"推"字提醒新人不仅要实干,还要学会适时"发声",以工作业绩和良好素质适时提升自身的显示度和影响力。

(郑州大学化学与分子工程学院党委副书记 冯慧)

新辅导员如何消除演讲中的"晕台反应"

在辅导员工作中,登台露脸讲话必不可少。年级会、动员会、总结会都需要辅导员发言讲话,有时候给学生活动做评委、当嘉宾,少不了要对学生表现点评几句。另外,有时汇报工作,作为代表发言等等,都需要我们公开上台讲话。这个公开演讲的事情,对于很多人来说,都是一项挑战。曾经有一部奥斯卡获奖影片《国王的演讲》讲的就是关于国王公开讲话的事情,还有美国励志大师卡耐基的畅销名著《语言的突破》讲的也是专门教人们怎样在公开场合讲话。可见,对于这件事情,没有人能够轻易做到游刃有余。特别是对于我们一些刚走上工作岗位的新辅导员来说,由于刚刚经历从学生到辅导员的角色转换,实践历练的机会还不多,岗位技能的积淀还不够深,在大庭广众之下讲话,有时难免发生"晕台反应",出现神情不自然、思维迟滞、动作杂乱、语言失准等现象。这不仅影响辅导员的讲话效果,也影响辅导员在学生心目中的形象。

要尽快消除和避免这种情况,关键还在于找准病灶,对症下药。

一是要调整心态,建立自信。辅导员登台讲话的压力大都来自不自信,总结起来大概有这么"三怕"。一怕讲得不好,有失颜面;二怕自己年纪轻在学生面前压不住阵;三怕自己资历浅,在同事们面前不敢班门弄斧。对于这些顾虑,我们应该有清楚的认识。首先作为一个新辅导员初上台就想一鸣惊人,语惊四座,本身是不太切合实际的。"好口才"的养成不是一朝一夕的事情。要允许自己的不完美,并且接纳自己的不完美,科学调整对于演讲这件事情的心理预期。其次,在学生面前,一开始,我们不要太奢求效果轰动,说事情的时候把该说的事情表达到位,表达感情时做到真情流露就好,我想人们大都不会轻易拒绝接纳一个真诚的人。在打好基础之后,再慢慢寻求进步,切不可急于求成。再次,当一个年轻辅导员面对资历老的同事,也大可不必畏首畏尾,要做到既谦虚低调,又落落大方。当你紧张得手心冒汗的时候,说不定下面看你的人心里正在嘀咕呢:"跟我刚上班时候一样""比我刚上班时候强多了"。每个初入职者都有一个成长的过程,初出茅庐难免略显青涩,但这种青涩才是事物本来的面貌,所以,对于新辅导员在同事们面前发言时,不妨落落大方地真实展现自己想法和观点,其他的就交给别人去评判吧。

二是要注重积累,增强实力。演讲这件事,表现的是口才,展现的是实力。只有实力强才能底气足。而实力则来自积累。一方面是短期的积累。就是说,对于任何一个主题的演讲,你实力的强弱取决于你准备的资料有多少。比如要给学生做一个"中国梦"的演讲。这个时候,我们就要提前做好功课。围绕哪些点讲,每一点准备用哪些材料支撑,怎么引入话题,怎么总结话题,提前准备并且吃透这些资料,在演讲时就能够恰如其分地"抖包袱",做到有备无患,令演讲一气呵成。当然,除了临场准备,我们更多地还要注意长期积累。毕竟,即兴演讲也是常有的事情。这就要靠我们平常的积累了。庄子说"且夫水之积也不厚,则其负大舟也无力",要想在讲台上一展才华,赢得喝彩,就要做到平时多学习,多总结。平时广采博览,兼容并蓄,演讲时就能够做到"腹有诗书,信手拈来"。

三是要降低调子,多接地气。辅导员上台讲话,有时候话说到一半难以继续,台下学生反响一般,自己也顿时卡壳,多半是因为调子定得太高,内容空洞,听者没味,自己也难以为继。因此,我们在演讲时,不妨将调子定低一点,讲大道理时不妨也将语言生活化一些,多讲实在话、贴心话,少讲官话、空话。这就要求我们在工作中多与学生进行沟通和交流,多了解学生的所思所想,体察他们的思想脉搏,掌握他们的所思所虑,努力使自己的讲话做到"量体裁衣""贴船下篙"。

回音壁

登台演讲,多数人可能都不敢轻易说拿捏自如。特别是对于新辅导员来说,在讲台上出现的"晕台反应"也是常有的事情,甚至可以说是许多新辅导员的通病。对于这个问题,作者可谓"病灶找得准,药方开得好"。不自信和积累不够是出现"晕台反应"的最主要原因。演讲是一门技术,也是一门艺术,按照作者的药方学会自我暗示,增强自信,不断积累素材,假以时日,"晕台反应"定会药到病除。

(郑州大学化学与分子工程学院党委副书记　冯慧)

年轻辅导员如何经营好自己的人脉

讨论人脉这个问题是要经过一番考虑的,作为一名辅导员,特别是一名年轻辅导员,我们所信奉的是踏踏实实干工作,如果论起人脉来似乎就有点投机取巧、热衷于搞关系的味道了。其实,这种看法纯粹是对人脉的误解。俗话说"一个好汉三个帮,一个篱笆三个桩""独木难成林",都是说人们要想干成事,就必定要有做成事的人脉系统来支持,况且,"人"字本身就是一撇一捺,相互依存、相互支撑,我们在社会上的任何一个人,都脱离不了"人脉"这两个字。辅导员的人脉非常重要,他常常影响着我们工作的深度和广度,也常常能够带领我们跳出思维的限制,寻找到新的工作的突破点;还有一些时候,它甚至能够帮助我们的学生赢得发展的机会。一个年轻辅导员,从工作开始就注重积累人脉,对于其工作的成效和职业的发展是很有帮助的,也有利于我们长期做好思想政治教育工作。

一、拓宽社交,广交益友

在学生工作中,有时候会遇到一些问题,会碰到一些意想不到的麻烦,让刚接手工作的年轻辅导员处理起来比较棘手,这个时候,我们最需要的就是有经验的老同志能够在困难时多给建议,希望有相关能力的朋友能够伸出援手。这个时候,我们往往最能感受到人脉的重要性。所以,在平时的工作生活中,我们就要注重积累,要以宽容谦逊的心态来结交朋友,常看到别人的长处。比如专业课教师,我们做辅导员的切不可忽视了这一力量,要在充分理解和尊重他们的基础上,真诚与他们建立良好关系,使之成为我们做好工作的专业型人才储备。辅导员的社交圈应该不断拓宽,不能总围绕在学生工作这个圈子,而要多方面发展,多结交各行各业的人才,这样工作起来才更加省劲、更加轻松。

二、乐于助人,心怀感恩

一个热心的、乐于帮助别人的人,总是能赢得别人的青睐,而一颗常怀感恩的心也更容易帮助我们建立良好的人际关系。所以,我们年轻辅导员一定要树立一种乐于助人和心怀感恩的心态。有时候,在上百人的辅导员群里,当有人抛出问题求助,如果你能在第一时间给予热心而准确的指引,这种印象肯定是令人深刻的。而冷漠和旁观,则只会让你永远潜在水底。而当你获得别人热心的帮助时,你也需要对别人心存感激,这样的人脉关系才能够长久。赠人玫瑰,手留余香,帮助别人也是成全自己,懂得给别人机会就是给自己机会,常怀慷慨之心,常怀感恩之心,这样才会有效削减人与人之间的戒备,从而帮助我们有效建立和维持良好人脉。

三、以心换心,凝聚人脉

人毕竟是感情动物,我们很容易被真诚的东西所打动。在建立人脉的过程中,我们拒绝纯技术交流,而要真心投入,做到以心换心,从而凝聚人脉。很多时候,我们不仅需要做锦上添花之事,更要成雪中送炭之举。当我们的学生、同事或朋友遭遇困难或不幸时,第一时间送去温暖,送去关怀,在能力之内尽量帮助别人,这就能够迅速拉近彼此的距离,让彼此的关系更近,在工作上就能够更多一份理解和包容,同事之间更加齐心,更加团结,从而推动我们的工作进步。

四、心系学生,赢得信赖

辅导员工作的出发点和落脚点都是学生的成长,学生在你心中的分量有多重,你对学生付出的有多少,你在他们心中的分量就有多少。所以,辅导员最重要的人脉其实是学生。作为一名年轻辅导员,我们首先最需要的就是深入到学生中,了解学生,帮助学生,在与学生的相处中赢得同学们的尊重和信赖。首先经营好学生这一重要人脉,才能为我们的工作打下基础,所以,说到底,辅导员最重要、最根本的人脉还是学生。

回音壁

讨论辅导员的"人脉问题",不是一个简单的"人际关系问题",教育部《普通高校辅导员队伍建设规定》就明确指出,"辅导员要组织、协调班主任、思想政治理论课教师和组织员等工作骨干共同做好经常性的思想政治工作"。这就告诉我们,辅导员的工作不是单干,不是蛮干,学生工作需要一个整体的好环境。在创造这个环境的过程中就需要我们辅导员具备一定的沟通和交流的能力。良好的"人脉"有助于提升我们的工作能力,形成教育合力,这对于我们辅导员个人的职业成长也是不可或缺的重要一环。当然,文章在最后点明了我们辅导员"经营人脉"

的根本,那就是——学生是我们最重要的"人脉"。人脉问题回到学生这个根本,就不会脱离方向,变了味道。

(郑州大学法学院党委副书记　岳林强)

辅导员如何降低烦恼指数

曾经有一首歌叫做《最近比较烦》，用这首歌的歌名来描述辅导员的心情状态，常常会很准确。做辅导员的，经常会碰到一些烦心事，如学生"不听话""不好管"，班里闹矛盾，学生干部执行力差，几个调皮学生老惹事，工作没起色，职称评不上，论文没处发，待遇不太好等等，有时候，遇到一些烦心事，难免感叹"人生不如意事十之八九"。因此，作为辅导员，我们就要学会调整情绪，尽量降低自己的烦恼指数，避免陷入恶性循环。

一要掌握自我发泄。现在我们的学生工作越来越重视学生的心理问题，为缓解学生心理压力，我们也常常为学生提供发泄压力的条件和环境，帮助学生疏导情绪。其实，我们辅导员同学生一样，自己本身也面临着许多的压力，只是这些压力难以为外人所理解。就如社会上看待学生一样，有些人认为现在大学生顶着天之骄子的光环不好好学习，还整天想着这问题那问题，纯粹是胡思乱想想多了。殊不知现在大学生压力也很大，学业、人际交往、恋爱、经济、家庭情况、就业方面都有很多压力，只是我们自身的角色不一样，每个人关注的角度不一样，就难以体会到他们的辛苦。同样，辅导员的各种压力也很难为别人所理解，这就需要我们自己去寻找一种较为合理的发泄方式。处于消极状态的辅导员，一方面组织上的关心必不可少，学校相关部门也要重视学生工作者本身的心理压力问题，要及时地为辅导员创造合适的宣泄机会和条件；而另一方面，我们也可以主动向组织或者亲密的值得信任的人倾诉心中的苦闷,排解烦恼。

二要经常换位思考。辅导员的不良情绪有时候是自己抱怨别人产生的。比如有时我们抱怨待遇低,有时抱怨学生不懂事,抱怨同事不体谅,抱怨领导不支持。可你会发现,越是抱怨,就越是招抱怨。这其实是缺乏换位思考造成的。我们不妨常常从其他角度考虑问题。比如待遇低了,我们就多想想组织对我们辅导员职业发展的关心;学生不懂事,我们多考虑一下,毕竟学生还是孩子,要耐心教育和培养;同事不体谅,也许是因为他没有意识到这个问题;领导不支持,也许是有其他更加合适的考虑等等。对待问题,我们尝试着去换个角度,往往就能够改变我们的抱怨情绪,从而一扫我们摆在脸上的糟糕状态,让我们整装待发,重新投入工作。

三要多用自我暗示。自我暗示是一种很好的情绪管理方法,通过语言暗示可以在一定程度上排解不良情绪。比如有时候明明想发脾气但也要不断地暗暗提醒自己,我一定要冷静,先静下心来,好好想一想,别一时冲动,做下难以挽回的消极决策。特别是在学生面前,辅导员万不可随意表露自己的脾气,有时候依自己的脾气随性而行,容易对学生造成大的伤害,也可能会引发师生之间的矛盾,破坏自己形象,也不利于我们控制形势的变化。

四要学会逆向转化。对于一个真正的强者,往往是不惧怕压力的,因为他总是能够在适当的时候将压力转化为动力。作为辅导员,当我们遇到工作、生活的低谷,大可不必灰心,因为我们自己时常也教育学生,说人生没有一帆风顺,总有起起落落的时候。一旦我们自己陷入这种起伏的境地,就要保持一颗清醒的头脑,告诉自己,目前的一团糟只是暂时的,我一定能够顺利走出去。积极地去给自己创造一个乐观的心态,这样就能够化压力为动力,不断前进。

总之,辅导员作为大学生思想政治教育的主要承担者,对于其能力素质的要求是非常高的,但是从工作的性质来看,辅导员自身的心理调适能力也不可忽视,辅导员有效降低"烦恼指数",也能够有效提升我们工作的"成效指数"。

回音壁

辅导员也是一个活生生的人,辅导员也有自己的职业苦恼,也有自己的生活苦恼。相信读罢此文,每一个辅导员都会感同身受,但烦恼不应该成为生活的主流。每一个人,都会遇到问题,但不是每一个人都能够很好地去面对问题。"医者不能自医"的困顿有时候也会发生在我们辅导员自己的身上。所谓心病还需心药医,面对辅导员职业生涯路的"烦恼事",我们更多地需要依靠心态的调整,正如作者所言,适时"自我发泄"、经常换位思考、积极自我暗示和逆向转化,掌握这些科学的心理调适方法,能够帮助我们做一个内心强大的,积极向上的人。

(郑州大学法学院党委副书记　岳林强)

让辅导员高效地忙起来

辅导员工作忙,这一点,所有辅导员都深有体会。但我们常常遇到这样的情况,有时候一整星期一整月的在忙于处理各种事情,感觉自己整天忙忙碌碌,恨不能分身,但忙一阵过去自己坐下来想想我这些天都在忙啥,都干了啥事,有什么明显的成果时,却也数不出个一二三来。面对这种情况,我们常常是一声叹息:"唉,辅导员工作就是这样。"

可问题是,难道就真的只能这样忙碌吗?事实上我们还是有些办法可以去想的。要想改变这种状态,我们需要注意几个问题。

一要学会统筹安排,熟练掌握一心两用,一心多用的工作方法。俗话说,一心不能二用,这句话在辅导员身上,是万万不行的。我们每天都要面对许多各种类型的事情,比如学校要开紧急会,临时通知辅导员一定到场,这事不能不去吧;可偏偏这时候又有学生干部来与你商讨晚上活动流程的一些问题;旁边还有过来想跟你谈谈考研问题的学生在一旁等候;正当你为难该如何安排的时候,电话又响起了,前两天网上订的书已经到了,快递让你上午下班前去取。这种一个时间点上同时几件事情缠绕的情况,在辅导员的工作中是很常见的。还有,有时候在一段时间内,也是好几件工作都挤到一块,压得人喘不过气来。这个时候,我们就需要统筹安排。会议马上开始,不能不去,那你就跟学生干部讲,某某学长举办活动经验很丰富,你可以先跟他一起讨论一下,开完会回来,我们再做商定;而对于咨询考研问题的同学则可以让他坐在你的电脑上先百度一下专业相关的考研方向,自己动手整理一些资料,也好加深了解。而那个快递的事嘛,开完会顺便带回来就 ok 了。这就是一个简单的统筹方法,关于这个问题,初中语文课本里有华罗庚写的一篇专门的文章论述,对于我们提高工作效率具有很好的指导作用。

二是要学会借力用力。其实辅导员对付忙碌最大的一个法宝就是"偷懒"。怎么个偷懒法呢,就是要学会借力,要借助学生的力量来分担你的工作。这是一个双赢的行动方案。一方面减轻你的工作负担,培养好了,很多事情可以交给学生去做,你甚至可以培养专门处理某一类型事务的学生团队来做,使你能够腾出更多的时间来谋划一些有利于改进自身工作,促进学生成长的事情;而另一方面,给学生压担子,对于学生来讲本身就是一种很好的实现能力锻炼、自我教育和自我管理的途径,有利于促进学生的成长。因此,我们一定要注重给自己找帮手,并且这种帮手不仅仅是擅长某些事务的单个学生,也可以是一个学生团队,让他们在你的指导下能够出色地按照你的设想完成工作。

三是要重视撰写工作日志。有人可能会觉得好笑,辅导员本来就忙得不得了,现在你还弄个工作日志来加重负担,怎么能说工作日志能够缓解忙碌呢。其实,工作日志的确是提高我们辅导员工作效率的一个利器。印度人讲,人走得快了要停下来,等等自己的影子。其实,我们做工作也是一样,要时常回头看。有时候,忙的事情多了,就要停下来常常检视自己,到底都干了些什么事情,哪些事进展到什么程度,哪些事情完成了效果怎么样,对于接下来的工作有什么新的想法,对于前段做的事情有哪些可以改进的。每天工作结束后都利用十来分钟的时间做一个简短的要点整理和记录,就好比等等自己的影子,而不至于偏离方向,不知道自己忙了些什么。

总而言之,尽管辅导员很忙,但是我们仍然拥有能够从忙碌中解脱的机会,仍然拥有能够让我们的忙碌变得更加高效的可能性,这就需要我们通过一些必要的方法管理来提升我们忙碌的层次和效率。

回音壁

　　作为辅导员,"忙"字可能是我们描述生活状态时最常使用的一个字眼。很多辅导员都会深陷纷繁复杂的事务性工作当中,千头万绪,总有忙不完的工作,可回头一看,却往往发现效率不高、成效不足。究其原因,还是没有抓住重点,没有分清条理,没有统筹安排。忙,是一种状态,上升到一定程度就成了一个困局。破解这个困局最重要的是要科学规划自己的工作,所谓"磨刀不误砍柴工",理顺关系、做好分类,统筹安排,会让我们的工作"事半功倍"。让辅导员高效地忙起来,这是我们每一个辅导员都需要去解决的问题。

（郑州大学法学院党委副书记　岳林强）

领导错了怎么办

　　领导错了怎么办？貌似这并不是一个问题，但却是一个常常出现的问题。

　　很多时候我们都以各种不同的角色陷入到这个问题之中。比如，辅导员工作日志。学校给每个辅导员发一个工作日志记录本和一个辅导员谈心谈话记录本，要求我们辅导员将每周的工作情况和与学生谈心谈话情况都详细记录在册，并且与年终考核挂钩。每到年终考核的时候，辅导员们都要对这个工作日志记录本和谈心谈话记录本制度吐槽一番，认为这样做纯粹是增加了辅导员的工作负担。我们的工作本来就千头万绪，十分繁杂，现在还要天天把这些东西写下来，对于辅导员而言实在不是一项什么好制度。在这件事情上，肯定是领导头脑发热了。这种怀疑，就将我们陷入了一个"领导错了怎么办"的问题之中。可问题是，领导真错了吗？当大家都还在对工作日志和谈话记录"吐槽"时，有些辅导员却在认认真真地执行着工作日志和谈话记录这项貌似不合理的制度。他们用心经营，通过工作日志反映了自己扎扎实实的工作足迹，也记录了自己与学生的一次次感人的心路历程，取得了很好的效果。而有时候，因学生出现严重问题而使家长对我们工作产生质疑时，详细而具体的工作日志和谈话记录，又成了我们工作尽职尽责的有效书面证明。可见，一项制度的推行，领导错没错，并不仅仅取决于制度本身，同样也取决于你对待这项制度的态度和所采取的行动。

　　同样的情况也常常以另外一种角色反转的形式出现。有时候，辅导员在年级推行一项新的制度,一开始,学生干部不理解,认为这样做不合理,这个时候就又一次回到了"领导错了怎么办"的场景。不同的是,在这一场景里,你从纠结的人一下转化成了被质疑的对象。

所以在工作中,做辅导员的我们有时候会想:"领导这样安排行不行得通,我要不要按照他的执行?"

同样,学生也常会想:"老师这样做错没错?我要不要按照老师的想法去执行?"

其实,正确的答案,只有一个,那就是不管领导错没错,我们先执行。乍一看,这似乎有溜须拍马的嫌疑,其实这却是正儿八经的管理科学。原因有二:第一,由于我们和领导所处的年龄层次和业务层次都不对等,因此,二者之间就存在信息的不对称,职位越高、阅历越丰富,拥有的信息量就越大,决策的科学性相对越强。所以有时候领导的决定在你的位置和阅历上看来是错的,但实际却未必是错的。反倒是我们的质疑因为缺乏足够的信息和阅历作支撑,多数时候都不那么正确。而第二个原因,则是我们在实践中经过多次总结出来的一个经验性规律,那就是——因为不服从领导指挥而受到的损失远比领导错误决策的损失要大得多!

因此,科学地讲,不要问领导错了怎么办,我们最好先干。

回音壁

在日常工作中,我们经常会遇到作者所提及的"领导错了"的问题。这实际上涉及的是组织程序和执行力的问题。在正式的科层制组织中,下级服从上级,这是一切政令通畅、提高行政效率的必要前提,这并不是不允许有所怀疑和疑问,但事实证明,从组织效益的最大化来讲,先执行是我们面对这个问题的第一步。当然,我们可以适时地以适当的程序和方式提出我们的疑问和意见。

(郑州大学信息工程学院党委副书记　刘宏建)

辅导员要有"春晚导演"的心态

30多年来,一年一度的央视春晚已经成了我们中国人的一种"新年俗",成为亿万国民不可或缺的"年夜饭"。但近年来春节联欢晚会也因为质量、品位等问题而饱受争议。在民众越来越挑剔的眼光下,春晚已经成了一个见仁见智、众口难调的"烫手山芋"。

在这样的形势下,冯小刚导演顶着压力挺身而出,挑起马年春晚的重担,这一重磅消息就好比一剂兴奋剂刺激着广大观众的神经。然而面对民众对小刚上马后"马上有惊喜"的期待,冯导在接受媒体采访时却出人意料地道出了这样一番心态,"导春晚本就是挨骂的事","骂春晚"现在渐渐也成了一种习惯和时尚。冯导一句"无论春晚弄成什么样都会是挨骂"的直言,让人颇有几分意外。但仔细一想,这也不失为一种明智之举。毕竟,众口难调,不同群体的观赏水平和娱乐诉求各有差别,要想把各年龄阶段各观众群体都照顾得面面俱到,肯定难以实现。所以,"挨骂"似乎成为必然。既然谁当导演都难以避免,不如索性就实话实说,降低姿态甚至树立坐等挨骂的心态,一方面降低民众对冯氏春晚的期待,另一方面也为自己排除"盛名之下"的干扰,一番"挨骂",换得观众和冯导双双平心静气,这也不失为一种务实和理性。

冯导作为春晚导演的挨骂心态,让我想起了辅导员工作中的一些"烦心事"。众口难调和无辜挨骂的忧虑不仅只有冯大导演有,我们做辅导员的其实也常常遇到。基层工作,哪有不听怨言的,虽同为一个年龄段的学生,同在一个学校学习生活,但学生的个性和经历,思想和诉求也是各有差别,对待一些事情的看法也各不相同。

前段时间,我就经历了这么一件烦心事。学生专业课实习分配,要将100多名学生分到几个不同的医院,与以往一样,按照学号一路分配下来本该是顺理成章的事情。但分配结果在网上贴出来后,各种怨言就贴在了后面。有同学认为实习医院里有三级医院也有二级医院,有些同学认为自己被分到了二级医院不公平;还有的同学觉得有些医院离学校远,有些医院离学校近,被分到了远的医院就不满意;还有的同学甚在听闻某个师兄师姐的实习攻略之后,知道有些医院对实习生要求严、管得紧,有些医院管得松,分到管得紧的医院就不满意;还有的同学觉得不应该按照学号分,因为学号按姓氏字母顺序排,进而大呼这样分配是"姓氏歧视"……总之是各种抱怨风起云涌,一地鸡毛。

类似这样的问题还有学生宿舍的分配,四人间、六人间、八人间,价格不同,楼层不同,布局不同,条件也不一样,学生各有所需,但资源有限,在实现学生自选宿舍的条件尚不具备的情况下,分配起来也是众口难调。更棘手的还有评优评先、奖助学金评定等涉及学生利益的事情,稍微考虑不周,学生就有可能对辅导员发难。

有时候面对这些状况,难免心态失衡,觉得自己工作已经很努力了,可为什么就得不到学生的理解呢。有时候,甚至因此而失去自信,怀疑自己的能力,在学生面前处理事情变得畏首畏尾,放不开手脚,工作变得更加糟糕。其实,面对这些情况,我们做辅导员的,大可不必太过于纠结。毕竟,众口难调是现实情况,学生有时候不理解,甚至公然对辅导员"发难"也大都是情有可原。就像冯导一样,虽然挨骂难以避免,但也丝毫没有影响冯导认真准备春晚的职业态度和实干精神,冯导为了搞好春晚睡在排练场没回家也是确实发生过的事情。可见,面对"挨骂",我们重要的破解之道就是真心实意地干事,以务实精神对待学生的诉求,努力做好自己分内的事情,全心全意地用心投入,这样,久而久之,总能够得到学生的理解和尊重。就像人们常说的一句话,"打是亲,骂是爱",有时候,骂也是一种关切,也是一种鞭策,从"骂声"中发现学生的诉求,重视学生的诉求,我们的工作也将会得到更好地提升。

回音壁

在大学生成长成才的道路上,辅导员也扮演着"导演"的角色。如何做学生发展的好"导演"也成为众多辅导员心中的困惑。在辅导员开展日常工作中,以学生为本是核心,但往往学生的诉求众口难调,使得辅导员常常陷入"好心不落好"的尴尬局面。因此,心态对于辅导员就显得尤为重要,作者恰恰能从"春晚导演"的心态联想到实际工作,并且将学生的"骂声"视为前进的动力,相信日久见人心,辅导员的这份情终究被学生所理解。

(郑州大学信息工程学院党委副书记　刘宏建)

辅导员职业发展要谨防"青蛙"心态

在辅导员职业路上,"职业倦怠"是一个不容忽视的问题。辅导员工作任务繁杂,常常要处理许多琐碎事务,从早忙到晚,有时候节假日加班也是常有的事,手机 24 小时畅通,特别是带新生,深更半夜接到学生电话也是家常便饭。在这种工作状态下,辅导员难免产生疲惫感,加之当前各地区、各高校对辅导员队伍建设的重视程度也不一样,有些辅导员的职业地位没有得到足够的重视,其将辅导员作为长期职业的信心还不够坚定,因此,在工作中,难免出现"职业倦怠"的情况。这对于我们从事辅导员工作的人来说,特别是刚起步的年轻人来讲,是一个重要的警示,在工作中,我们需要时刻谨防"三蛙"心态,避免掉入职业倦怠的怪圈。

一要谨防"温水蛙"心态

"温水中煮青蛙"效应我想大多数人都知道,人和青蛙一样,在温暖舒适的环境里待惯了,就容易放松警惕,对自己的要求自然降低,以致安于现状,不求上进,最终自然成为队伍中的落伍者。在辅导员工作中,这种温水效应表现得比较明显,当我们积累了一定的学生工作经验,对于一般学生事务都能够有效安排、自然应对之后,就难免对自身工作放松要求,不自觉地降低了工作标准,放松了学习,对于新情况新问题也疏于关注和研究,最终导致工作实绩下降。因此,我们必须常怀忧患意识,充分认识到精神懈怠的危险,避免沦为"温水中的青蛙"。

二要谨防"井底蛙"心态

井底之蛙看到的始终只有那一寸天地,它偏安一隅,满足于现状,小富即安,还自视甚高,这种心态最容易毁人。在我们的工作中,当我们取得一定成绩,在辅导员工作岗位上积累了一定的工作业绩和经验之后就很容易陷入"井底蛙"的心态。一是觉得自己的东西做得最好,看不上别人的工作;二是觉得我这样做就已经可以了,犯不着去学别人,对于自己工作的标准只满足于现状,不求精益求精,更别谈主动创新了。辅导员"井底蛙"心态害人害己,既误人子弟,又耽误自己前程,我们在工作中一定要谨防这种心态,要时刻注重学习和创新,要明白山外有山的道理,积极学习同行的好做法好经验,结合自身工作实际进行主动创新,不断超越自我,推动工作进步。

三要谨防"岸边蛙"心态

"岸边蛙"最大的特点就是伏在岸边,忘了自己最大的优势是在水中。对于辅导员来说,"岸边蛙"心态最背离辅导员的工作性质,但它却实实在在地存在着,主要表现是辅导员忙于事务,不深入学生。有时候,辅导员对学生遥控指挥,什么事情都布置给学生干部,自己只管拿到结果交差,平时也很少深入学生课堂和宿舍,半个月不见一次面,见了面也叫不出学生名字,这些情况是客观存在的。主要原因就在于辅导员做了"岸边蛙",不愿意和学生打成一片,觉得没有时间和学生打成一片,只是忙于自己的各种事务,不注重深入学生、到学生中去掌握第一手资料,不知不觉脱离了学生,就如那岸边的青蛙一样,失去了水中的优势,常常容易沦为鹰雀的美食。

回音壁

"青蛙"心态生动而形象地展现了辅导员在职业生涯中容易出现的工作状态。作者细心地观察到经验型辅导员的"温水蛙"心态、业绩型辅导员的"井底蛙"心态和事务型辅导员的"岸边蛙"心态,并从这三种心态中寻找原因。在当前的学生工作中,辅导员一定要重视"青蛙心态"的警示意义,从而避免产生职业倦怠感。警惕这三种"青蛙"心态,才能为学生工作保活力!

(郑州大学公共卫生学院党委副书记　付晓丽)

三味"心态药"，防治辅导员"三高症"

关于辅导员职业的讨论，常常都绕不开"压力大"三个字。在现实工作中，我们做辅导员的，工作着实不轻松。老实说，有时甚至觉得辅导员是个苦差事。我们常常天不亮就带学生出早操、搞早读，然后就是查课堂、查宿舍、找学生谈心，还有班会、年级会、座谈会、动员会、支部会等等各种开不完的会议和活动，学生助学贷款、评优评先、考研就业事事都要操心，有时候，好不容易睡着了还有午夜电话，偶尔学生生个病，还得打车送学生去医院。

除此之外，很多时候辅导员还是学校各部门最需要的人。学生打架了，保卫处会问辅导员是谁；学生作弊了，教务处会问辅导员是谁；学生没交学费，财务处会问辅导员是谁；学生校外住宿，后勤让找辅导员；学生违章用电器，宿管部让找辅导员。

总而言之，辅导员就是大事小事都负责，大小问题都沾边，关于学生的一切，事事都能与辅导员扯上关系。于是乎，现在就有人提出辅导员职业出现了"三高症"。一是工作压力高，二是生活压力高，三是心理压力高。这"三高"也着实反映了辅导员的生活状态。但是牢骚归牢骚，既然选择了这份职业，那就是顶着"三高"的压力，也要去干，并且要干好。正所谓"求医不如求己"，这句话对于正儿八经的疾病来讲是不太科学的，但是对于辅导员的"三高症"来讲，还是有一定指导意义的，毕竟，我们自己的工作，自己最清楚，我们自己的心态，我们也最明了。因此，我们不妨尝试性地给自己开上几味"心态药"，也许还能够有效缓解辅导员的"三高症"。

第一,面对工作高压,要常怀进取心态。辅导员总体上是一支年轻队伍,很多辅导员都是刚刚参加工作的年轻人,一下子面对如此紧张和高强度的工作,一开始有些不适应是能够理解的。但是我们不能够因此而沮丧,要转换思维,保持乐观、向上的心态,把压力转换成提高我们工作的动力。毕竟我们参加工作不久,很多事情都需要在工作中积累经验才能在日后做到驾轻就熟,所以一定要端正心态,积极地看待忙碌的工作,将工作当成锻炼,善于发现和寻找工作中的乐趣,在繁忙的工作中体现自我价值并且提升自身能力。

第二,面对生活高压,要常怀知足心态。年轻辅导员工作时间不长,工资不高,经济条件不好,成家立业问题,住房问题,这些都是我们许多辅导员面临的现实问题。对此,我们应该理性看待。社会转型期难免会出现这些物价高、房价高、生活压力大的问题。但是我们应该看到,自己尚处于事业的起步阶段,很多问题都会随着事业的发展和人生的积累而慢慢地改善,只要我们做到不盲目攀比,不盲目追求浮华和享受,始终保持一颗平静的心,专注于自己当下的事业,就定能够做到知足常乐,摆脱物质的干扰,不断追求事业的进步。

第三,面对心理高压,要常怀阳光心态。辅导员身上责任大,担子重,很多问题都找辅导员,特别是学生出现人身安全等问题时,辅导员常常弄得焦头烂额,无法脱身,还有辅导员也要面对业务考核、职称评定等一系列事关职业发展的问题,搞得辅导员心理压力很大。对此,我们要常怀阳光心态,一是要通过自己的阳光形象来感染学生,引导学生阳光自信地面对生活,在学生中释放乐观、积极的正能量。二是要乐观看待自己的工作和职业发展,要相信,作为辅导员,尽管责任大,担子重,但是只要自己认真仔细地做好各项工作,积极主动地抓住并且把握好职业发展的机会和机遇,就一定能够取得较好的工作成果和职业发展。

总而言之,心病还需心药医,辅导员"三高症"既是现实问题,也是心态问题,在积极努力做好工作的基础上,我们端正心态,用好"心态药"也能够起到很好的缓解作用,从而促进我们工作和职业的发展。

回音壁

辅导员在担当学生健康成长的领路人的同时,自己也面临着工作、生活、心理等各方面带来的喜、怒、哀、乐。作者真实地呈现出了辅导员"三高症"下的生活状态,并探析其现状背后的深层原因。所谓"对症开药"乃治病救人的第一原则,作者不仅没有被"三高症"所压垮,反而自省自悟,寻求到三味"心态良药"。相信,良药一剂病根除,摆正心态显良效!

(郑州大学公共卫生学院党委副书记　付晓丽)

把职业当成事业

从上学期开始，每次年级会结束我都会让同学们给我写一张纸条，说说最近困惑的事情，几乎每一次整理问题的时候都会看到同学们关于学习倦怠的困惑。有时候，学生递上来的纸条就四个字："不想学习"。一开始以为不想学习的同学都是一些学习不好的同学，其实后来慢慢发现，一些平常学习很用功的同学也常常会面临这样的学习倦怠问题。每天面对的都是学习的事情，学着学着就不想学了。

其实这样的情况，不仅学生有，我们做辅导员的也一样，常常也会面临职业倦怠，并且这个问题不仅是工作时间长了的老辅导员有，连工作不久的新辅导员也常常会被这样的问题所困扰。辅导员工作忙，事情杂而乱，很容易被琐事缠身，渐渐地就消磨了激情，泯灭了干劲，再加上目前辅导员职业环境的现状，论待遇、论职业空间、论职业认同很多方面的条件还不是很理想，于是就常常会有一种辅导员工作干起来没意思的感叹，对自己就放松了要求，只满足于常规工作而没有了往日不断学习、不断尝试和探索的激情，工作更加陷入了僵局，这就像一个死循环，让陷进去的人们难以脱身。

最近看全国高校辅导员年度人物的先进事迹，就让我再次想到了辅导员职业倦怠的问题。在这些年度人物中既有长期工作在一线默默奉献和坚持的老辅导员，也有刚刚工作的新辅导员。尽管资历不同，但他们身上无一例外的都有自己不同寻常的一面。有的辅导员全身心地投入到学生中，将学生当成自己的亲人、自己的孩子，谱写了很多感人的篇章;有些辅导员将一件件平凡的事情多年连续不断地坚持了下来,形成了自己的工作特色和品牌;还有的辅导员在工作中不断地思考和探索,开创了一些有效的途径和做法,取得了突出的成绩。这些年度人物无疑都是我们学习的榜样,他们都是辅导员中的优秀分子,但他们同时也是辅导员中最平常的人。因为他们和我们每一个辅导员都一样,他们同样也带学生,同样也要面对工作中那些琐碎和繁杂的事务,他们同样也有自己的生活烦恼,他们也和我们一样有着同样的职业环境。但就是这样一批平凡的人,他们却做出了不平凡的成绩。

仔细思量起来其实奥秘很简单,他们中的每一个人无一例外地都将辅导员这项职业当成了自己引以为荣的事业,正是因为有了这样一种对职业的高度认知,他们才能够不断地去付出,不断地去投入精力。职业和事业是两种不同的对待工作的态度,所引发的结果也不可同日而语。如果我们只把工作当作一件差事,或者只将目光停留在工作本身,而没有认识到我们所做的工作的价值,没有看到我们所做的工作的伟大意义,那么即使是从事最喜欢的工作,我们也依然无法持久地保持对工作的激情。但如果把工作当作一项事业来看待,情况就会完全不同。

曾读过这样一个故事:在一个小镇上,一位路人问三个石匠在做什么。第一个石匠无可奈何地叹息说:"我每天都枯燥无味地搬石头砌墙。"第二个石匠神色凝重地说:"我的工作很重要,我得把墙垒好,这样房子才结实牢固,住起来才舒适安全。"第三个石匠则目光炯炯,自豪地说:"我的责任十分重大,这是镇上的第一所教堂,我要将它建成百年的标志。"

我想,之所以不断地有人能够在平凡的岗位上做出不平凡的成绩,大概都是因为人们对待工作的态度不一样吧,有的人是第一个石匠,有的人是第二个石匠，但事实证明，出彩的往往是第三个石匠。

回音壁

常言道：婚姻有七年之痒。其实辅导员在工作中也会存在着不同程度的"痒"，"痒"的背后有的是因为无法超越瓶颈，有的是因为疲于事务。但归根结底是因为辅导员老师在纷繁的工作中模糊了双眼，迷失了辅导员工作本身的价值。作者是一个用心者，他急学生之所急，忧学生之所忧；他更是一个思考者，以平淡的心态看待辅导员工作的平凡与不凡。十年树木，百年树人，辅导员若用育人来诠释事业的高度，相信定能在平凡的岗位上创造出不凡的精彩！

（郑州大学公共卫生学院党委副书记　付晓丽）

2

青春物语 —— 曾哥谈心坊

"去哪儿了"的思考

央视春晚,一首《时间都去哪儿了》引发了人们的共鸣。在这个生活节奏不断加快的时代,我们匆匆忙碌,物质收获越来越多,生活越来越便捷,但我们似乎也隐隐感觉到一些东西在不断地从我们身边流失。一首《时间都去哪儿了》的轻轻吟唱,在不经意间犹如一声钟响,敲打着我们忙碌的心灵,勾起了人们对亲情的反思、对青春的反思、对生活的追问。其实,对于你,对于我,对于生活,对于工作,对于我们所生活的社会、对于我们赖以生存的自然……反思又何止如此。

正如康德所言:"有两种东西,我对它们的思考越是深沉和持久,它们在我心灵中唤起的惊奇和敬畏就会越历久弥新,那就是头顶的星空和心中的道德法则。"仰望星空,带给我们片刻的宁静和深思,也让我们能够在忙碌的生活中得以窥见内心深处所留恋的风景。这风景曾经是那么的平常,而如今却变得弥足珍贵。是世事变了,还是人事变了,对这个答案的追寻总是让人充满了伤感。面对灰霾的天空,面对"扶与不扶"的道德拷问,面对那回不去的乡愁,还有那变味的同学会……前行中,我们充满了困惑。

一个现实的问题摆在我们这代人的面前,对于未来承担国家建设重任的青年大学生,我们应该以一种什么样的态度和角度来看待这些改革中出现的问题?对这个时代命题的思考和追寻正反映了我们青年一代在国家利益、社会现实和个人发展等问题上的现实思考。

综观中国改革开放 30 年来的历程,一路攻坚克难,一路辉煌相拥,也一路矛盾重重。30年来，我国的综合国力增强了，我们的生活水平改善了，我们的国际地位也提升了。但同时，一系列"去哪儿了"的问题伴随着改革也逐渐显现，城乡、区域经济发展不平衡，资源、生态与发展的矛盾日益突出，腐败现象比较严重，收入分配差距过大，道德滑坡、理想淡化、信仰缺失等问题成为我们"成长中的烦恼"。其实，一个国家的改革发展历程，与我们青年人自身成长的规律也颇有相似性。从改革发展的客观规律来看，任何社会变革都要经过一个从初始、攻坚到完善的演进过程，当前的中国改革就已经进入到了攻坚阶段。这个阶段伴随着经济体制的深刻变革，社会结构的深刻变动，利益格局的深刻调整，思想观念的深刻变化，各种矛盾和问题也会充分暴露，加之社会转型加速，一些观念不适应、制度不配套、措施不到位的情况难免出现，因而这些"成长中的烦恼"就难以避免。这就好比我们一个人成长的青春期。一个国家"成长的烦恼"也会在特定的阶段显现。但正如我们不会因为青春有烦恼而否定那一段激情燃烧的美好岁月一样，我们也不能够因为"改革有烦恼"而对改革持悲观否定的态度，而应该像青春的朝气一样，一切向前看。当前，我们看待改革矛盾的态度就应该一切向前看，向着进一步深化改革看齐，向着进一步凝聚人心、攻坚克难实现中国梦的美好愿望看齐。唯于此，我们青年人才能够在改革进程中坚定信念，勇往直前，才能够将个人价值的实现统一到国家目标中，实现"青年梦"，托起"中国梦"。

回音壁

一首《时间都去哪儿了》成为春晚最"走心"的歌曲，平实的语句，直戳人心,触及了所有国人内心最柔软的地方,也引发了全社会对亲情、生活和社会的思考与共鸣。时间就这么不经意地来了,走了。对于时间的麻木,究其根源也许在于人们对人生方向的迷茫。伴随社会改革而来的道德滑坡、理想淡化、信仰缺失、发展不平衡等问题,越来越忙碌的青年人应该思考的是:我的时间应该去哪儿?

一个伟大的"中国梦"把中国人的心紧紧地连在了一起,一篇《"去哪儿了"的思考》把大学生的情紧紧地系在了一起。当代大学生应该端正态度,提升道德素质,树立积极、健康、向上的理想信念,乘改革发展春风,扬人生理想之帆!

鲲鹏展翅九万里,是时候来一场靠谱的"青年梦"了!

(郑州大学党委学生工作部部长、学生处处长　戴国立)

成功的标准

春节回来后,有学生跟我谈起了最近的一些困惑。一个研究生跟我讲,春节的同学会,让人很受伤。以前高中一块毕业的同学,有些没有考上什么好大学就去混社会了,最近几年也没有听到什么消息。可今年同学会就一下子冒了出来,出手豪气,穿戴亮丽,一副成功人士的模样。想到自己却还在学校里当一名穷学生,未来的大多时日也将在学校里继续度过时,眼看着别人的精彩,自己的心里或多或少有点羡慕和担忧,不知道未来什么时候才能有个成功人士的样子。

听了他的诉说,我不禁想到最近网上热议的两个话题。一是关于"变味的同学会",一是关于"北上广"的纠结。这两个问题,无一例外的都要扯到"成功的标准"问题。在很多人看来,成功的标准往往都是一些显性的东西,头衔、财富、地位、名望,具体一点说,有房有车是成功的基础,有钱有地位是成功的硬标准。从生活化的角度来看,这样的成功标准其实也无可厚非。但从一名教育者的角度,我却有几分担忧。忧心的是,年轻人关于成功标准的建立和判断如果过早地被物质所包裹,那么未来的道路势必也会走得更加浮躁。

我们一直都在讲,要给学生们讲理想、讲信仰、讲道德和品质,我们为什么一直强调对这些东西的引导,原因就在于,在物质面前,在功利的成功观面前,这些东西很容易让人迷失。而这些却又是支撑我们社会发展乃至人类文明进步的根本的东西。因此,帮助青年大学生建立对成功的正确的"高大上"的理解,就显得十分重要。

　　成功是什么？每个人在设想这个问题时都会有无限的憧憬。这是因为它构建了一幅让我们感觉到喜悦和幸福的画面。所以，尽管每个人所理解的成功的标准都不一样，但最终他都会回到一个点上，那就是幸福感。其实，从生命的意义来讲，成功就是获得幸福的感受。这种幸福感的程度往往与物质、财富、地位的获得不完全一致，也常常与职业无关，除了显赫的财富、地位、名望，还有很多东西能让我们获得持续的幸福感。

　　我们看到央视报道最美乡村教师、最美乡村医生的故事，一个人坚守一所破旧的学校，坚守着山里孩子们的未来；一个人坚守一个穷困的小岛，守护着一方乡亲的健康。一个人一辈子做这样一件事情，他所收获的物质和财富是十分有限的，但他在这种奉献中所收获的精神财富却是难以估量的。最近看到一句话，说"幸福就是从'经过审视的生活'中获得满足"。我想，他们过的就是一种"经过审视的生活"，并且在这种生活里获得了幸福的感受。更多的"经过审视的生活模式"还发生在我们同龄人的身上，我们看到大学生投身西部建设，看到大学生村官挥洒青春热血，建设一方热土，从获得幸福和实现价值的角度来看，他们都是卓越的成功者。因此成功的标准，不仅仅是以物质来衡量，更多的是一个人个人价值和社会价值的实现。

回音壁

　　本文从当下年轻人的一个普遍困惑着手，旨在引导年轻人用正确的眼光和标准来看待成功。当前社会风气整体浮躁，使得大家看问题大多采用现实的和物质的标准，更多地注重一些外在、奢华的东西，而忽略了对自己精神财富的丰富和提高。年轻人对名利等的过度追求让他们自己不堪负荷,变得现实、极端、压抑、身心疲惫。成功的标准并非只有一个,要从多角度看待成功。而是否成功不只在于物质财富,同时也需要精神财富的积累,让自己在追求成功的过程中获得幸福感与满足感,让自己的价值得到实现。年轻人要学会正确地看待成功,建构自己内心的价值观、判断标准,不要在追求所谓名利的成功路上迷失自己,要在自己喜欢的领域,做自己喜欢的事,奉献自己的力量,实现自己的价值,获得社会的肯定。

（郑州大学党委学生工作部部长、学生处处长　戴国立）

误人的"天赋论"

有时候，我们看到年纪小小的孩子能歌善舞，家长们常常就会乐此不疲地说"我的孩子有天赋"。我小时候，也常常得到这样的表扬，有人说我聪明，有人说我有天赋。那时候，听到这种表扬总是很高兴的，一时间甚至有点自命不凡，觉得自己好像真的就是个天才，以后定能成大事。但是，慢慢地，随着年龄和阅历的增长，我已经不喜欢别人说我聪明了，更不喜欢别人说我有天赋了。现在，我做了辅导员，干的是帮助大学生成长的工作，当我的学生取得成绩的时候，我常常会对他们说："你很努力，这是你奋斗的结果。"我从来不会讲："你很有天赋。"

其实，哪有什么天赋论，爱因斯坦的成功公式讲成功是百分之一的天才加上百分之九十九的汗水，其实不用爱因斯坦讲，生活早已告诉我们这个道理：越是成熟的社会，越是注重积累，没有一个人能够仅仅靠着天赋成功。所以，当有人夸你很有天赋，你千万别当真。

夸人有天赋，大概是这么几种心态。第一种是句恭维话，典型的夸奖；第二种是句麻痹的话，恨不得把你吹得飘起来；第三种是句逃避的话，之所以把你取得的成绩归功于天赋，那是因为他们不愿意正视自己不努力的现实。说到底，如果你真看中了"天赋"二字，那你也得擦亮了眼睛，看清楚天赋的本质。

喜欢打篮球的同学，对 NBA 球星科比·布莱恩特一定印象深刻，很多人都说，科比的身材比例以及他身上的灵敏度都特别适合篮球这项运动，认为科比是一个很有天赋的篮球运动员。但是，其实，我们只看到了科比的外在,而没有看到这天赋的背后。每一场比赛,总时间是45分钟,主力运动员上场的时间即使会比较长,大概也不会超过半小时。我们只看到这半小时内充满天赋的表演,却无法看到这天赋背后所付出的汗水。据科比自己讲,你们觉得我跳投很厉害,我很有跳投的天赋,但是,你知道吗,我每天至少练一千次跳投。其实,天赋就在这里。

这世上如果真有天赋,你也别迷信,它不是什么与生俱来的东西,它只是在漫长的过程中不断经历汗水和痛苦,不断尝试失败,不断学习而培养起来的能力。

现在我们很多年轻大学生,无论用不用苹果的产品,对乔布斯都很熟悉。虽然乔布斯已经去世,但是这位商界传奇人物的故事以及关于他的各式励志段子一直都在网上流传,并且不断地刺激着我们年轻人的神经。今天我也给大家讲一段乔布斯的段子,不过不是他的成功经历,而是他的失败经历。乔布斯的合作伙伴沃兹说,乔布斯从来没给苹果电脑写过代码,他被赶出苹果公司后做一个叫 NeXT 的电脑公司,没什么起色。1997 年乔布斯回到苹果,一直到 2000 年,四年的时间里电脑的彩壳该换的也换了,但对 Wintel 阵营几乎没有什么影响。开始做 iPod 的时候,这个 MP3 播放器也不是乔布斯的主意。后来乔布斯是成功了的,但是我们回顾这一段历程,你会怎样看待乔布斯的这段经历呢?我觉得,失败其实是我们最宝贵的经历。我相信在这段时间里,乔布斯肯定也是有过彷徨和迷茫的,但是对于乔布斯的整个创业历程,这却是一段相当有价值的经历,没有对一个行业的长久的深入和积累,如何能够找到一个适合自己的突破口,如何能够找到那样一条充满生机的道路呢?

所以,天赋的本质,不是与生俱来的能力,而是一个人坚忍不拔的积累。当你还在捧着成功圣经追逐别人成功的故事,当你决定为自己订立一个取得进步的行动计划,当你决定为了自己的理想而燃烧时,请你一定要放下天赋,做好一切从头开始,脚踏实地的准备,为未来积蓄能量,为成功积累资本。

回音壁

勤奋与天赋哪个更重要,一直是摆在人们面前的一道选择题。翻开历史的画卷,古往今来的伟人名士,专家学者,他们成功的奥秘之一都是勤奋。古有越王勾践,卧薪尝胆,上演三千越甲可吞吴;近有京剧大师梅兰芳,养鸽练眼,留名传世眼波流转;今有育种专家袁隆平,耕耘田畴,成就中国杂交水稻第一人。如果从小努力勤奋,极富天赋的方仲永亦不会经历由天资过人到泯然众人的落差。

成功不是将来才有的,而是从决定去做的那一刻起,持续积累而成。无论你天资聪颖还是资质平平,勤奋是通往成功的唯一捷径。如果你是一块璞玉,定要尽情地"琢",使之成"器",是一块锈铁,也要不懈地"磨",使之成"针"。但愿我们的大学生朋友们能从《误人的"天赋论"》中受到启发,从此开启一条通往成功的路。

(郑州大学党委学生工作部部长、学生处处长　戴国立)

开学致辞

亲爱的同学:

你们好!癸巳蛇年的春节已经过去,新学期在正月十五如约而至。

记得儿时作文描述开学总以"阳光明媚"开头,但显然,今年在描述新学期开学情景时用这样的开头已经不合时宜了。郑州的冬天总是恋恋不舍,恼人的雾霾似乎也没有消退之意,然,现时已实实在在是春天的光景了。

"一年之计在于春",春天是播种的季节。"夫春生夏长,秋收冬藏,此天道之大径也。"春天播下种子,经过雨露的沁润和夏天阳光的滋养,秋天才有收获。这个规律是千百年前,我们的祖先在农耕时期经过漫长的生产实践总结出来的。它告诉我们,一个农夫的计划和按部就班的耕作,才有了金黄的麦子在田野绽放。

新的学期已经开始,又到播种季节,你们准备好播种计划了吗?

一个新的学期,是我们大学生活里的一个新的阶段,认真规划好新学期,你们需要在以下方面作出计划:

学业计划。本学期是我们大学五年里课程最辛苦的一个学期。面对这十五门功课,希望你们能够有一个明确的学业计划。根据自己的实际情况制定学业成绩目标。

阅读计划。"两耳不闻窗外事,一心只读圣贤书"不是大学的生活学习模式。阅读是我们成长中的必需营养元素。在新的学期,希望你们能根据自身的兴趣爱好和客观需求,有针对性地列出自己的阅读计划。

锻炼计划。身体健康是幸福生活的基础。在过去的时间里也许你忙于学业，也许无心锻炼，但你是否发现，自己的体质越来越差。新的学期，希望大家都能够锻炼起来，根据自己的兴趣选择一两个运动项目，坚持长期锻炼，一来可以调节学习的压力，二来可以锻炼身体，三来可以磨炼意志，十分有益。希望在新的学期里有越来越多的宅男宅女走出宿舍，退出游戏，奔向操场。

个人成长计划。大学是我们价值观和生活方式成型的重要阶段，是我们成长的关键时期。在新的学期里，以下几个关乎个人成长的方面也值得我们好好思考。

一是人际交往上的提升。今年已是大三，下学期我们就要走向临床实习，接触社会，人际交往的环境也将发生变化。如何很好地处理自己与老师和同学们之间的关系，如何处理好实习期间的人际关系，这些都是我们需要去提高的地方。希望你们有针对性地提升自己，完善自己。

二是个人素质的提升。新的学期希望你们能够根据自己的人生目标，有针对性地提高个人素养。比如，如果你立志做研究，你就要多跟专业老师接触，了解预防医学专业各研究方向的情况，然后再根据自己的兴趣有针对性地去了解，去提高基本能力；如果你想尽早就业，就可以根据就业市场的人才录用趋向，有针对性地提高自己的素质和能力，为将来就业练就本领。

三是性格的优化。在生活中，每个人都或多或少的存在一些短板，有时候，有些做事方式和行为习惯在一定程度上影响了我们的生活和成长，这些行事方式和习惯基本可以归结到我们的性格中。一个好的性格，可以令我们的人生之路走得更加顺畅。也许我们有时候容易冲动,有时候比较冷淡抑或忧郁,也许我们有时说话不饶人,也许有时候我们做事喜欢拖沓,也许有时候我们比较有控制欲,或者有时我们会有嫉妒之心,或者有时候我们忍不住在背后议论别人等等,这些性格上的短板往往会在不经意间给我们造成难以想象的损失。所以每一天,我们都要记得自省,加强性格上的修养。因为,卓越的人,只是因为他有着一个卓越的个性。而"阳光、开朗、热情、善良、友好、诚信、负责、尊重、感恩、上进、宽容、谦和",往往都是受欢迎的人的标签。获得这些标签,生活会大有改观。

同学们,凡事预则立,不预则废。计划好自己的未来,然后再勤勤恳恳地去耕耘,走好每一小步,人生就能前进一大步!祝愿大家在新的学期里取得更大的成绩!

回音壁

本文中,作者教导学生做好本学期的计划,从学业、阅读、锻炼、个人成长等四个方面不断提升自己,每天走一小步,日积月累,人生才能走一大步。正如一句古语所传达的:"不积跬步无以至千里,不积小流无以成江海。"我们要做好准备,稳稳地走好每一步。而作者指导我们制定的四方面计划,是让我们在保证身体这个"革命本钱"的基础上,做到以下三方面:一是人格的提升,这就是对个人素养的培养;二是人际交往的提升,要提高自己的组织管理能力;三是学业科研能力的提升,要在阅读的基础上增加积累,实现创新。

(郑州大学党委学生工作部部长、学生处处长　戴国立)

和你"同居"的日子

据说每个宿舍必有一个学霸,一个学渣,一个吃货,一个睡神,一个夜猫子,一个自恋狂,一个歌神,一个二货。所谓集大成者方成大器,兼容并蓄方成宿舍之大成。

还记得那年的相遇,九月的季节,没有炽热的浪漫,也没有暧昧的温情,只因那一纸通知书的邂逅,让我们蜗居在那一个 20 平方米的小窝,看到那一张张可爱而青涩的脸,你也曾感叹因缘巧合:"哦,原来你也在这里……"

初次的见面总是快乐的,那些最初的日子,我们也曾一起指点江山、激扬文字,你也曾称赞我的才华横溢,我也曾感叹你的义气豪情。

有一次,我感冒了,你也曾半夜陪我看急诊;

有两次,我没钱吃饭了,你掏出二百分了我一半;

有那么两三次,点名的危急时刻,你也曾一个人答了六个人的"到";

往事不堪回首,甜蜜的记忆有时也伴着无奈……

后来,有那么一段时间,我们都感觉自己有些老了,老大做了学霸,冷落了床底下那一双散发着淡淡男人味的球鞋;为了排遣因彼此隔阂而造成的寂寞,我成了吃货;有时候,老三总是忘情地对着电脑歇斯底里,他似乎在告诉我们,歌神的世界,你永远需要保持敬畏;老四,曾经的文艺青年,在多次表白失败的沧桑经历的困扰下,有段时间,他似乎找到了归宿,对着那可爱可亲可宽慰心灵的电脑游戏废寝忘食;老五、老六呢,我记不清了,只依稀记得有时候一些琐事总是时不时地困扰着我们,我们似乎有些变化,变得有那么一点点敏感,变得有那么一点点偏激,变得有那么一点点暴脾气,甚至变得有那么一点点斤斤计较,变得有那么一点点冷漠薄情了。

我也曾深刻反省,为什么"相爱总是简单,相处太难?"

吃货的世界是简单的,吃和睡总是那么紧密有机地结合在一起,我每天早上起床前都会习惯性地看一看表,不是为了怕上课迟到,而是为了明确掌握今早还能睡多久。

直到那天,经历过几次看表的挣扎后,我再一次进入了梦乡,这一次,我梦见了多年后的我们。同样是一个九月的下午,你我在茫茫人海中偶遇,片刻的反应迟钝后,你我还是双手紧握,"哦,原来你也在这里……"之后的情景就变得那么顺其自然,几杯美酒下肚,曾经的分歧、争吵、看不惯,瞬间涣然冰释,成为了酒桌上的笑谈。

后来,我才明白,其实,在我们的生活中,在你生命里出现过的每一个人,他们都有着自己的优点,同样也有着那令人讨厌的一面,但正因为这样,才构成了一个活生生的人。和谐的生活是创造珍贵记忆的基础,在集体宿舍的日子里,请让我们彼此珍惜那个与你一起"同居"五年的人。

学霸的生活需要安静,那么请让我们在熄灯后的时间里给学霸一片宁静的思考空间,让学霸的奋进之路多一份来自好兄弟(好姐妹)的支持!

吃货和睡神的距离,总是那么的若即若离,为了让吃货回归苗条,让睡神归于清醒,让你我精神焕发,请好兄弟(好姐妹)们展现你们的温柔体贴,用安静的空间和规律的作息为睡神们那珍贵的 8 小时保驾护航。

歌神的世界是多彩的,二货的世界是欢乐的,他们的存在正如那基因的多样性一样弥足珍贵,让我们摈弃偏见和冷漠,用发现和欣赏的眼光给歌神一点鼓励和欣赏,给二货一点亲切和友善,给你自己一个欣赏别人、认可别人的机会!

以责人之心责己,以宽己之心宽人,善待彼此,珍惜友谊,让我们一起共建和谐宿舍,共同留下美好的"同居"记忆!

——致所有在集体宿舍中生活的同学们!

回音壁

想起了老狼的那首歌《睡在我上铺的兄弟》:"睡在我上铺的兄弟,无声无息的你,你曾经问我的那些问题,如今再没人问起。"时光匆匆,当我站在即将毕业的时间点上看到《和你"同居"的日子》这篇文章的时候,文中的一些场景引起了由衷的共鸣,一起熬夜"开黑",一起酩酊大醉。即使我们曾经也因为不小心踢翻了水壶而争吵,但是当我们离开学校的时候,或许永远也不会忘记的还是那个睡在上铺爱说梦话的好兄弟。所以,当我读完了曾老师的这篇文章,我真的很想跟学弟学妹们说一句,请珍惜室友,珍惜同窗,珍惜友谊!

(郑州大学公共卫生学院2010级学生 叶子容)

欢迎加入外貌协会

孔夫子说过一句话"以言取人,失之宰予;以貌取人,失之子羽"。可见在以貌取人这件事情上,孔夫子老人家也是栽过跟头的。为了防止人们再犯同样的错误,司马迁将孔夫子以貌取人这件糗事毫不遮掩地记载到了《史记·仲尼弟子列传》中,以警示后人。

但是,司马迁没有想到,虽然此事已经"名垂史册","流传千古",可仍然有无数后来者犯同样的错误。毕竟,从常理上来说,连孔夫子这样的圣人都犯过的错,我们普通人犯犯也实属正常。所以,几千年来,以貌取人的事情一直都在发生着。

可见,外貌,是非常重要的!研究外貌也是很有必要的!在今天高校社团飞速发展、高速扩张的当下,我们很有必要借高校社团发展之东风在大学生中成立正儿八经的外貌协会,好好在外貌这件事情上,为大学生的成长做点贡献。

在现实生活中,我们不得不承认,外表漂亮的人,是具有优势的。据有关研究计算,漂亮的人能省百分之二十五的力气,他们往往更容易赢得别人的好感,获得别人的帮助,这是一种先天的优势。但是,你知道,这种无法说明出处的研究成果,往往也不是百分之百的准确,有时候,漂亮,也是一种负担。近年来,不断有媒体报出美女因身材太迷人而遭人解雇的新闻,可见,凡事都有两面性。但是,这并不是我们今天讨论的重点。这里所说的"漂亮",与我们接下来所谈到的"好看"也是两个不同层次的概念。

我们每一个人一生中都会面对一个重要的人生课题,那就是——第一印象。很多时候,你都需要以陌生人的身份完成一次又一次的由长相、身材、气质和谈吐等构成的印象考试。这种考试大概分两个层次,初试往往包括长相、身材等,评价标准是漂亮;而复试则由气质、谈吐等构成,评价标准可以暂且总结为"好看"二字。

在我们所设想的外貌协会里,帮助大学生在这一场场的印象考试中拿到一个好的分数,是我们的初衷。要达到这个目的,我们首先需要建立外貌协会的评价标准,那就是——一个人的好看,并不仅仅在于一张漂亮的脸和一幅经过修饰的妆容,它包括一张干净的脸、一身得体的与自身气质不冲突的服饰、让人轻松的微笑和眼神,还有他说话的方式以及表达观点时的态度,所以,好看,是这些元素的综合体。同样是两张完整的脸,他们之所以带给我们不同的感受,关键在于这张脸背后所蕴含的内涵和历史,我们可以初步归纳为个人的成长经历和教育背景以及由此而形成的价值观念和生活态度。

可见,外貌协会并不是肤浅的代名词,以貌取人也不是完全不合科学的武断。

外貌协会会员的最高境界不仅仅在于外貌的修饰,而更多地在于内心的修养。要想在这场印象考试中获得高分,整洁的外表和得体的服饰搭配自然不可忽视,我可不希望在面试时看到你那稀疏的胡茬子,以及你腰带上缘露出来的"三枪"牌秋裤。

过了胡子和秋裤这一关,我期待你开口能够给我带来惊喜,所以,你需要面带微笑,简洁而明快地表达你的观点,保持必要的礼貌并且完成一次友善而令人印象深刻的谈话。如果以你现在的状态,还无法达到这个标准,那么,快来加入我们的深度外貌协会吧。

回音壁

大家都在喊着要当老师口中的这个外貌协会的会长，可惜我今天不仅穿了秋裤，忘刮胡子还刚吃完大蒜。先哲的警醒依然声如洪钟："不可以貌取人！"但多少人误解了先哲的初衷，将大把的精力放在外表的装饰上，可惜到头来却往往弄巧成拙。我们需要知道的道理其实很简单，面试官也许不会因为你长得不够标致而拒绝你，但整齐的头发，干净的胡茬，一块"炫迈"，一个微笑都能为你加分，如果我们能够在气质和谈吐上有所突破，我想你已经是一个"深度外貌协会"的合格会员了。

（郑州大学公共卫生学院 2010 级学生　梅振东）

劝君莫做"低头族"

科技在发展,世界在改变,人们之间的距离也变得不断模糊起来。远与近似乎已经脱离了物理的概念。从前的时代,山高水长是阻隔人们的距离,如今的世界,你我近在咫尺,心却被禁锢在那手机屏幕的方寸之间。

近几年以来,随着智能手机的普及,大学生中出现了越来越多的"低头族"。在公交车上,在课堂里,在餐厅,在图书馆,在卫生间——生活的缝隙被手机填满。朋友聚餐,年级开会,宿舍夜聊,"低头族"都在忙着刷微博、聊微信,就算答话也是敷衍了事。世界上最遥远的距离莫过于我们坐在一起,你却在"刷屏"。

于是乎我们常常会怀念:

"还记得许多年前的春天,那时的我们还没考上大学,没有手机也没有卡,没有 24 小时畅通的 WIFI,可当初的我们是那么快乐,虽然只是一块随便谈谈,在操场,在草坪,在宿舍中,讲着那漫无边际的梦想。"

我们也会感叹如今的境况:

"凝视着此刻烂漫的春天,依然像那时温暖的模样,我扔掉键盘用起了触屏,曾经的麻烦都随风而去,可我感觉却是那么悲伤,网络留给我更深的迷惘,在这低头凝视的世界里,映不出你那温暖的面相。"

不可忽视的是,对手机的过度依赖已经成了妨碍大学生健康成长的一大因素。有些学生沉迷于手机,对手机形成了过度依赖,只要有空闲就将双眼盯着屏幕,不停把玩。这一方面严重损害大学生的身体健康,长期低头操作手机对颈椎、拇指、肩膀等部位都会产生伤害,影响大学生身体健康;而另一方面,沉迷手机也在很大程度上影响了大学生的社交能力,当习惯于网络社交之后,其在现实世界中往往难以找到对应的归属感,容易在交际上出现障碍,从而影响心理健康。

而更为严重的是,当手机逐渐占据我们的生活,我们发现,自己似乎已经成为了手机的俘虏,有些同学到了不拿手机没法上厕所,不刷屏就发慌的地步,生活已然被手机给绑架了!

其实,手机真的就这么重要吗?想想千百年来,没有手机人们也照样生活得丰富多彩。当然,现在手机作为一个工具其不仅具有通讯功能,而且还有娱乐和学习等多方面的功能,使用起来很方便。但是,我们应该清楚,手机本身只是一个工具,人类使用工具的目的是为了更好地促进生产和生活。而如果我们过度依赖这个工具,以至到了离了它就影响正常生活的地步,反倒让工具牵着我们的鼻子走,这就需要引起我们的警醒。就像汽车和电器一样,人类发明了汽车和电器,在享受它们带来方便的同时我们也领略了由此带来的环境污染和气候变化。如今,我们虽然乘坐在舒适的汽车里,生活在充满光明的世界,但我们还必须时刻警醒其所带来的负面作用。我们开展世界无车日、地球一小时等活动,就是为了让我们平日被汽车充斥的城市能获得片刻的清净,让我们的地球能够享受那片刻的低碳呼吸,以警示世人。

其实在生活中,有时候我们完全可以脱离手机,不妨在哪个周末设立"无手机日",让我们放下手机,给心灵放个假,给双手腾个空,抬起头来,面对面地和亲人、朋友、同学说上几句话,让我们看到彼此眼神里的鼓励和温暖,看到嘴角的上扬和欢欣,看到脸上的憧憬和欢笑,还彼此一个真实的世界。让我们放下手机,重新体味食物的美味和交流的温暖,让我们更加珍视那面对面的亲切,让我们从明天起,做一个抬头走路的人……

回音壁

在人类发展过程中,科技进步不断优化着我们的生活工具。然而绝对的工具理性却是科技发展最终不会过度改变我们生活面貌的一大前提。可惜,你我往往没有抵御住手机的诱惑,成为可悲的"低头族"。其实真实的世界比"切苹果"精彩得多。老师,如果哪个周末设立"无手机日",请一定告诉我!

(郑州大学公共管理学院 2012 级学生　李倩夫)

用马克思主义哲学原理指导大学生的学习和就业

　　同学们,学习和就业是大学生活中的两个重点和热点问题。你是否因为无法适应大学的学习而苦恼? 是否因为自己的一时放松而不得不承受"挂科"的痛苦? 你是否也曾因为学习方法的问题而使自己的学习一度停滞不前? 而现在的你,对未来的路是否已有自己的计划? 是考研还是就业? 是选择公务员还是企事业单位? 是选择大城市,还是选择服务基层,到祖国最需要的地方去? 这些问题,曾困扰过你们的学长和学姐,也曾困扰你们的老师。现在,它们又在你们的大学生活中出现了,让你们每一个人都必须去面对。你,做好准备了吗? 你打算如何应对? 你知道如何应对? 或许你正在为之苦恼甚至抓狂。其实,苦恼和抓狂大可不必,破解之道就在身边。也许你曾经一度在哲学课上用马克思主义的哲学原理思考大学生为什么要学"马哲"课程的这个问题,也许你曾一度厌恶"马哲"课程的枯燥无味,也许你曾一度因为挂科而对其进行过毫不留情的批判。但是,今天,我却要告诉你们,"马哲"是一把无往不利的利器,学好它,用好它,大多数事情都可以迎刃而解。

一、用马克思主义哲学原理来指导大学生的学习问题

　　当前大学生的学习状况不容乐观。学习问题依然是大学新生入校后遇到的首要问题。而高年级同学的学习问题则主要表现在挂科率居高不下,一部分同学无法顺利拿到学位证,甚至无法按时毕业。究其原

因,基本可以概括为以下几点:第一点是由于部分大学生对学习这件事情在大学的重要性认识不清;第二点是由于部分同学存在懈怠心理,学习不努力,不勤奋,成绩自然不好;第三点是部分同学没有掌握学习方法,学习成绩难以提高。针对这三个问题,本文从马哲的基本原理出发,对其进行一一破解如下:

第一,用主次矛盾的辩证关系原理来认识学习的重要性。主次矛盾的辩证关系原理是指在复杂事物中对事物发展起决定作用的矛盾是主要矛盾,其他处于从属地位的,对事物发展不起决定作用的是次要矛盾。我们看问题要抓重点,抓住主要矛盾,兼顾次要矛盾。具体到大学生的大学生活中,其内容包括学习,也包括人际能力、组织协调能力、课外创新能力等其他方面能力的培养。但是学习却是大学生最主要的任务,是主要矛盾。因为,大学生最终要走向社会,无论你有多么突出的能力,顺利拿到毕业证和学位证都是每一个大学生走向社会,去展现自己能力的一个前提,至少在当前社会的相当一段时期内,这个规则不会改变。而只有重视学习、抓好学习,才能够顺利满足这个前提。因此,学习在很大程度上决定了大学生在大学这一段时期内的发展。认识到学习是主要矛盾,就不难理解学习的重要性。

第二,用量变和质变的关系原理来分析学习懈怠的问题。量变和质变的关系原理指出事物的发展总是从量变开始,达到一定程度之后,才会引起质变,它告诉我们要积极做好量的积累,为实现质变创造条件。对大学生来说,从存在学习问题到破解学习问题,从而实现从成绩差到成绩好的转变是一个量变到质变的过程。例如我们学英语,大家都知道英语是讲究词汇量的,从英语的学习规律来说,当词汇量达到一定程度之后,其他方面的能力就会相应地逐步提高。又如学习数学,只有我们反复操练习题并及时总结思路,才能把知识点抓住吃透。因此,学习的过程就是一个持之以恒的过程,从来没有捷径可走。只有你认认真真脚踏实地地付出了汗水和时间,才会得到相应的回报。这就是一个量变到质变的过程,这个过程的关键是要积极地进行量的积累,这就是告诉我们,要勤奋,才能学有所成。

第三,用联系的普遍性原理来分析学习方法问题。联系的普遍性原理是指任何事物都处在联系之中,每一个事物内部的各要素、各部分之间是相互联系的。它要求我们用联系的观点看问题,既看到事物之间的联系,又看到事物内部各要素之间的联系。这还可以联系到系统性原理,它要求我们系统地认识事物。具体到学习方法上,我们可以这样来看待:学习本身是一个认识的过程,对某一门学科,某一个知识点的掌握,要求我们系统地去看待,联系起来去认识。比如,我们学习光合作用的机理,你光是死记硬背地把每一步骤的化学反应式记下来,是不能完全掌握其原理的。而只有前后联系地弄清楚整个植物光合作用的运转流程,才能形成系统性的认识,在应对考试和实际应用的时候,无论从哪一个节点上命题,无论面对哪一个环节的问题你都能从系统中找到对应的点。因此,对待学习,我们应该注重各知识点、各学科之间以及其内部之间的相互联系,力求通过归纳和总结分析来使自己学过的知识形成系统性,这样才能真正全面掌握知识。这就告诉我们要善于运用归纳总结的学习方法,形成对知识的系统性掌握。

二、用马克思主义哲学原理来指导大学生的择业就业问题

当前高校大学生就业形势依然严峻,大学生就业难的问题依然会在相当长一段时期内存在。这里的原因是多方面的,抛开经济社会方面的影响因素,单从大学生本身来看,其就业难的原因可以归结到以下

两个方面:一是大学生择业迷茫,在择业问题上眼高手低;二是大学生自身的实践能力不足,达不到用人单位的要求。针对这两大问题,用马哲之原理分析如下:

第一,用发展的观点来分析择业迷茫问题。

大学生的择业迷茫,无外乎出于两个方面的原因,一是对自身认识不清,二是对职业环境认识不清。

对自身认识不清主要表现在不能客观、全面而深刻地剖析自身,从而不能回答好"我是谁?""我想要什么?""我能干什么?"这三个问题。不能回答好这三个问题,就无法对自身形成一个客观的认识,从而在选择职业时无法使自身的条件和理想的职业达成良好的匹配。而用发展的观点看问题,在方法论意义上就是要求我们把事物看成一个变化发展的过程,明确事物处于怎样的阶段和地位。大学四年是一个不断变化发展的过程,作为大学生的你在这四年的不同阶段有不同的特点,分别处于不同的层次。用发展的眼光看问题就是要求我们在择业时要深入总结和剖析自身,明确自己所处的层次和地位就是要搞清楚,大学四年,发展到现在,我自身已经达到了一个什么样的能力和水平,这样的一个能力和水平能够匹配社会上哪些相应的职位。只要搞清楚了这个问题,那么你就能够弄清楚自身的定位,从而有的放矢地去竞争相应的职位。

对职业环境认识不清,主要是不能够很好地回答"环境允许我做什么?"和"我该怎样选择?"这两个问题。当前,在这两个问题上,大学生主要表现为两方面,一是择业功利性太强,没有考虑自身与职业的匹配度;二是对基层工作的认识产生了偏差。针对这两个问题,我们做以下分析。

首先,一部分大学生在择业时往往过于功利,当几份工作摆在眼前需要做选择时,往往会考虑眼前利益大的工作,而忽视了自身情况与职业的匹配程度。比如说公务员考试的热度。一部分同学参加公务员考试并非是其深思熟虑的结果,而是出于对热点的追逐,大家都在考,大家都说好,所以我也要考。这个时候,他往往出于眼前的这种考虑而忽视了自身的特质。又比如,一些同学明明不适合做一名销售人员,他却考虑到销售行业诱人的回报率,从而选择销售作为职业。这就违背了哲学原理:一是没有看到事物运动的绝对性,二是没有看到物质世界的不断发展变化。因为整个社会处于不断变化发展之中,社会和物质世界一样,是绝对运动的。所以社会中的热点和冷门,边缘和中心一直处在运动中,也一直处在不断的更替之中。今天的边缘也许就是明天的中心,今天的热点也许明天就会成为冷门。因此,这就告诉我们在选择职业时,要用发展的眼光看问题。

其次,大学生对基层认识不清,想留在大城市,而不愿意到基层去工作。这一问题的根源在于这些大学生没有用正确的方法客观地认识基层。马哲讲事物的发展是前进性和曲折性的统一。从客观来讲,基层条件差这是事实。但是,我们也应客观地看到基层广阔的发展前景。事物发展的总趋势是前进的,而发展的道路是曲折的。任何事物的发展都是前进性和曲折性的统一。基层虽然现在条件差,但是其前进的趋势是肯定的。同样,投身基层,也许眼前相对发展要慢一些,要曲折一些,但是前进的趋势却是客观存在的。这就告诉我们要清楚地认识到,投身基层,虽然道路可能有些曲折,但前途却是光明的。这是事物发展的客观规律。我们应该对基层充满信心,对我们的事业充满信心。

第二,用实践的观点来分析大学生的能力问题。

一部分大学生就业难的根源在于其能力与用人单位要求不匹配。这就凸显出一个问题,即大学生的理论水平与实践能力不对等。实践的观点是马克思主义的基本观点,实践的方法是认识事物的基本方法。大学生能力的培养过程本身就是一个认识的过程。这包括两部分的内容,一部分是理论方面的认知,一部分是实践能力的培养。用人单位不但要看你的理论水平,而且更加注重你的实践能力。比如企业,其用人的根本目的就是为企业创造价值,而且是在有限的成本内创造尽可能大的价值。因此,其对实践能力的要求就会放大,以便使招聘对象能快速适应工作,在最短时间内就能创造价值。从这点上讲,我们大学生在培养自身能力时,就要把握好理论水平与实践能力的辩证关系,即既要学好理论,又要提高实践能力。而理论水平和实践能力的提高,却都离不开"实践"这个马克思主义哲学里重要的认识方法和检验标准。

言至于此,我相信大家对于马克思主义哲学原理的生活化应用也有了一定的认识和思考。老师的言论,虽只是一家之言,但也是从大家的实际出发,结合理论和实际进行了认真的思考才提出的观点,我的理念是,先思考,再说话,发出有责任的声音。"一千个读者眼中就有一千个哈姆雷特",对于马克思主义哲学原理的理解和应用,每个人都有每个人的见解,但我们主张的是将其客观地应用于学习和生活,用于指导我们的学习和生活,真正发挥马克思主义哲学原理作为认识工具和行动指南之作用。

回音壁

马克思主义哲学在我们的眼里总有一种"高大上"的感觉。常常,我们坐在"马哲"的课堂里,心却在手机屏幕的方寸之间。我也曾经在思考这个问题,自己为什么听不进去这门课?读罢此文,我开始学会用辩证的原理来分析自己上课玩手机的这种行为,我想这就是马克思主义生活化所带给我们的指导作用吧。

(郑州大学公共卫生学院 2010 级学生　叶贝珠)

一个关于生活的疑问

来信摘要：

经过上一学期的思考，我和许多人讨论过这个问题：人活着为了什么？是为名、为利，还是为了一份心中的淡然，而我未来的路又在哪里？

也许想不清楚也无需再想，我一直希望把自己的路规划好，然后按着每个步骤完成，然而未来有太多的不确定性，有许多突如其来的变故，为何不不顾一切地去追求，未知的事情就交给未来吧。

来信回复：

同学，你好，看到你的来信，我仿佛又回到了自己上学的那个时期，曾几何时，我也思考过这样一个问题：我们活着究竟为了什么？

很小的时候，对人生还没有什么概念，也没有那么多的烦恼，可能唯一上级别的烦恼就是学校作业太多。听大人说，上了大学就不要做作业了，于是我看到了我的未来，就是盼望早点上大学，然后就可以不做作业。

后来，我上了高中，参加了高考，第一次考试考了 460 分，连当年的三本线都不够，那个时候我也在想，我连高考都搞不定，以后自己又能干点什么事呢？那一年我第一次对人生未来这件事情产生了想法，只是，第一次深刻的感悟就是充满了不确定性和迷茫，甚至有点自卑，这真的不是一个愉快的开始。但很欣慰的是，这种感觉并没有持续多久，那个时候因为家长的期望和鞭策,我告诉自己,不能就这样接受失败,于是我在那个夏天开始为未来奋斗,然后我经过第二次高考,来到了大学,后来我成了你们的老师。

上大学的时候,一开始一切感觉都是新鲜的,但我发现,小时候大人们说的大学不用做作业的事情确实是不靠谱的。大学有很多作业,有的在课堂,有的在社团,在学生会,在班级……上课、读书、交友、社会实践,作业无处不在。只是有时候我作业完成得好,有时候完成得还凑合,有时候就完成得很差了。后来,在某一个夜晚,我认真总结后发现:当我作业完成得好的时候,往往是自己对未来充满向往,内心充满希望的时候,这个时候,我动力十足,精神饱满,干什么成什么;而每当我彷徨迷茫,看不清未来,迷失方向的时候,往往作业也做得最差。现在想来,大概是人的心境会影响到我们的决策,从而作出一些影响我们个人成长的行为决定。

现在,已为人父的我,在回忆总结这些年的经历时,还时常会看到类似以前的画面和身边一些鲜活的经历,经历挫折时,我也在不断地怀疑自己的能力,在毫不客气地放大自己的缺点,甚至钻进这里出不来;有时候当看到身边的人经历一些难以言说的苦难,在过着举步维艰的生活时,我也在感叹为什么同样努力生活,但每个人的人生境遇却各不相同;有时候,当我不知道明天该干什么的时候,也一度惶恐度日。但是,后来,我父亲跟我说,他年轻时教书,因为工资待遇不好,养不活一家子人,所以选择去山里烧木炭,后来又开拖拉机做营运生意,后来烧石灰,开石矿,又外出包工程,开锰矿,再到后来一事无成,回家种菜栽树。他说:"五十知天命,活到五十岁,我做过很多职业,但大都没有什么起色,我身边那些跟我一起教书的朋友,现在混的最差的也是小学校长。这么多年很多人问我这么折腾,也没啥起色,你到底图的啥?我说，只要我还能动，我就能折腾，生活为的啥？就为这一股子不服输的折腾劲!"父亲的平静诉说，于我却是心灵的撼动，很多时候，我们将大把的时间花在了思考这些答案模糊的问题上，每当我们心情出现波动时，总会陷入对如人生意义的思考，更有甚者陷入到虚无主义中，从而迷失了自己。而父亲则不一样，虽然半生以来，事业平平淡淡没有起色，但每一次一个新的开始，父亲都全心全意地投入，有时候结果虽不尽如人意，却从来没有影响到他前进的步伐，他就像一个战士一样，从不犹豫，从不退缩，总是在一次次失败之后，寻找一个新的机会，在那里不服输地折腾着……

生命的意义在于什么？我想是否可以这样理解，人刚出生的时候，人生对于我们来说，是一张白纸，如果人生的终点是一幅画，那么有些人画得好，有些人会画得不那么好，有些人会喜欢这种风格，有些人却又喜欢另一种风格，但是，我相信，只要我们用心去画，总有人会欣赏你的作品。而如果你一直拿着画笔在不停地构思，在不断地建立思路然后又推翻思路，抑或因为思路不确定而停滞不前，也许交卷时，你的画卷还是一张白纸，抑或只是一些记录你思路痕迹的条条框框。

所以，无论你对未来有什么样的担忧和不确定，请你先拿好自己的画笔，用心描绘好当下!

最后，台湾电视人王伟忠在《我住宝岛一村》中写到的一句话，也许值得我们一品："年过五十才发现，很多夜里我坐在沙发上想着明天该怎么办，天亮后何去何从，但隔天还是出门工作。等挨到好日子，回想失意的深夜，发现危机已经化为说故事的素材，任何问题都不是新问题，别丧志就好。"

生活中有很多疑问，别丧志就好!

回音壁

托尔斯泰的《安娜·卡列尼娜》在主人公莱温不停地拷问,不停地推翻,又继续重新思考人生的意义之中悲凉地结束。"人生意义何在",托尔斯泰没有想通,你我可能也难以大彻大悟。生活之中,有些问题没有答案,有些问题有千百种答案,我们也没有必要一再纠结。我们需要知道的其实很简单:拿起画笔,勾勒人生;几笔线条,留给未来,从现在起,此时此刻,让行动来成就我们自己。

(郑州大学公共卫生学院 2010 级学生　苏笑)

给"拖延症患者"的处方

来信摘要：

现在我最大的敌人仍然是懒惰，老是做事拖拖拉拉，还为自己找各种各样的借口，总想出去玩，把该做的事放在一边，想着推到明天再做。就这样一天一天地拖着，结果最后堆积的事情越来越多，做起来力不从心，人也变得浮躁起来，也想着改变，可只是在下决心以后的几天里认真去改变，却总是坚持不下来……

来信回复：

读着这样的文字，突然有一种身临其境的感觉，事实上，一些时候，我跟你一样。

有时候，如你所说，我们总是把事情拖到最后一刻才做，其实也不是偷懒，只是想着动手却因为各种原因和借口而没动起来。当我们发现问题的时候，还会因此而有点负罪感，所以常常会暗下决心去改变，但也从未彻底改善。这种状态在心理学上有一个专有名词，叫做拖延症。说实在的，作为一名颇为资深的"拖延症患者"，有时候，对于这个问题，我很苦恼。

尼尔·菲奥里是美国著名的心理学家和作家，他在其 2008 年出版的著作《战胜拖拉》一书中对"拖延症患者"的心理进行了深入的分析。

他写道：

"大多数认为自己是拖拉者的人都在最后期限赶完了任务,并且没有受到严重的惩罚。"

"我们真正的痛苦,来自因耽误而产生的持续的焦虑,来自因最后时刻所完成项目质量之低劣而产生的负罪感,还来自于因失去人生中许多机会而产生的深深的悔恨。"

"拖拉者有一个共同的原因:拖拉可以带给人们暂时的释放压力的快感。因为拖拉的办法可以有效地减轻她面临评判时的恐惧。"

多么犀利的洞察!

在感叹尼尔入木三分的心理分析之余,我也曾想到:"是的,尼尔,你说的都对,我都明白,可事实上,我一直在努力改变这种状态,但令我苦恼的是,我最多能坚持两周。"

看看吧,对于一个"拖延症患者"来说,这个改变是多么困难。

可是,事实上,这种改变真的有这么困难吗?

答案是取决于你的决心和技巧。

当我上完大学的时候,小学、初中的课文基本上都忘光了,但是有两篇课文至今印象深刻,一篇是1978年版小学语文第二册第45课《明天还有明天的事》,另一篇是初中语文课本上华罗庚写的《统筹方法》,一篇课文是告诉我们今日事今日毕,另一篇课文是告诉我们对于多项工作任务应该统筹安排。

所以,其实很小的时候我们就已经接受了这方面的教育,大人知道每个小孩都喜欢拖拉,所以,在很小的时候就告诉我们要今日事今日毕,免得像他们一样,长大了还在因为拖拉而苦恼。可是,生活就是这样,很多习惯本不该养成,但我们就是养成了,并且很难改掉。

今天我们面对这个问题,也是这两个办法。

第一是下定决心告诉自己,今日事今日毕。每天都给自己安排好日程,明确我今天该干什么,然后列出表格,一项一项去督促自己完成。当你有一个时间和任务表去对照的时候,当你发现自己写在任务表上的事情被一项一项完成掉的时候,那种成就感足以给你许多应付拖拉的动力,你会因为一个一个小小的成就而不断地去督促自己做得更好,人是需要激励的,自己激励自己,用成功激励自己。

第二是统筹安排。每天你面对很多事情,但是这里面的事情都是可以分类的,大概可以分为四类:紧急而重要的事情,不紧急而重要的事情,紧急而不重要的事情,不紧急也不重要的事情。对于这四类事情我们要多做紧急而重要的事,少做或不做不紧急也不重要的事情,但是你也不要放掉不紧急但重要的事情。总之,事情有轻重缓急,重要而紧急的事情先做,空余的时间做重要但不紧急的事情,为以后做积累。这样统筹安排,你就会变得很有效率,为你达到"今日事今日毕"的效果提供技术支持。

所以,"拖延症"的同伴们,现在就行动吧。

回音壁

曾哥,我偷偷告诉你,我的微博名字就叫"拖延症患者"。当我看完你的这篇博文,我总想说点什么以留下评论,但这件事,我拖了三天。我一度认为,自己已经很难痊愈,但当我看到您这份高端、大气、上档次又接地气的治疗拖延症秘方时,我决定,相信一次,重新接受治疗。

(郑州大学管理工程学院 2012 级学生　欧阳博)

四六级"马后炮"

上周末,小伙伴们一定被四六级考试的某些题目给惊呆了,以致某同学在签名里写道:"我把中国园林和丝绸之路给背了,可我这次考的竟然是中秋节……"字里行间的情感表达十分丰富和复杂,今日事虽已毕,但本着认真总结以求进步之精神,曾哥今日就以四六级为题做一文章,如题。

考试下来综合各家意见,无外乎两种声音:一是被翻译题型的"中国风"给刮倒了,二是对于考试改革的种种不适应。最终的结果就是,不管是有备无患的,还是压根就没准备的,考试下来都是满腹议论,几分抱怨,几分调侃,也有几分无奈,个中滋味溢于言表。

然事后如若一笑而过,则并无多说,然若要有所感悟则亦可以道出二三,细细道来如下:

首先,此次四六级考试改革已经不是什么新鲜事了,网上已经提前公布,甚至改革的细节都已经解读得非常明确。如果把这场考试当成一场试验,那我们就是这场试验中的小白鼠,要当好这个小白鼠则是要费一番工夫的。

应对变革的有效方法就是吃透规则。对于四六级考试中的新规定、新题型,应该提早查阅相关资料,进行认真的学习,找出变化所在,才能有效应对。其实很多资料在网上都能找到,关键就在于你是否想到了要去全面地检索,以及你所掌握的检索方法。

其次,对于改革后的考试一定要注重考前模拟。前几年,我们一直都在组织四六级考前模拟考试,目的就是让大家在考试规则下去答题,从而更加适应考试,取得好的成绩。事实证明,严格的全真模拟是十分有效的,希望未通过的同学下一次认真准备。

最后,关于此次翻译题型中的"中国风",其实也没有那么难嘛,中秋节这个单词,我记得在初中课本刚学英语的时候就已经学过了。大致总结了一下,觉得难的同学大都纠结于字面意思,而没有全局性地去看待这个词,例如"文人墨客",这个词的翻译,你如果纠结于文、墨等单个的词,就很容易手足无措,但是你换个角度想想,文人墨客的大概意思不就是说作家和艺术家之类的人物嘛,所以我们换个角度,问题就会迎刃而解,学习、考试是这样,生活做人其实也是一样的道理。

以上这几点,说得好听点是考试后总结,说得不好听点其实就叫"马后炮",但是不管怎么样,写此文的初衷就是想再一次告诉大家:凡事预则立,不预则废。当你想完成一件事,那么你就花更多的时间在事前吧。

回音壁

亡羊补牢,为时不晚。四六级改革之后的第一次考试,用吃一次自助餐的钱去摸摸地形也不算亏啦。当然,明明已经知道四六级将要改革,却不好好准备新题型的我们,确实有很多需要反省的地方。曾哥虽说站着说话不腰疼,但是最后这句话倘若你我能够铭记,恐怕这一生会少走许多弯路。"凡事预则立,不预则废。当你想完成一件事,那么你就花更多的时间在事前吧。"

(郑州大学公共卫生学院 2010 级学生　张婷)

2014，你该如何存在

在喜迎 2014 年元旦的美好日子里，学校举行了欢乐祥和的节日文化活动，新校长在钟楼广场发表了热情洋溢的讲话，与师生代表一起撞响了 2014 年的钟声，我们手拉手，拥抱这跨年夜晚火树银花的世界，当那一声悠长的钟声尘埃落定，新的一年开始了。

"一元复始，万象更新"，每当辞旧迎新的时候，人们总是要承前启后地总结和展望一番，在 2014 年新年致辞中，习总书记引《公羊传·隐公元年》之语，引出对 2013 年的总结和对 2014 年中国改革的畅想。短短八个字，让这美好而浪漫的"1314"多了几分希望和期待。

对一个阶段，做个总结，总是有必要的。就如王小波所说"对于过去的一年，还有我们在世上生活的这些年，总要有句结束语：虽然人生在世会有种种不如意，但你仍可以在幸福与不幸中作选择"。

王小波此语表达了两层意思，第一层意思就是，每个阶段我们都要有句结束语，就好比演员们总要有个谢幕，电视剧也得打上个特别鸣谢。画句号，是一种程式，同时它也是一种姿态，重要的不是结束，而是让自己清醒地认识到在某一个特定的阶段里，"我"所经历的时光，以及这些时光留下的印记。当然，生活不是完美的童话，在每一段时光的印记里，不可避免地夹杂着成功和喜悦、失望和悲伤，以一种什么样的姿态来回顾过去，审视自己，这是我们在句号之外更应该思考的问题。所以，小波同志在这句话的最后，明确地表达了第二层意思，那就是，无论生活对你怎样，你仍可以在幸福与不幸中作出选择。

　　每当夜晚临睡的时候,我总是喜欢给我的小女儿讲一些儿童读物的内容,最近在讲的一册是《格林童话》。我讲到白雪公主的故事,讲到井边的牧鹅女,讲到灰姑娘,讲到六个仆人的故事,无论主人公的经历有多么曲折回肠,作者在每个故事的结尾都为我们安排了一个美好的结局,所以,每天晚上我都在给女儿讲着不同的故事,但很多个晚上,她都会听到同一句结束语,那就是:公主和王子在宫殿里举行了盛大的婚礼,从此两个人过上了幸福的生活……

　　我想《格林童话》自其诞生以来,历经几个世纪而不衰,这与其故事的美好结局对生命的感染力是分不开的。它总是不厌其烦地讲一些故事给那些尚未经历世事的孩子们,尽管公主出身高贵,但她的一生也没有那么一帆风顺,人总要经历挫折,但只要你保存着那一份对美好生活的向往,最后总会到达属于你和王子的那座城堡。

　　2013,那一句"你幸福吗?""我姓曾"的神回复,曾带给我们多少欢乐,这一年,我们也曾围绕着"你幸福吗?"这个问题的答案上下求索。我看到有一些同学收获了许多,有一些同学也曾痛苦地面对失去。这一年,有人站上了高高的领奖台,也有人在功课面前马失前蹄;有某人在操场上牵了某人的手,从此开启了王子和公主模式,也有人在 2014来临的夜晚独自漫步;有人朝着自己的目标默默努力,超越了昨天的自己,也有人停滞不前,迷失在时间的洪流中……

　　2013,不管是收获,还是失去,无论是开心还是沮丧,不管怎样,那些日子都已经离我们而去,在这个句号之外,我想对你说,让我们再读一篇《格林童话》吧,在 2014 的春天告诉自己,面对未来,我将满怀希望地存在!

回音壁

很小的时候,我也看《格林童话》,《格林童话》总是以曲折剧情展开,当然,最后的结局一直都很美好。大一点后,我最喜欢看的是《灌篮高手》,故事的主人公樱木花道最终没有夺冠。很多人问作者井上雄彦,为什么最终的结果不写得圆满点呢。井上说,年轻人也要懂得不是每件事最后都很美好。你的2014该如何存在,我想,无关结果,无关得失,却关乎姿态,记得,无论行走的路上风景如何,我们也要对前方充满希望,2014,让我们朝着前方,坚定前行!

(郑州大学公共卫生学院2010级学生 于星辰)

刍论考试之正道

在告别 2012,即将步入 2013 的"年关"时节,尽管"世界末日"因故推迟,但"堪比末日的考试周"却如约而至。

考试的那点事情,说小可小,无非就是坐着答题,站起来交卷,铃一响,拍屁股走人。但说大也大,对个人来讲事关成绩好坏、奖学金、评优评先,甚至保研找工作;对家庭来讲,事关"成龙成凤之期盼",事关过年气氛之好坏;对学校来讲,事关教育教学之效果,事关立德树人之成败;对国家来讲,事关人才培养之好坏,事关青年成长之大局。往大了说,可谓风云激荡,牵一发而动全身,实在令人牵肠挂肚,无法淡定……

且不论高考、研究生考试、四六级等大考,单看眼下我们的期末考试,情况就不容乐观。问题大体可以总结为以下几点:一是考试作弊仍然长期存在。二是作弊动机多样化、功利化。有为及格作弊、为评奖学金作弊,有为评优评先作弊等多种动机。三是作弊手段多样化。以小抄和抄袭等各种抄为主,以交头接耳、交流讨论为辅,全方位动用各种感官和介质,全面提高考试成绩。

鉴于此客观事实,本着科学引导、力倡诚信之原则,本人在此浅谈几点考试之正道,以共勉之!

一、立身之本,唯一"诚"字

古语有云:"诚之者,天之道;诚之者,人之道。""信为人之本,人无信不立。"讲诚信是中华民族的传统美德,是立身之本、成事之基。考试作弊,本质上是一种不诚信的行为。特别是我们青年人,如果年轻时代就忘了这种"诚"的坚守,那么将来恐怕要吃大亏。古语云,"勿以恶小而为之",考试作弊,看似小事,殊不知,小错的积累,往往容易酿成大错。今日,在考试时你可以毫无思想负担地突破诚信这条底线,那明日也许你做更大的不诚信的错事时你就更加不加思考。所以,我们应该警醒,千万不可因自认为"事小"而突破底线,走向毁灭。请君三思!

二、立业之本,唯一"勤"字

古语云:"业精于勤荒于嬉,行成于思毁于随。"讲的是一个人要想在一个领域取得成功,最大的因素在于勤奋。考试也一样,想要在考试这件事情上取得好的成绩,关键在于勤奋学习。其实我们每一个人都曾经是勤奋学习的榜样。能够挤过高考这座独木桥而进入郑州大学学习,说明大家都在"勤"字上下了功夫。只是,有一部分同学在进入大学之后逐渐丧失了这种勤的精神。"'勤字',你丧失在我深深的睡梦里,我的电脑里,我的聚会里,我的游戏里。""啊,当59分的成绩单下来时,我猛然发现,'勤'字,是我亲手扼杀了你。"因此,请找回曾经那个勤奋的你,带着勤奋,奔向梦想的更远处!

总结一句话:以勤备考,以诚应考,此乃考试之正道,青年之正道!望君勉之!

回音壁

"学渣"怎么可以信誓旦旦地在考试帖下留言呢?!但是身为"学

渣"其实是有原则的。那就是不管自己学得怎么样,考试绝不作弊。面对惨淡的成绩单,总有一种来年当学霸的冲动。但是,幸好,几门课成绩不如意,我输掉的只是几场考试;而考场中,为了获得高分,铤而走险,我输掉的将会是整个人生。

（郑州大学公共卫生学院 2010 级学生　叶子容）

致小崔同学说二三事

小崔同学：

　　元旦快乐！看完来信，感觉你这一学期收获满满，状态很好，作为老师，这是我想看到的！

　　其实给老师写一封信，交流一下生活，这是一个很好的选择。很多同学都在忙自己的生活，有时候又有这样那样的顾虑，无外乎就是觉得没什么可说，担心老师不会有空回复，还有的可能是不太愿意与老师交流，反正各种原因都有，我做学生那时候也是这样。但是后来我慢慢地发现，在现代社会，主动地与人去交流是十分必要的。

　　从阅读的发展我们可以看到这么一个趋势：以前人们看小说，后来看杂志，后来出现了博客，长篇大论的倒也有人看，可是渐渐地随着社会的发展，信息爆炸越来越严重，人们已经无暇去读小说了，博客也逐渐淡出了人们的视野。微博产生了，并且迅速扩展，我们已经没有兴趣去读长篇大论，就是那 140 字的微博也是略微扫过，我们发现，信息时代，我们的注意力已经被消耗得有点过头了。同样的情况反映在社交上，试想你置身某场酒会，当人们穿梭于人群中忙着向陌生人推销自己的时候，你还守在角落里等着别人来邀请你跳舞，我想只有两种解释：要么，你是来打酱油的，要么你是一尊化石穿越到了现代社会。所以，我们必须建立一个观念：不要指望等着别人来了解你、发现你，你需要做的是主动伸出你的双手。所以，大胆、主动地向别人介绍自己的想法，分享自己的观点吧，我想没有人会拒绝一个友好的搭讪。

　　回到来信的内容,让我印象深刻的是那一段兼职的经历。无论是家教还是促销,我想,通过自己的劳动挣到报酬的心情都是非常爽的。其实,兼职也是一个很好的接触社会、了解社会的途径。我觉得一个大学生除了掌握知识外,掌握生存技巧也是一项很重要的内容。通过这段兼职我想你也体会到了劳动的光荣以及生活的不易。一个四十多岁的女人,当她面临竞争不利的时候,她会选择训斥你抢了她的生意,但背后我们也会知道,正是因为生活的不易,她才会将这种训斥的不平常当成了平常。还有我们对网络的求职信息所持的态度,正是因为一些行骗行为的存在,我们才对这个社会充满了怀疑,很多时候,这种怀疑也是出于我们生存的本能,每个人都不想无缘无故地丧失一些什么,所以我们选择了自我保护。但越来越多的自我保护,也让我们的社会发生了一些微妙的变化,以至于老人摔倒,我们也不敢扶了……这就会让我们反思,我们应该需要什么样的自我保护,这到底是自我保护还是冷漠呢? 我想,我们需要的并不仅仅是答案,而是想告诉我们的同学们,作为一个大学生应该具有人文思考以及人文视角……

　　老师对你兼职期间的收获表示祝贺,对你通过自己双手获得收获的喜悦由衷欣慰!

　　这一学期以来,你们经历了一次较为系统的实习。我非常认可你对于实习的看法:"除了专业知识以外,在陌生环境中找到自己的位置,并努力获得所需知识和来自专业老师的肯定。"我想,这些认识是建立在你的努力和经营之上的,没有随随便便的收获,用心之处,才会结果,希望你一直秉承这样的理念去做好接下来的事情,并取得良好的发展。

回音壁

曾哥,求回信!求回信!其实在过去的一个学期里,我也尝试地做了两三次兼职。一次是去教初中生数学,一次是去教本科生演讲。不同的环境,遇见不同的人与事。除了体会到赚钱真的很难外,我也深刻领悟了知识与实践之间的关系。我想我们大学生应该在学习知识之外广泛地接触社会、了解社会、认识社会,同时也要反思社会并且去建设社会。

(郑州大学公共卫生学院 2010 级学生　史磊)

如何破解"求而不得"的遗憾

同学们好,今天跟大家探讨一下人生中的一些不如意之事。

有句话说:"人生不如意,十之八九。"

在你的人生历程里,无论是过去、现在还是未来,你都不可避免要遇到这样那样的境遇,有时候,当一堆事情向我们袭来,在你感到焦虑和无助的时候,在你焦头烂额的时候,在你无能为力,感到力不从心的时候,你也许会发出这样的感叹。

是的,生活中有各种款式的"求而不得"。

考试的时候,我们想考个好分数,但有时偏偏就是一个挂科的结果;

唱歌大赛,跃跃欲试,却总是没有勇气上台一展歌喉;

一学年下来,自己努力了不少,想得个奖学金证明一下自己,却总是差那么一点点;

父母年迈,想业余挣点钱减轻一下父母的负担,可兼职总是不尽如人意;

家人期望颇深,想在大学里好好表现,给家人一个交代,却偏偏事与愿违;

暗恋某人,多少次表白的话语都到了嗓子眼,就是没有勇气蹦出来,哪怕一个词;

相恋许久,最后劳燕分飞;

小心翼翼做人,总想跟大家搞好关系,却得不到周围人的回应;

起个大早,想去早读一下,发现总是坚持不了三天;

上个自习,本想温几页书,却发现总是坐不住;

……

如此种种,时时不期而遇,或大或小,有些稍纵即逝,很快就能在我们心里过去,有些顽固不化,阴云在我们心里生根发芽,久久不能冲淡……

生活,是一部戏,真正的影帝在民间。当我们承受压力的时候,当我们心神不宁的时候,也许别人看到的还是阳光灿烂的自己,可谁又曾注意到脆弱时候,这颗脆弱的心?

你选择了一个人承受,但有时,事与愿违,总是令自己走进了死胡同而出不来。今天,老师就跟大家分析一下,如何破解这种"求而不得"的遗憾:

首先,种种困惑归结起来都可以总结为"求而不得"的,就是当现实与我们心里想要的有差别的时候,我们的生理和情感机能就会产生严重反应,以生理现象和心理现象来对抗这种落差。

当然,在这种情况下,一般会有两种结果,一种是你有足够的毅力。这个时候你就能通过精神的力量来进行自我调节。毅力这个词,在这里应该得到拓展,它一是代表你有足够的被折腾的能力;二是需要拓展到信心。金融危机的时候,温总理说,信心比黄金更重要。在经济领域,信心有时候往往能够起到出人意料的逆转局面的作用。又比如股市,股民的信心往往影响到大盘的走势。因此,总结起来,信心,就是一个"势"字。在你的现实局面很糟糕的时候,如果你的"势"还在,你就能够毅然挺立,你就能够顺利走出困惑和阴影。第二种结局就是你被打败。这是我们不愿意看到的,也是大多数人的结局。为何如此?因为,大多数人在面临危机的时候,没有足够的处理危机的能力,而这些能力上最大的缺陷并不是指你的智慧上有什么缺陷,也不是你的专业上有什么缺陷,而是你的精神世界不够饱满。一、你没有雄赳赳的、人定胜天的信念;二、你不够吃苦;三、你对自己不够狠! 除此,就是你对改变现状没有一种强烈的渴求。这些都是让你成为一个平常人而非一个强者的重要影响因素。

其次,要说说如何破解这种"求而不得"带来的遗憾,甚至是内心的焦虑和困惑。

一个寺庙写了这样一副对联:

上联:在高处立,着平处坐,向阔处行;

下联:存上等心,结中等缘,享下等福。

初看,有点拗口;再看,似乎有点意思;三看,惊叹,原来人生大智慧全在这两联,以下细细品来:

首先,"在高处立",这告诉我们,想事情、看问题要站在高处。只有站得高才能看得远。那么我就要问了,怎么个状态才叫站得高呢? 比如失恋。一个人失恋了,也许很长时间都缓不过来,一直纠结在过去,停留在原地,站不到高处,看不到远方,想不到未来,因此就迈不动脚步。跟你分手的那个人,人家已经走向了明天,开始了新的生活,而你却还停留在原地,甘愿做一个不再启程的过客。大好青春年华就此耗费掉,十分可惜。殊不知,只要你向前进,你就能重新开始新的生活。又比如找工作,年轻人在选择工作时不可避免地向"钱"看。衡量一个工作的好坏往往先看它能够提供的薪水有多丰厚。殊不知,行业瞬息万变,眼前待遇好的工作不一定一直好,也不一定适合你自己的个性特点。因此,找工作我们也要看远一点。年轻人不要在乎挣多少钱,而要看重职业的发展前景以及与自身条件的匹配度。

其次,"着平处坐",这告诉我们要踏踏实实,平等对人。这个问题很值得一说。踏实,是我们做事情的一种状态,就是你这个人不浮躁,不飘在上面。具体而言就是三点:一是言必信,行必果。不轻易许诺,能做到的事情就答应别人尽力去做,做不到的事情就不应允。但是只要答应了别人就要想办法做到、做好。二是说话办事没有花架子,跟朋友相处能够真诚对待,跟领导和同事相处做到自然有度。三是看问题看人要客观,就事论事。就你身边发生的事情,如有看法或见解,可以大胆表露,但切忌带任何感情色彩,一定要就事论事,客观公正。对你身边的人,切不要轻易评论,以免无意中伤害别人抑或引起事端。然后说说平等,平等是我们待人接物的一种姿态,包括观念平等、方式平等。我们要树立一种平等对人的观念,做到了这一点,我们才能够被别人接受,才能够在说话办事时不失公正,才能够待人接物无愧于心。

再次,"向阔处行",这就是说我们心胸要开阔,做事要变通,别走死胡同。有时候我们的心很容易被蒙蔽,很容易被一些小事情蒙蔽了心智,看不开,看不远,这样容易给自己和身边的人造成一些麻烦和困扰。试想一下,人之于宇宙,渺小如沧海之一粟;而人生一辈子,相对于宇宙进化之长河也只是俯仰之间,所以,眼前的一点小事又算得了什么呢?宇宙虽大,然心的舞台更大,人生虽短,然人与人之间的情谊却绵长永久。因此,有时候,我们看待人和事都要有一颗宽广的心,要学会包容,要学会洒脱,以责人之心责己,宽己之心宽人。

最后,"存上等心,结中等缘,享下等福"。存上等心,就是存善良的心,要与人为善,要自律,要慎独;结中等缘,就是不拒人于千里之外,也不零距离接触,要中庸平和;享下等福,就是说吃得苦中苦,方为人上人。

所以,总结起来,这副对联就是指导我们人生的一部方法论。人的行为都是受其思想支配的,思想在通俗上而言就是我们每一个人看待事物的态度和方向。之所以每一个人在对待事情上有不同的态度和行动,皆是因为我们拥有不同的思想。每个人的思想都有其独特的价值,谁高谁低不能评判。但在每个人的思想支配下产生的不同行为所引发的不同结果却是有评判标准的,这个评判标准就是道德和法则。所以,在社会规则下,我们尽量构筑一种普世的思想和价值观,这样才能有利于我们更好地融入社会,更好地适应生活,更好地应对各种"求而不得"的遗憾。

同学们,"在高处立,着平处坐,向阔处行;存上等心,结中等缘,享下等福"是前人总结的一个有效的思想体系,学好它,悟好它,用好它,能够更好地指导我们的生活,能够更好地帮助我们成长。当然,行而正难,思无邪难上加难,这是一个很难达到的境界。如果你对此文的观点有什么看法,你对"在高处立,着平处坐,向阔处行;存上等心,结中等缘,享下等福"这句话有什么感悟,抑或你有什么新的思想和成果想和大家分享,真诚欢迎您留言探讨!

回音壁

小时候,想要一个赛车玩具,妈妈不给买;中学的时候,想要台电脑,妈妈不给买;大学的时候,想要个"苹果",妈妈还是不给买。我说的不是我,是我们。其实,从小到大,我们想要的东西有很多,但是最后拥有的却不多。我原本以为,我们早就习惯了"求而不得"。可是直到我想要追寻梦想的时候,却发现,你我远远没有坦然到可以接受"求而不得"。既然选择了远方,便只顾风雨兼程吧。出发之前,一句话与各位共勉,人生的精彩不在于如愿以偿,而在于勇于一试,追逐梦想,脚踏实地,时间不会遗忘用心耕耘的人。

(郑州大学物理工程学院 2012 级学生 任冠兰)

能不能像打游戏一样搞学习

无论是 80 后、90 后还是 95 后,都有一帮爱打游戏的孩子。不管是"小霸王"时代还是电脑网络游戏时代,抑或是现在我们进入的手游时代,任时代怎么变迁,游戏怎么升级换代,游戏迷们总是用那旁人所无法理解的热情全心全意地投入其中。

在课堂上,在听讲座时,在排队等候中,在公交车上,我们随处可见用游戏打发时间的人们。有时候,我们走访宿舍,甚至也能够看到专心致志玩游戏而无暇顾及我们的人。游戏,已然成为我们生活的一部分。

其实打游戏本来不是一件坏事。对于大学生来说,学习之余,适当地用游戏来放松一下自己也未尝不是一件好事。但问题是,我们多数人的自制力是有限的,开机时你告诉自己,我只玩一小时,一小时之后,准关掉。但游戏没有提醒,它不会告诉你,你玩了一个小时了,你现在该休息了,再不停就是玩物丧志了。其实即使有提醒也是没有多大用处的,就像我们定的闹钟,很多同学早上明明定到六点,但六点闹钟一响,起不来,要么关掉,要么不管它继续睡,所以,闹钟对于自制力不强的人来说,其实也就是个摆设。

关于游戏,越是观察和思考,越是觉得里面有很多蹊跷的地方。

比如说,关于游戏的技术操作这件事情吧。我们从来都没有见到市场上有什么游戏教程,比如《DOTA 入门》《玩转魔兽的 100 个窍门》《梦幻西游全程辅导》等类似的游戏书籍。但是,对于游戏那点事,爱好者们总是能够很快地无师自通,一遇到自己感兴趣的游戏,就能显示出其强大的自学能力,很快搞定规则,无限畅游。

还有团队精神,在游戏里也很耐人寻味。有的同学在现实生活中压根就是个"宅男"。平常也不跟人交流,甚至见了老师都不会主动打个招呼,就更别提与同学们积极合作、共同完成一项工作了。但问题是,一到游戏里,那积极主动性和团队精神就显现出来了。大家一起组团攻城,与队友们相互配合打掩护,团队合作搞得有声有色。

还有游戏里的打怪升级也很有意思。你打游戏的时候,身边没有老师、家长来督促你一定要在规定的时间内达到多少级,实现什么程度的装备,这些外在的压力都不存在。但是,你就是会死心塌地地要求积极上进,一有机会就上手,升级打怪,恨不得抓住一切机会多升几级。这种自我加压和自我激励同学们在游戏里面用得很好。

所以,我们看到,打游戏的孩子都是很聪明的孩子,至少都是很有潜力的孩子。别看他们有些人在现实世界里学习不怎么样,团队意识也一般,学习生活也不积极主动,但是在虚拟世界里,他们具备其在现实生活中所有未曾表露出来的东西。于是,我就常常在想,我们能不能换个心态,将孩子们打游戏的心态用到学习上,用他们对待游戏的态度来对待学习呢?

这个问题,从一定程度上来讲,关键就在于同学们的兴趣和视野。有些同学会讲,学习和游戏是两码事,游戏是出于兴趣的主动,而学习有时候是被动的。说到这里,问题的根源就出来了。能不能像打游戏一样搞学习,关键还是在于兴趣两个字。你对游戏感兴趣,所以你千方百计、历尽千辛万苦练装备、搞升级也不会觉得累,反而觉得很满足。而学习呢,当你把学习当成一种负担时,别说进步多少,就是完成基本的学习任务你也会觉得很吃力,觉得很无聊。于是,我们很多时候,就告诉学生,你应该培养兴趣,应该用你打游戏的激情来对待学习。但是,我们发现,这样的说教,往往不起作用。开玩笑,学习跟游戏能一样吗?很多时候,我们企图用这样的方式来说服同学们,却没有多大的效果。

正所谓玩物丧志,为什么这样讲没有效果,关键就在于当一个人沉迷游戏的时候,他本来就将自己的注意力集中在那个虚拟的世界,对于现实世界里的东西就关注得少了。游戏,不仅是一种玩乐,某种程度上也成了其逃避现实世界的一个窗口。他在追逐游戏里那虚拟级别时,却看不到自己在现实世界里一直停在原地,甚至退步。所以,我们应该帮助这些在一定程度上迷恋游戏但还没有沉迷游戏的孩子们认识到自己在现实世界中所处的位置,让他们看清楚,除了虚拟世界的那场级别大战,在现实世界里还有一场看得见、摸得着的升级赛,游戏失败了可以申请账号换个"马甲"重来,而人生却没有那么容易能够重来。

回音壁

理想之"丰满"与现实之"骨感"一直是大家矛盾和纠结的根源。现实世界里不能改变的事实,往往在理想化的虚拟世界里得到满足。然而虚拟世界里的快感并不能取代现实中的无奈,正视生活中的负面事件才能真正有所收获。学习是获取知识的方式,是提高自身修养的手段,一个人倘若将学习当做一种负担,必然会压得自己喘不过气来。但是对于已经陷入诱惑不能自拔的同学来说,走出虚拟世界并非易事。一个人的自制能力有限,身边的朋友如果能够拉一把,帮一下,境况将会大为改观。在同伴的鼓励下,逐渐体会学习中的快乐,发现知识之间微妙的联系,就能慢慢培养对学习的兴趣,取得理想的成绩。你身边有这样的"游戏控"吗? 赶快行动起来,把他拉入"学习控"的队伍吧!

(郑州大学公共卫生学院 2010 级学生　楚楚)

大学生专业实习重在"炼心"

　　学生去各医院参加专业实习已经两个多月了,最近的一次实习生座谈会上,我听到了大家的一些声音。这些声音里有抱怨也有满意,有感动也有气愤,有收获满满的也有得过且过的,总之实习成果因人而异,总结起来,我觉得原因还在于实习心态各不相同,要想实习获得收获,关键要练好"三颗心"。

　　一"炼"吃苦心。关于吃苦与成功的关系,孔孟经典等人文著作已有充分论证。前有孟子"天将降大任于斯人也,必先苦其心志,劳其筋骨,饿其体肤,空乏其身,行拂乱其所为,所以动心忍性,曾益其所不能"的长篇论述;后有武侠大师金庸先生"欲练此功,必先自宫"的精辟点拨。然而先贤之所以如此强调吃苦的重要性,大概也是因为吃苦的不容易,人性有安逸的一面,能享受,总不愿意吃苦。然而,天道酬勤,上天对于能吃苦的孩子有天然的青睐,所以能否吃苦也常常成了卓越与平庸的分水岭。作为一名刚刚接触专业课的学生,在专业学习上资历尚浅,到医院去实习,一开始肯定接触不了太多的临床知识。有学生就跟我抱怨,科室里老师带的学生太多,有些事情又不大愿意让实习生做,所以常让我们做做写病历、搞卫生、跑跑腿的苦差事,觉得自己没有发挥大学生的作用。对于这种心态,我们可以把其明确划分为不能吃苦的心态,老把自己当天之骄子,自视甚高,干活拈轻怕重。殊不知古代学医,徒弟还得给师傅端洗脚水呢。所以,我只能教导同学们,年轻人一定要放低姿态,主动弯腰,腿跑勤一点,眼睛灵光一点,多干点活,吃点苦,先干点枯燥的事情散散娇气和浮躁,然后再拿起扫帚扫扫身上的慵懒和娇惯,把吃苦当作磨刀石,先打磨脾性,再谈学本领。

二"炼"主动心。学习来不得半点虚假,必须真抓实干,积极主动。在实习的过程中,一个老师带很多学生,有时候亲身指导的机会可能很少。如果学生只等着老师来面授,而不懂得主动抓住机会学习,实习效果肯定是要大打折扣的。在这方面,有些同学就做得很好。记得一位同学说,来到科室一周,他就已经摸准了带教老师的教学风格。每天查房是带教老师面授临床知识的最佳时机。但是如果对病人情况不熟悉,老师讲起来就根本听不懂。所以,每次老师查房前这位同学都提前了解清楚病人的情况,一边问一边记,既体现了医务人员对于病人的关心,改善了医患关系,又掌握了病人情况,在老师查房时就能够很好地提高学习效率。这就是一种主动学习的典型做法,相信一个实习生有了这种心态,他一定能够有所收获。

三"炼"责任心。各行各业都有自己的职业操守和准则,实习生虽不是正式从业人员,但是只要你走进这个群体,你就要以行业的职责和操守来要求自己,一定要认真负责地处理专业上的事情。一名实习同学给我讲了一件关于责任的小事,对我触动很大。他告诉我说,刚分到外科实习不久,一次,主任让实习生一块换上手术服进手术室观摩手术,期间主任让他递一把剪刀,就跟他说"郑大夫,麻烦你帮我递一下剪刀"。"郑大夫"三个字让学生愣了一下,下了手术之后,他向主任讲起刚才的感受,主任告诉他说,在病人面前你穿上白大衣就代表大夫,所以,我们科室里每一个穿上白大衣的我们都称他为大夫。从那以后,这位同学好像一下子就感觉自己不一样了,"大夫"两个字安在他的姓氏后面,给了他很大的力量,让他开始感觉到一种责任感,感觉到一种专业尊重,正是因为有了这种责任感,以后的实习中,他更加努力,一丝不苟,赢得了科室老师们的大加赞赏。

　　能吃苦,会主动,有责任心,我想这是我们每一个实习生所必须认真修炼的三种品质。因为人们总是喜欢拿会不会吃苦来考验一个人,人们也不会轻易拒绝一个积极主动的人,还有,也许你没发现,我们常常认为你认真负责起来的样子很帅!

回音壁

　　选择神圣的医学专业,身穿最美的白大褂,就意味着肩上多了一份责任和重担。"健康所系,性命相托"是群众的信任,"悬壶济世,救死扶伤"是医生的职责,然而谁又数得清楚,这份光荣与担当的背后,有多少个日日夜夜的埋头苦学。不论是在校学习还是临床实习,都是补充知识的宝贵机会,不畏辛劳,主动学习,虚心请教临床经验,逐步提升职业素养,才能提高自己。学好医术也需要我们炼好"心术"。

　　　　　　　　　　　　　(郑州大学公共卫生学院 2012 级学生　叶贝珠)

中国合伙人：性格、标签和人生轨迹

这是一个符号化的时代。

在这个时代,人,总是要自觉或不自觉地、主动或被动地贴上标签,然后带着这个标签去接受时代的检验。而最终,时代也会以其特有的方式,为每一个标签背后的人物计算你应得的分值。

"土鳖""海龟"和"愤青",在这三个标签中,"海龟"往往最具光环;而"土鳖"则往往被认为不入流;最倒霉的要算"愤青"了,往往被认为没本事,还满是牢骚。所以,在多数人的判断中,顶着光环的"海龟"无疑是最具发展前景,最容易成功、生活最精彩的那一位;"土鳖"呢,我们大概会认为,"土鳖"的生活状态就是三十岁到头来不算好也不算坏,就是永远比别人慢一拍的那个笨小孩;而"愤青",说到他们也许多数长辈们都懒得去设想,只有摇头的份了。

然而,生活中一切看似普遍性的认识规律在某些特定的人面前往往会临时实效。

《中国合伙人》对标签人物的塑造就是对这一现象的贴切论证。

在全篇贯穿对梦想和尊严的呈现之外,三位男主人公性格特点以及由此造成的不同的生活状态、人生轨迹和经历,细细思量,值得考究。孟晓骏处处冒尖,反而受挫;王阳大大咧咧却有各种福报;成东青一直缺乏自信,但脚踏实地终于成就一番事业。

信奉荣耀和自由的孟晓骏,在他的人生字典里,奋进、战斗、向前永远是他的理想状态,对于自信这个问题,除了在美国经历过穷困潦倒之后才以演讲恐惧症的形式表现出来外,任何时候,他都是自信爆棚。这样的一个人,是伟大的,他全身饱含着激情和勇气,然而,正如成东青所说,"有些事情,只有停下来才能看清楚",一个人行走得太快,你会丢掉自己的影子。也正因如此,掌舵人的角色给了那个脚踏实地的"土鳖"。或许,在认识事物规律从而带领团队创造价值这一过程中,行走得太快的人并不适合做一名领导者,毕竟,大海航行,有时候,太快容易翻船。而不可否认的是,孟晓骏式的人物确是最能创造价值、最具有活力的人物,它是整个故事中"新梦想"前进的动力源。

而对于"愤青"人物王阳来说,真正的蜕变则源于那一顿便餐,让他找到了另一半,从那一刻起,他找到了适合他的生活。巴菲特曾说,一辈子最成功的决定是认识一个女人,并与她结婚。是的,当你还是一个"愤青"的时候,你告诉自己,我的人生哲学只有四个字,那就是——与众不同。这个时候,老人们往往会说你太年轻,太幼稚。而当有一天你慢慢长大,历经世事,却难以发出类似的感叹。所以,有一天他终于认识到:"大多数人选择的生活才是值得过的。"一个"愤青"的返璞归真,抹掉的是浮躁,洗去的是铅华,从此,你掌握了属于你自己的实实在在的能够去感知并去享受的生活,这不能不算一种成功。王阳,在"新梦想"的前进中,他获得了一个润滑剂的角色,没有那么轰轰烈烈,却不可或缺。

而最后值得一提的当然是那个"土鳖"成东青。"土鳖"的特点往往体现在细节上,那些最容易被时代浪潮所抹掉的东西往往被他们固执地保留着。然而正是这些被保留的细节和品质,往往成就了他们的人生。"土鳖"的哲学往往没有那么复杂,他们没有太多的思考,更多的是脚踏实地的行动;他们其实也并不聪明,很多时候,"土鳖"因为形势所迫,被逼上梁山,咬牙就这么做下去,然后天道酬勤,"土鳖"就成功了。

所以"土鳖"的故事往往没有那么惊心动魄,但却最能打动人心。当你有一天翻看那些成功学的著作,当你膜拜那些名人的成功传记时,如果你稍微会思考,就会发现,其实大多数成功者都是"土鳖"。"土鳖",不是最会思考的那一个,但却是最会行动的那一个;"土鳖"不是最聪明的那一个,却是最会学习的那一个;"土鳖"不是最自信的那一个,但却是最不容易被打败的那一个。所以"土鳖"当之无愧的要扮演新梦想的灵魂人物。

"土鳖""海龟"和"愤青",三种标签的人物性格,各自不同的生活经历和轨迹,给了我们不同的生活启示。戏如人生,人生如戏,真正的影帝在民间,"土鳖"也好,"愤青"也好,"海龟"也好,各自都有各自的精彩,但一个共同的精神力量就是为实现人生价值而不断奋斗!

回音壁

性格与人生轨迹具有一定的关联,人们因着自己的个性而选择自己的生活方式,每个人都会主动或被动地走一条自己的路。也因为这条道路的不同,而领到一个不同的标签。然正如老师所言,无论是"土鳖"也好,"愤青"也好,"海龟"也好,每个人都有各自的精彩。我们相信,奋斗路上,无论标签如何,每个人都只有一个姿态,那就是青春向上,梦想向前。

(郑州大学信息工程学院 2012 级学生　王浩石)

核心价值观——中国梦征程中的精神家园

价值观是人们心中的深层信念,是我们判断是非的标准和行动的准则。生活在世界上的每一个人都有自己所坚持的价值观,它是我们的终极追求和行动指南。

价值观是这么重要的一个信念,不管你是不是很清楚你的价值取向,不可否认的是,它时时刻刻在影响我们的好恶、我们的情绪、我们的生活习惯、我们的决策,甚至影响我们人生的走向。

价值观又是多么具体和复杂的一件事。在对待生活上,勤俭或节约,洒脱或斤斤计较,奉献或索取,这不仅是我们的态度,也是我们所信奉的个人价值;在看待社会上,对社会公德的态度,对道德法则的践行,对社会现象的不同评判,同样也体现我们的价值取向。因此,每一个人在对待不同的事件、不同的方面都自有一套价值判断标准,人们的价值观是具体的、多维的,这些具体而多维的价值观构成一个人的价值体系。但是,无论你的价值体系中有多少种具体的价值观,却总是只有一两种在起支配作用。例如,你是个善良的人,那么你所有的判断和行动可能都要围绕"善"字来展开,这种起支配作用的价值观在你所有判断标准和行事准则中起着支配作用,是你的核心价值观。

同个体的人一样,一个国家也有其自身价值体系和核心价值观。党的十六届六中全会提出了以马克思主义指导思想、中国特色社会主义共同理想、以爱国主义为核心的民族精神和以改革创新为核心的时代精神、以"八荣八耻"为主要内容的社会主义荣辱观构成社会主义核心价值体系,构建了一个全党全国各族人民团结奋斗的共同思想基础。在核心价值体系的基础上,这次十八大报告用"富强、民主、文明、和谐,自由、平等、公正、法治,爱国、敬业、诚信、友善"24 字从国家、社会、公民三个层面,提出了反映现阶段全国人民"最大公约数"的社会主义核心价值观。

社会主义核心价值观,是对当前社会主义核心价值体系的高度凝练,是我们在朝着中国梦迈进途中所依赖的精神家园。

"富强、民主、文明、和谐",是我们对国家发展的美好向往和追求。历史发展的规律告诉我们,时势造英雄,个人的发展与国家的命运紧密相连。历史选择了社会主义,历史选择了中国共产党,党带领我们搞改革开放,带领我们向建成小康社会,建设富强民主文明和谐中国的中国梦进发,这是时代的选择,是人民的选择,是历史的选择。所谓"识时务者为俊杰",我们大学生,作为未来国家社会的栋梁之才,想要实现自身的个人价值,就必须清醒认识这个"时务"。只有顺应时代、顺应历史发展规律,加之勤奋努力,不断发挥个人能动性,才能在时代的浪潮中实现个人的人生价值。偏离了这个主流认识,就难免成为时代浪潮中随波逐流的一叶扁舟。

"自由、平等、公正、法治",是我们社会主义新中国一直信奉和坚持的社会发展的核心价值。我们国家在宪法的规定下依法保障人民自由、平等,维护社会公正,实行依法治国。"自由、平等、公正、法治"不仅是我们社会主义国家推行和信守的社会法则,也是我们马克思主义政党的基本特征。马克思主义追求的终极目标是人的自由而全面的发展,今天我们党坚持科学发展,坚持以人为本,坚持执政为民,坚持依法治国,最终的目标都是服务人民,促进人的全面发展,践行自由、平等、公正、法治的崇高理念。作为当代大学生,我们是科学发展成果的直接受益者,今天我们能够公平享受高等教育的机会,享受国家助学政策的支持,享受个人发展的各种机会,享受国家发展给我们青年人带来的红利,这就是一个"自由、平等、公正、法治"社会所带给青年人的机会。

"爱国、敬业、诚信、友善",是中国这个社会主义国家的公民应当树立的基本价值追求和应当遵循的根本道德准则。苏武北边牧羊、岳飞精忠报国、林则徐虎门销烟、鲁迅弃医从文、钱学森弃美归国……爱国的血液在我们华夏儿女的身体里流淌了几千年。从焦裕禄、孔繁森到"斗笠县令"杨善洲,为了党的事业,党的干部兢兢业业,奉献了一生。关于敬业的感人事迹,人民群众中更是不乏代表,从北京公交李素丽,到最美警察李博亚、航空英模罗阳,爱岗敬业之精神谱写了一出出感动中国的篇章。而关于诚信友善的精神文明之花,更是在普通群众中源源不断地精彩绽放。替夫还债的最美村妇陈美丽,为天桥下农民工送水的"送水哥"李老发……这些诚信友善的楷模,他们的坚守一直在向这个社会输送着温暖,传递着正能量。这些名字和事迹,是我们大学生的榜样,而我们大学生作为未来社会的精英和国家的栋梁,要传承、坚守和发扬"爱国、敬业、诚信、友善"的社会主义核心价值,向社会传递积极向上的正能量,完成我们的责任和使命。

中国梦,复兴梦,在这一伟大征程中,我们需要一个凝聚全民族力量的精神家园,而"富强、民主、文明、和谐,自由、平等、公正、法治,爱国、敬业、诚信、友善"所散发的精神力量正是我们全民族全社会的核心价值所在,它必将引领我们不断前行。

回音壁

一个没有价值体系的民族是可悲的,一个没有价值观的人是可怜的,价值体系是民族的灯塔,照亮发展的方向,价值观是你我的双眼,分辨是非真假。十八大报告用"富强、民主、文明、和谐,自由、平等、公正、法治,爱国、敬业、诚信、友善"重新诠释了社会主义核心价值观,作为党员,我们应该以这一精神家园为倚靠,修正自身价值观,明辨是非,规范行为,在生活中处处起到模范带头作用。"少年强则国强,少年进步则国进步",让我们为实现中国梦而奋斗!

(郑州大学法学院 2012 级学生　周祉含)

我是一个心直口快的人，我需要改变吗？

来信摘要：

最近有个问题一直困扰着我，说实在的我就是一个心直口快的人，很多事情喜欢就是喜欢，不喜欢就是不喜欢，在大家面前有意见就脱口而出，不喜欢装，也不喜欢去修饰……我一直以为做这样的自己很好，可是最近我发现因为有时候说话的问题，跟同学们之间产生了一些小小的矛盾，我知道自己有时候说话太直，容易得罪人，但我就是这样一个人，我又没有坏心眼……老师，您说，我需要有所改变吗？

来信回复：

你好，一个心直口快的人，是一个可爱的人！

"心直口快"，语出元张国宾《罗李郎》第四折："哥哥是心直口快射粮军，哥哥是好人。"这词形容一个人心中没有弯弯绕绕，想到什么就说什么。

在生活中，我们身边有很多心直口快的人，他们很多时候给我们带来欢乐，让我们感觉到生活的简单，同时，他们也常常以自己的真实和直爽带给我们很多感动，与他（她）相处，我们往往感觉不到有什么压力，很多时候，我们会感叹，这个朋友真好！

但是，有时候，一个心直口快的人，也会给我们带来一些困扰。有时，他那些"善意的提醒"会让我们觉得有点扫兴；有时他无意间的一句

116

话,会让我们觉得受到了伤害;有时,在特定的环境下,他的心直口快让我们瞬间面临尴尬境地……是的,有时候,一个心直口快的朋友会在特定的情境下让我们感觉到"囧"。

那么,"心直口快"到底是好还是不好呢? 下面,我粗浅地谈谈自己的看法,欢迎你留言探讨。

首先,真心说,我喜欢心直口快的人!

一个心直口快的人,往往是一个很直爽的人,他(她)是我们的"铁哥们""好姐妹",靠得住;

一个心直口快的人,往往是一个真性情的人,他(她)有啥说啥,对你没有什么心眼,也没有什么防备,更没有那么多弯弯绕绕,让人觉得很轻松;

一个心直口快的人,往往是一个很热情的人,他(她)会设身处地地为你出谋划策,提出意见,直率地指出你的缺点和错误,让人觉得他很重视你。

所以,我喜欢心直口快的人! 有一个这样的人做朋友,我会好好珍惜。一是他让我感觉到生活的真实状态。因为你知道,很多时候你从别人口中听到的好听的东西并不是真实的客观事实,而他却能在某个时候把你不愿听到的真实的东西脱口而出,让你快速认识自己。二是他让我感觉很轻松,有时候,没有那么多绕弯子,真的很好。所以,做一个心直口快的人又有什么不好呢? 事实上,很多时候,因为这些品质,一个心直口快的人,更容易被人接受。

其次,我认为心直口快的人有时候会吃一些亏。

为什么要这样说呢? 因为生活经验告诉我们,心直口快的人,有时候会无意中将自己陷入麻烦的境地。举个例子:宿舍小草莓同学(比较胖)正在镜子前试穿新买的修身裙子,本想让同学们夸夸自己:"怎么样,还不错吧?"没想到心直口快的小葡萄来了句"嗯,衣服是不错,就是看着更胖了,呵呵"。又如,市民某先生耗费毕生财力在某小区买了一套房子,又花费数月进行了精心的装修。完后特意邀请同事来参观,本想赢取一片赞许,不承想同事刚进小区门,就来了句"你怎么在这个破地方买房啊?"看似一句脱口而出的玩笑话,在这种场合下给人的打击却是十分强烈的,让人自尊心直接受损,撕裂,报废!所以,"心里想到什么就说什么","感觉什么就说什么"有时候会给别人带来意想不到的伤害,从而给自己造成一定的麻烦。

那么,心直口快的人需要改变吗?

我想,答案因人而异。我们坚持自己的率真、直爽、真诚,这是难能可贵的,我说话直爽,想到什么说什么,这是我的风格,我就是这种style,做自己,挺好。

而有时候,对一些因心直口快而遭遇过不愉快的人,我想适度地做一些调整也是有必要的。那么在做调整前请认识以下几点:

第一,当你的心直口快伤害到别人的时候,请不要以"我是真诚的""我没有坏心眼"来当借口。有时候我们想当然地以为"心直口快""本意良好"就是"真诚",经常在与人沟通过程中"直截了当""实话实说",却常常引起对方的不满,反而使交往关系走向紧张。有的甚至还为此大发感慨,得出在交往中不能太"真诚"的结论,却不知这种"真"是真的伤害对方。其实"真诚"也是一门艺术,需要慢慢学习。人说,覆水难收,说话和泼水是一样的,有时候要弥补一个错误就像收回一盆覆水。

第二,"说话要三思"这句话有一定的道理,但并非全对。该直说就直说,该委婉就委婉,视情况而定。也许你会说:"老师,你这不废话吗,把我说糊涂了,什么情况该直说,什么情况该委婉呢?"关于这个问题,我想我们只需要把握一个原则,那就是说话做事我们都要"与人为善"。

第三,请不要刻意地去改变自己。做人,本身是一门学问,但做人,其实根本就不是什么学问。有时候,很多人,很多以大师、前辈自居的人都喜欢给我们灌输一些所谓的人生哲学和生活经验（其实，我现在就正在干这么一件事），但是，毕竟因人而异，日子过得幸不幸福，就如饮水，冷暖自知，在生活这门学科上没有放之四海而皆准的指导法则，有时候，我只想说，don't care，take it easy！

其实，一个人从成长到成熟，是一个自然的社会化的过程，很多东西，做老师的只能适当地给大家一些建议，点到为止，至于如何操作，还需要我们自己慢慢去领悟，去慢慢体会。之所以提出来探讨这个问题，也是希望能给大家带来一点启示吧。全文纯属个人观点，欢迎发表你的意见。

最后，分享一句话：

"心直口快的女生最容易得罪人，可你永远也不知道她内心是多么的善良和柔软。心直人善，嘴快心软。"

回音壁

随着年龄增长，逐渐踏入社会，我们能接触到各种类型的人，心直口快也好，谨小慎微也罢，这是性格使然，无法轻易改变。然而人与人相处，重在互相理解，不论面对哪种性格的人，最重要的准则是设身处地为他人着想。对于豪放型的人来说，一个搞怪只不过是生活中的调味剂，增加了无尽的乐趣，但是对于内敛型的人，一句笑语或许就深深伤害了他的自尊，使他平添无数烦恼。学会理解他人，不以自我为中心，才能避免生活中的矛盾与冲突，让社会更加和谐美好。

（郑州大学公共卫生学院 2010 级学生　杨玄）

不喜欢的专业可能通往一个新的世界

在今天午餐的饭桌上,又一名同学向我表露了想从预防转到临床的想法。今年他大四,还有一年毕业,马上该准备考研了。

其实,作为一名预防医学专业的辅导员,这样的事情,并不少见。有报了后退学复读的,有大一来了想转专业的,还有转不了专业浑浑噩噩度日、将五年寒窗视作铁窗的。为了稳定同学们的专业思想,我和我的同事们曾做了不少工作,专业思想教育讲座搞了不少,提前引导学生接触专业也一直在实行,但是,说实在的,解决学生心里的问题一直没有特别有效的方法。当今天这位大四同学在午餐时说起此事,我不得不又一次思考这个根深蒂固的问题。

预防医学在学生和家长中不受待见,是有其原因的。

专业的社会认同度低是一大因素。一名来自农村的学生曾给我说过这样一件事,亲戚们得知他考上预防医学专业后,来了一句"学着打个预防针还用上大学吗?"很多家长,特别是不发达地区的人们对于预防医学专业的认识还停留在简单的打预防针和卫生防疫的基础层面,没有充分认识到预防医学的专业特点和发展前景。

还有一个重要的因素就是很多家长和学生对于预防医学的专业现状和前景不认同。一方面是很多同学当初是怀揣着一个白衣天使梦而选择报考了医学,但由于分数较低而被调剂到了预防,学的是医学,却当不了医生,内心充满遗憾。另一方面,一些家长和学生认为预防医学政策依赖性强,政府的重视在很大程度上决定预防医学事业的发展,而与国际上相比,当前我国疾病预防控制的资源投入与人们的需求水平还存在一定的差距,对预防医学事业的前景不是很看好。

还有的同学就是纯粹的不喜欢这个专业。各种原因汇总到一块,总之就是造成了这部分同学"身在曹营心在汉",套用某位想上头条明星的歌词就是"我们学预防的,生来彷徨……"

其实,我们中国人的文化是很有包容性的,我们经常讲萝卜白菜,各有所爱,每个人的兴趣和爱好所在,喜欢什么,讨厌什么,我们一般都给予相当的尊重和理解。但是在一个学生对待大学所学专业的态度上,我作为一名辅导员却有几句话想说给大家听。

从常理上来讲,以一个刚刚告别青涩高中进入大学的学生履历和经验来判断一个学科和专业的前景,这本身没有多大意义,甚至对于那些对预防医学专业一知半解的家长来讲,草率作出对预防医学专业前景的预判也是不太科学的。

我记得小时候,我们农村有一个风俗,就是在小孩满周岁的时候要"抓周"。在地上摆满各式玩具、纸、笔、算盘、裁缝用的尺子等各式用品,让小孩自己去抓,抓到什么就预示着孩子将来在某方面有出息。抛开风俗,想来这种模式的科学性显然是值得怀疑的。我们大概可以预测,当一个彩色玩具和一块价值连城的璞玉摆在孩子面前的时候,彩色玩具大概会更加有吸引力。因为孩子还没有经历世事,还没有通过学习而建立对玩具和璞玉的价值判断,他所作的决定显然是幼稚的。

这种"抓周"模式与我们大学生对专业的认识也有相通的地方。当你还没有接触和了解这个专业,还没有经历过对这个专业相关知识的钻研和深入,你就轻易地判断自己对它不感兴趣,就轻易地断定自己一辈子都不愿意接触这个行业,我想这是不负责任的,是对自己的不负责任,对青春的不负责任,甚至也是对这个专业的不负责任。

　　在当前我们国家的高考体制下,学生上大学前对于大学所学专业的了解是非常肤浅的,当你通过填报志愿或者调剂而分到了一个新的专业。这个时候的你,就像站在一个水潭边上,底下是有小鱼小虾,还是珊瑚珠宝甚至迷失的泰坦尼克,这些你都看不清楚,只有甭管它水清水浑,一个猛子扎下去,你才有可能看清楚底下到底是一个什么样的世界,你只有在里面潜的时间长了才会豁然开朗,有所收获。

　　最近,有位女生跟我谈起读书,她说,小时候对于《三国演义》是十分排斥的,被里面各种复杂的人物关系和大小战局、计谋策略搞得晕头转向,弄到兴趣索然。但是随着自己慢慢地成长,见识和经历不断增加,读书的气性也在不断地磨炼,特别是最近听了曾仕强先生的解读和易中天先生的讲座之后,对三国是逐渐深入,兴趣盎然。她跟我说到,随着阅读的逐渐深入,自己就好比哥伦布一样,发现了新大陆。

　　有时候,其实道理就是这么简单。老人们常告诫我们,英雄不问出身,我们每个人不能选择自己的出身,但是,我们却能够选择生活的态度。当你上了一个自己不喜欢的专业,并且在短时间内没有办法去改变这个事实,那么你不妨先把这个专业领域里的那点事做好,用你那彷徨的精力和时间把这件事做到极致,然后你再问自己喜不喜欢。

　　360软件公司老总周鸿祎曾经在一篇写给公司年轻员工的文章中说过这么几句话:"这个世界是联系在一起的,每一个不喜欢的任务,都可能是向你敞开的另一个世界的大门。只有走进去,不断发现新的事物,你才真正知道到底自己喜欢不喜欢这个工作。"借此语献给那些仍然在自己不喜欢的专业面前彷徨的同学们。

回音壁

大学生的社会经验和阅历尚浅,看问题有时候难免流于表面,容易受到各种信息的干扰而看不清方向。明天永远是个未知数,当下唯一能做的就是不断尝试,哪怕跌倒,哪怕失败,也要爬起来对自己说"大不了从头再来"。三百六十行,行行出状元,专业无所谓冷热,总有一个适合自己的领域。年轻人做选择时不能急功近利,潜得越深,越能体会个中乐趣。也许你现在为之苦恼的,正是明天成就你未来的伟大事业,所以,让我们放手去做吧,当你把一件事情做到极致的时候,你再来谈喜不喜欢。

(郑州大学公共卫生学院 2010 级学生　李谷亚男)

宰相必起于州部，猛将必发于卒伍

近日，国家主席习近平在对俄罗斯、坦桑尼亚、南非、刚果共和国进行国事访问并出席金砖国家领导人第五次会晤前夕接受金砖国家媒体联合采访。当问及"您领导一个13亿人口的大国，感受是什么？"时，习总说：

我会见一些国家的领导人时，他们感慨说，中国这么大的国家怎么治理呢？的确，中国有13亿人口，治理不易，光是把情况了解清楚就不易。我常说，了解中国是要花一番功夫的，只看一两个地方是不够的。中国有960万平方公里，56个民族，13亿人口，了解中国要切忌"盲人摸象"。

中国有句古话："宰相必起于州部，猛将必发于卒伍。"我们现在的干部遴选机制也是一级一级的，比如，我在农村干过，担任过大队党支部书记，在县、市、省、中央都工作过。干部有了丰富的基层经历，就能更好地树立群众观点，知道国情，知道人民需要什么，在实践中不断积累各方面经验和专业知识，增强工作能力和才干。这是做好工作的基本条件。

习总的一席话主观上反映了其对于治理国家的切身感受，而细细品来，其"宰相必起于州部，猛将必发于卒伍"一语则更是反映了历史的客观规律。

纵观历史,无论是文治韬略,还是盖世武功,莫不来自基层磨砺和实践锻炼。

朱元璋乃乞丐出身,刘邦乃区区泗水亭旁一亭长,汉武帝时期更是有"卜式拔于刍牧,弘羊擢于栗竖,卫青奋于奴仆,日磾出于降虏",还有我们熟知的"飞将军"李广原是一名弓箭手出身,关羽做过弓马手……都是正儿八经的"屌丝",但都凭借其在基层丰富的积累和出色的表现,在基层这片广阔的天地里成功实现了"逆袭"。

古今中外选拔人才任用干部都十分注重基层经验。唐代的张九龄就提出"不历州县,不拟台省";以色列要求所有将军都必须有做过班长的履历。而今天我们党任用干部也是从基层一级一级选拔,习总下过乡,干过农活,当过大队支部书记,在县市基层都干过;李克强当过村长,张高丽曾在茂名当过搬运工;刘延东整个七十年代,都在化工厂搞生产;汪洋早年丧父,很早就进入食品厂工作;马凯当过五年中学教员……并且今天我们的公务员也是从基层选拔的,没有两年工作经验,你甚至都没有报考大多数职位的资格。

因此,观古察今,我们可以总结出一个规律,那就是,基层是一个广阔的用武之地,对于有志做一番事业的年轻人来说,基层是你驰骋的天地和事业的起点。但是今天我们年轻人在选择工作时,有一些人不愿意去基层,究其原因我想往往是因为他们没有认识到这一点,没有认识到基层的战略意义。我们定向生两年以后就要奔赴省内各县市的基层疾控系统,一些同学对此持有疑虑,内心有很多不确定性,我总结起来大概有这几种心理:一是认为基层环境差,资源少,没有什么发展前景;二是认为基层待遇差,"钱"途不明朗;三是一心向往大城市,不想"蜗居"基层;四是认为自己只有本科学历,担心比其他同学发展得差。

对于这些心理,我认为是值得分析的。

首先,你对基层疾控系统有多了解?你知不知道他们每天干什么,他们的人员构成状况,他们人员的学历情况、核心业务组成、运行机制、产生的社会效益,这些指标你清楚多少? 作为定向生,你三年来有没有去过一次你所定向的单位? 你知不知道它在哪个路上? 所以,在没有实地了解前光听人言是不足为信的,我们主张一定要自己亲手掌握资料,这样才能确保真实全面。

其次,年轻人选择工作,待遇问题不是最重要的。纠结于钱只会让人的欲望不断增长,它会让人内心不宁静,无法静下心来去专注地干一些事情,因而也无法做出成绩,而每一个职位都有相匹配的待遇,随着你的事业不断地发展,待遇自然而然地会逐渐提高,年轻的时候苦一点,用心去拼搏,慢慢日子就会变得更好。所谓"先苦后甜",你要懂得付出总有回报。年轻的时候,你就去耕耘,不要问收获,慢慢的,你会收获很多。

再次,就是有时候我们觉得身边的人在大城市里过得很潇洒,我们蜗居在小地方,是不是比别人都落后? 这种心理害人太惨,总是觊觎别人的世界,殊不知,生活是自己的,人不要只看外面的花花世界,你有你的天地,他们有他们的世界;你有你的精彩,而他们的精彩也未必如你所见;所以小地方有小地方的好处,大城市有大城市的压力。你在基层,自己用心工作,在工作上做出成绩了,你也会慢慢往上走,慢慢从基层走向城市,从基层走向更广阔的天地,这些都是有可能的,但前提是你要把自己该做的事情都做好。所以,我们有我们的路,我们的路对于我们来说是伟大而充满前景的,你扎扎实实走下去,就会走得很精彩。

然后,关于学历问题,其实大可不必纠结于此。定向生本科毕业直接工作与非定向生考研然后工作是两条不一样的道路。这两条道路对学历的要求是不一样的。你读研究生,考博士是奔着医院、研究所、高校、省市级疾控系统、公务员等职位去的,这些职位要求你在专业领域有很高的学历,也就是说,在这条路上高学历是你的敲门砖。而对于定向生来说,你们的敲门砖已经获得了,只要完成本科学业你就获得了一张入场券,在这个系统里,学历不是重要的,当然你也可以在工作期间继续提高学历。你算算就会知道,当你上研究生的同学博士毕业后已经最少是 7 年了,7 年之后,你已经履行完协议,在基层服务完了 6 年,这个时候的你,与刚从学校博士毕业出来的他们做比较,我想光从社会经验这一课上来讲,是不可同日而语的。所以,道路不同,生活轨迹就不一样,但毫无疑问的是"条条道路通罗马"。

所以,你要知道,基层有最丰富的人情世事、最生动的教学案例、最真实的苦乐忧欢。植根基层,了解社会现实,脚踏实地,读懂中国国情,补上"起于州部,发于卒伍"这一必修课,先"扎下去",再"冒出来",人生会更精彩,事业会有更扎实的根基。

回音壁

当前,本科毕业生在一定程度上存在着好高骛远的心理,所谓"找工作难、竞争压力大"很多时候不过是因为期望值过高,而能力却达不到一定的水准。没有人能一步登天,身份、地位、财富无一不是靠自己的实力打拼而来。大学生早已不是过去的稀缺人才,何况学历、工资从来都不是衡量幸福指数的根本标准。"临渊羡鱼,不如退而结网",有工夫羡慕别人,不如静下心来,提升自己,摆正心态,无论你身在何处,定能活出精彩。

(郑州大学公共卫生学院 2010 级定向班学生　李宁)

3

且行且思 —— 工作『鑫』思考

加强辅导员的"微素养"

如果说,2010 年微博刚刚出现的时候,它对于我们来说还是一个陌生的东西,我们大可对之持试探观望的心态。那么,时至今日,当微博和微信在我们大学生的信息传播和社交领域占据如此重要分量之时,我们还能够对其视而不见吗?答案显然是否定的。微时代,高校思想政治教育已经将网络思政摆在了一个很重要的战略位置,与此对应的,我们作为推动高校网络思政落实的基层辅导员,在对待微博、微信等网络载体上也需要摆正心态,加强研究,重视实践,提升自身的"微素养"。

一、要摆正"微心态"

作为高校辅导员,我们应该怎样对待微博、微信等新媒体。我想,我们反对它,排斥它,对其转身不理,肯定是不行的。因为无论你对微信和微博的认识存在怎样的偏见,你都无法回避一个现实,那就是,你的学生在里面活跃。他们在里面表达思想,他们在里面释放情感,他们在里面评论世事。作为辅导员,只要你想了解学生,你就不能回避新媒体。而与此相对应的,如果我们对于微博、微信毫无保留地接纳,对其热情拥抱,和它融为一体,毫无原则地接纳,也是不可取的,因为微博、微信里面也有很多对学生产生负面影响的东西。因此,我们需要对微博、微信持一个理性、积极的态度。从本质上来讲,微博、微信是一个工具,是我们做好思想政治教育工作的一个载体。对于工具而言,有好用的时候,也有不好用的时候,有管用的地方,也有不管用的地方,关键就在于怎么用,所以,"用"才是根本,为我所用,也是我们主要的心态。

二、要用好"微语态"

大学生在使用微博、微信时,往往容易形成自己所特有的"微语态",这些网络语言和思维,也许以我们的传统心态,很难以接受和理解,但是如果我们采用一种借鉴和欣赏的姿态去尝试,它们就会为我们打开一扇了解学生的窗户。所以,作为辅导员,我们一定要适应微博、微信中的微语态。比如,有时候,我们作为辅导员就要有承受学生在微博里提出批评和调侃的勇气。在现实生活中,学生的语态是一个样,在微博、微信里,又会是另一种姿态,这些都需要我们去包容和适应,如果一开始就拒绝,就翻脸,那么你怎么能够听到真话呢? 当然,辅导员在微博、微信中,主动尝试利用学生的微语言去与学生进行沟通也是拉近距离的一种好尝试。但是,这并不是最重要的运用。事实上,我们用好微语态并非一定要使用微语言。网络是多彩的,但是无论其多么色彩斑斓,它在很大程度上却是真实的表达。所以,当我们的发声平淡,真实,言之有物,言之有理,也一定会令听者动情。

三、要形成"微常态"

微博、微信是个新东西。新东西难免就会面临一个"新鲜劲"的问题。刚开始的时候,我们总是充满了兴趣,也常常被一些新的思维、新的效果所吸引,一时间也容易成为微博、微信的活跃玩家。可是,当新鲜劲过去之后,我们也很容易对其形成疲态。有人就说微博上有三种人:一种是原住民,一种是移民,还有一种是难民。可见,在对待新媒体、参与新媒体这件事情上,我们作为辅导员还是缺少一个常态化的问题。一旦我们的工作依赖于热情,而无法形成常态,那么它的效果就会大打折扣,最直接的,就是你会面临"掉粉"的问题。微博"掉粉",失去的不仅仅是粉丝,同时也是辜负了同学们对你的那份关注,失去了同学们对你的那份信任。所以,我们不仅要端正"微心态",用好"微语态",更要形成"微常态"。

回音壁

随着微博、微信等社交媒体的迅速发展以及手机智能终端的普及,我们已经进入了一个"微时代"。"微语境"下的网络思想政治教育成为我们每一个学生工作者所面对的问题。是机遇,还是挑战?是微博猛于虎,还是微信带来新局面?无论你持何种态度,毫无疑问的是,我们都绕不过这个问题,因为无论你在不在线,你的学生一直都在。因此,加强辅导员的"微素养"就成为了我们应对"微时代"的重要储备。文中所带来的思考,不失为一种凝练,我们不仅要端正"微心态",用好"微语态",更要形成"微常态"。

(郑州大学公共卫生学院党委副书记　付晓丽)

学生工作中的"用户体验"

最近几年,"用户体验"这个词越来越多地走进了我们的生活。一些商业机构特别是互联网和通讯产业都在打"用户体验"这张牌。苹果、小米、360、微信、微博、豆瓣、知乎……几乎所有面向用户的产品和服务都在重视和改进"用户体验",他们不断地根据用户的需求和用户对于产品、服务的反馈来改进自己的工作,赢得了口碑,也取得了让人称羡的成绩。

今天的我们,已经进入了一个体验为王的世界。"All Business Is SHOW Business(一切行业都是娱乐业)",这句话出自美国商业演说家斯科特·麦克凯恩的著作《商业秀》。他的观点印证了我们的生活,今天你花了100块钱看了一场3D电影,或者你花了1000元看了一场演唱会,虽然走出来的时候,你两手空空,什么物质享受都没有,但你却很开心,而且还会向你的亲戚朋友吹嘘自己刚刚经历的那些近距离的体验。娱乐业就是这样一个行业,无论是迪斯尼、交响音乐会,还是魔术表演,他们看中的都是"体验"两个字。这一经验对于我们的学生工作也很有借鉴意义。

首先,我们今天的思想政治教育工作理念已经得到了转变。从传统的管理,转向了服务。以前我们学生工作的思想是做好学生的管理。现在,管理的功能已经在弱化了,而咨询服务的功能却在不断地增强。我们作为辅导员,重点在于服务学生的成长成才,为学生提供成长路上的学习指导、人际交往指导、心理指导、就业指导、生涯规划指导、创新指导等等。这些都是服务性的工作,而且,未来辅导员的职业化、专业化的发展也是大学生思想政治教育领域的趋势所在,我们将成为学生成长路上的专业化、职业化的服务人员。所以,我们辅导员应该有一个新的定位,那就是,我们所从事的行业是服务业。

既然是服务业,那么我们想取得好的工作成绩,就必定要走上注重"用户体验"的道路。我们的用户就是学生。那么,我们应该如何为学生提供好的"用户体验"呢,我想有几个方面值得我们去注意和思考:

一是要超出学生预期,带给学生惊喜。在商业上,不乏这方面的尝试。记得有一次看央视采访汉庭酒店的老总,他就提到作为经济型酒店,汉庭是第一家为客人提供五种枕头的酒店。我们知道,每个人对枕头可能都有不同的舒适度的要求,当客人打开一个经济型酒店的衣柜,居然发现这么贴心的服务,他能不惊喜吗?能不给这样的服务"点赞"吗?我们辅导员做工作也是一样。有时候,过年过节,我们都会给学生群发短信。但就这么一个简单的事情,如果我们有了"用户体验"思想,效果就会大不一样。记得我第一年做辅导员的时候,春节我用飞信给全年级 188 名同学每人编辑了一条以他自己名字开头的祝福短信。这样的"用户体验",对学生来说是绝对的惊喜,当群发短信泛滥,他居然收到了一条以自己名字开头的不是群发的短信,这字里行间的真诚以及这种具有归属感的短信带来的"用户体验"让学生很感动。当然,我自己也取得了很大的收获,虽为新辅导员,但我一下子就与学生拉近了心灵的距离。

二是好的"用户体验",要让学生能够感知到。曾有商业公司花费大量资源开发了一种绿色无辐射手机,在很大程度上降低了手机辐射,但推出去之后,市场情况却不乐观。后来这个公司又搞改进,弄了个防窃听技术,但同样还是反应平平。其实,问题不在于技术,这家公司的问题在于他们的"用户体验"没有基于用户的真正需求，因此也就无法让用户感知到。我们辅导员做学生工作，一切"用户体验"都要从学生的需求出发。这就是说，你所有的工作方法的改进，工作决策的确定，都要以学生的现实需求作为出发点。多听听学生的"牢骚声""抱怨声"，甚至大度地听听学生的"骂声"。360和小米都说过这样的话，我们的"用户体验"都是从用户的骂声中得来的。其实学生反映最强烈的事情也就是我们的工作最需要改进的事情，一切体验脱离学生的需求就无从谈起。

三是好的"用户体验"要注重细节。很多时候，我们觉得自己的工作已经做到位了，但是有时我们还是会招来学生的抱怨。其实，原因在于我们还有改进的地方，我们的工作还有一些细节没有做到位。还说说发短信这个事情。我们常常用"高校通"通知学生一些事情。为了不打扰学生上课，我一般上午发短信的话，都在9点40分第一节课下课以后再发。有一次，我发完短信之后，却收到了学生的短信："老师，不好意思，您以后发短信能不能够再晚一点，我们在医院实习，这个时候正是查房的时候，几个人围着带教老师，大家手机一个一个地响起来，老师很不高兴。"收到这样的短信，说明我的工作起码有三个细节还没有做好。第一，只考虑了上课的时间，而没有考虑实习查房的时间，说明还是考虑问题不全面；第二，在平常的教育中，就应该教育学生在工作时间和上课时间都应该尽量把手机调成振动；第三，没有教育好学生，遇到问题，先要找自己的原因，再去找别人的原因。因为你不知道什么时候会有谁来电话，所以，为了避免出声，你最好调成振动，而不能责怪给你发短信的那个人。这些教育的细节，在我们平常的工作中很容易被忽视，我们常常把精力放在给学生讲一些大道理上，却忽视了这些不起眼但很重要的细节教育。这本身也是我们教育的一种缺失。

总而言之,学生工作也是需要我们注重"用户体验"的工作,如同商业中用户就是口碑一样,学生也是我们的口碑。你给予他们什么样的教育,他们就在这些教育体验中形成什么样的品质;你在实施教育中给予他们什么样的体验,他们就会在你面前呈现与之对应的效果。学生工作要贯彻落实以人为本,就需要我们注重并且做好这个"用户体验"。

回音壁

大学生思想政治教育工作的出发点和落脚点最终都要落实到学生的成长。学生工作抓"用户体验",背后的思维是工作理念的转变。新时期的学生工作,不仅要管理育人,更要注重服务育人。这也要求我们辅导员要适应这个角色的转变,我们不仅要做一名管理者,还要做一个服务者,做一个指导者、咨询者。在这个角色履行的过程中,辅导员要转变工作方式和方法,以人为本地开展工作,给学生带来更好的"用户体验",促进学生健康成长。

(郑州大学学生处思政科　薛建龙)

辅导员工作中的"小米模式"

在关注大学生社交网络使用偏好方面的问题时，有时候，我们也会捎带留意现在学生都用什么品牌、什么价位的智能手机。大约 2012 年以来，已经有学生陆陆续续开始使用小米，到现在，在我带的学生里，小米手机已经占据了较大的用户群。自当小米手机登上新闻联播之后，一时间小米一跃而成为"国产神器"。

在这繁荣的背后，不得不让人关注小米这个年销售 300 亿的互联网手机巨头成功背后的运作模式。在 2013 年中国经济年度人物颁奖典礼上，一场十亿对赌在雷军的"小米模式"和董明珠的"格力模式"之间上演。我想央视安排雷军和董明珠这两位企业家一同上场是经过考虑的。一个是互联网电商模式成功的热点案例，一个是在实体与电商之间寻求创新的传统标杆。两种模式，孰优孰劣，胜负未可断定，但大数据时代背景下的"小米模式"却也让人耳目一新。

雷军将"小米模式"总结为三点："第一，小米没有工厂，所以它可以用世界上最好的工厂。第二，小米没有实体渠道，所以它可以采用效率更高的互联网电商渠道。第三点更重要的是，因为小米没有工厂，没有零售店，它可以把注意力全部放在产品研发，放在和用户的交流之上，小米 4000 名员工，2500 人在做跟用户沟通的事情，1400 人在做研发。"

也就是说，小米模式的终极精髓就是坚持"从群众中来，到群众中去"，将注意力这一核心资源集中到"用户体验"上，以"米粉"为中心，走群众路线，将"用户体验"做到极致，为用户提供最佳的使用体验。事实证明,小米模式在互联网的草根时代是靠谱的,这条路,它走通了。

小米的成功让我想到了辅导员的工作模式。如果将辅导员比作一个创业公司,把学生视为我们的用户,我想用好小米模式,也定能够提升我们学生工作的工作质量。

首先,小米模式告诉我们,一定要专注用户。这与我们思想政治教育工作以人为本、以学生为本的理念是如出一辙的。在我们辅导员行业里曾有这么一句话,叫做"一切为了学生、为了一切学生、为了学生的一切"。我们在工作中,搞"三深入",深入班级、深入课堂、深入宿舍,为的就是了解学生的所思所想。学生想什么,学生成长中需要什么,有什么困惑,面临哪些困难,这些情况我们都要掌握,"三深入"是党的群众路线的重要工作方法。现在,随着移动互联网的发展,我们做辅导员的也得与时俱进,"三深入"的内容也需要随着时代的变迁以及教育对象特点的变化而转型升级。移动互联网时代,如果一个辅导员还仅仅守着班级、宿舍、课堂这几个传统阵地,那肯定是要脱离群众的。当前形势下我们辅导员需要新的"三深入",即深入QQ、深入微博、深入微信,在做好传统"三深入"的基础上通过新媒体了解学生的所思所想,从而针对性地做工作。这就是告诉我们,辅导员要走好群众路线,从学生中来,到学生中去,要用学生所喜欢用的方式去了解学生的喜好,用学生能接受的语言去引领他们的思想,这样才能积累用户,建立群众基础。

其次,小米的模式告诉我们,术业有专攻,辅导员职业的专业化、职业化转型势在必行。

从辅导员的职业角色来讲,我们辅导员主要负责学生的日常管理和思想政治教育,做的是育人的工作。与教师相比,辅导员并不传授专业知识,但却是学生成长道路上不可缺少的指导者,我们的定位就是努力成为学生的人生导师和健康成长的知心朋友。套用雷军的话说:"我们辅导员不传授专业知识,但我们却教授学生做人和成长的道理。"所谓,术业有专攻,教师有自己专攻的研究领域,潜心学问和教学,辅导员也应该有自己专攻的领域,要走职业化、专业化的道路。也就是说,要创造环境和条件来让辅导员专心去做辅导员应该做和擅长做的事情。现在我们辅导员常常感叹工作繁杂,有的甚至调侃自己为高级保姆,啥事都干,啥事都找辅导员,这样就导致辅导员做了很多自己本身不应该去做和不擅长去做的事情,而在促进学生成长的工作上,却没有发挥太多实质性的作用。一个人的精力总是有限的,手头的事情多了,就难以集中精力做重要的事,甚至到头来分不清什么是重要的事。因此,我们应该让辅导员从繁杂的事务性工作中解放出来,让辅导员将工作的重点专注在对学生的成长咨询和辅导上,在班级建设、学业辅导、科技创新、生涯规划、心理咨询、党团建设等工作上倾注精力,并努力成为这些领域的辅导专家。就像小米的思路一样,小米没有工厂,开工厂做硬件也不是小米的长处,小米没有实体渠道,搞实体渠道小米也未必能够拼得过传统经销商,那索性就抓住用户,依赖互联网这个草根集聚地,一切从用户的需求出发,关注"用户体验",专门做好用户这件事。

当然,小米的成功从互联网商业模式上来讲可能难以再次复制,但是其企业运营发展的思路则很值得我们借鉴。当前,在辅导员工作领域,关注学生,以学生为本已经成为共识,几乎所有学校、所有辅导员都在倾注精力为学生的成长发展保驾护航。但是辅导员的工作效果和效率还与另一方面有着很大的关系,那就是我们近年来一直热议的辅导员专业化职业化道路。可喜的是,现在已经有了一些探索和尝试,开了个头。但就像马云评价雷军一样,互联网企业能做大并不稀奇,关键是要做得久。如今,我们辅导员专业化、职业化建设的大局已经铺开,可谓摊子已经铺大了,但能不能把工作持久地推进,真正形成辅导员专业化、职业化的局面,还需时间的检验。

回音壁

　　辅导员专业化、职业化是辅导员队伍建设的大势所趋。文中所提到的"小米模式"在一定程度上与辅导员的专业化、职业化发展具有异曲同工之妙。所谓"术业有专攻",让每一个辅导员都能够集中精力做自己所擅长的事情,让辅导员能够将有限的精力集中在学生发展上,这对于我们辅导员自身的职业成长,对于我们学生工作的长远发展来说都具有很强的必要性。辅导员专业化、职业化的道路已经铺开,如何走通走好这条路,不仅需要顶层设计,同时也少不了我们一线辅导员的思考。

　　　　　　　　　　　　　　　　　　(郑州大学学生处思政科　薛建龙)

解放思想，尽好我们的"微"薄之力

2013年9月5日，教育部部长袁贵仁接受了中央电视台《焦点访谈》关于教育系统贯彻习近平主席819讲话精神专访，在谈到互联网对教育的影响时，袁贵仁指出："互联网在教育中有广泛的应用，要高度重视网络在新媒体时代的作用，充分认识网络的建设和管理工作在意识形态工作中的极端重要性。要像办一个学报、办一个校刊一样来办好网络，使我们很多教师、干部能在网上传播马克思主义的一些理论和中国特色社会主义的科学理论体系，来传播一些我们各个方面的改革开放的成果。"教育部部长发声，明确指出要办好网络，表达了当前网络思政的极其重要性以及教育部门办好网络的决心。

谈到网络，在当前的传播环境下，我们无论是政府、企业还是高校都绕不开一个"微"字。微博、微信大行其道，新媒体的发展已经完全颠覆了我们当前大学生的社交模式和舆论生态，据《2013中国大学生微博发展报告》显示，截至2013年6月底，新浪微博的大学生用户已经突破3000万，高校日使用用户超过1000万。微博改变了许多大学生的日常生活，大学生获取信息的途径已经发生了改变，而与此同时，每一个人发声的机会也变得如此畅通，正如尼尔·波兹曼所说："一种新的媒介会改变既有的话语结构。"在当下，微博、微信等碎片化媒体的发展加上移动互联终端的普及，使得我们的话语结构进入了一个新的时代，媒介变局下的"潘多拉魔盒"已经打开，"微时代"，我们充满挑战。

所幸的是，高校不仅感觉到了变局，并且已经采取了实质的行动。

高校官方微博、官方微信公众平台以及一些思政 APP 应用如雨后春笋般逐渐出现在了大学生的生活中,但目前来看,真正走进大学生的心里,发挥引导作用,还尚需时日。平台已经开始建立,并且已经初步形成平台的全覆盖,而接下来需要我们关注的问题就是传播的问题,就是我们高校思想政治教育工作者如何利用好网络思政平台尽好我们的"微"薄之力的问题。

我想,做好这件事情,关键在于解放思想,放开思路。摆在我们面前的是一个代际沟通的难题:70 后、80 后的教育者想用新媒体方式(微博、微信)来影响 90 后、95 后的学生。在这个关系里,唯一相同的是平台,微博、微信作为一个传播工具对于我们每一个人来说是机会均等的。然而,尽管平台相同,传播关系却发生了变化。以前的信息是灌输式的,我讲你听,不管你听不听得进去,反正你会接收到,至于接受这件事情,讲得多了自然就接受了。而现在的问题是,你可以讲,我也可以选择不听,你可以说教,我也可以选择评论。从前的传播者和接受者现在都是传播者,从前的传播没有过滤,现在的传播必定经历受众的过滤。因此,在传播关系发生变化的情况下,我们这群 70 后、80 后的辅导员们,如果再用传统的传播和说教思维来用微博、微信,那只能说是"乃不知有汉,无论魏晋"般的不识时务了。所以,说到底,我们还是要解放思想,转变思路,要用 90 后、95 后的办法来办网络,结合 90 后、95 后学生的特点来发声,要使我们微博、微信的内容建设贴近 90 后、95 后们的生活、贴近他们的思想、贴近他们的实际,少一点说教力,多一点感染力,用低姿态、真情感、潮态度来尽好我们的"微"薄之力。

回音壁

网络的建设和管理工作在意识形态工作中具有极大的重要性。教育部部长发声"要像办一个学报、办一个校刊一样来办好网络",这不仅仅是对网络的重视,更是新形势下办好网络的决心所在。然,网络有它自己的规律性,办好网络首先要认识网络,也要认识好自己。作者向我们提出了一个颇有意思的现实困境,"70后、80后的教育者想用新媒体方式(微博、微信)来影响90后、95后的学生"。如何在这一现实下尽好我们的"微"薄之力,正如作者所言,解放思想,与时俱进是第一步。

(郑州大学学生处思政科　薛建龙)

培育"意见领袖"，引导"布朗运动"

　　自从网络在大学生中开始普及以来，关于"意见领袖"的讨论就一直没有停止过。在我们的生活中，"意见领袖"一直存在。小时候，每一堆孩子中，总有一个"孩子王"以其独特的魅力向孩子们发号施令，无时无刻不散发着他作为"领袖"的影响力。如今，在网络世界里，新的"孩子王"又出现了，不同的是他们所产生的影响并不是简单地引导孩子们在"骑木马"还是"丢沙包"之间作出选择，他们发号施令的方式开始变得难以窥视起来，"意见领袖"运用网络的聚集力，潜移默化中就把事给办了。

　　很多时候，我们发现，在当代大学生的身上，很容易找到网络"意见领袖"的影子。现实生活中，当他们遇到困惑时，一些学生并不是选择向辅导员或者朋友倾诉和寻求帮助，更多的，他们习惯于第一时间在自己所拥趸的网络"意见领袖"的博客或微博中寻找支撑。于是乎，我们常常会看到学生引用某位"意见领袖"说过的某一句话来激励自己。"意见领袖"的言论和价值观已经在很大程度上影响了当前大学生对社会、对人生的态度以及大学生在把握情感、事业等问题时的价值选择，他们正在用某种不经意的方式引领着大学生的思想脉搏。

　　这是一种变化，而这种变化，对于我们思想政治工作者来讲却是一种危机。关于这种危机，有一个描述比较发人深省。一位年轻编辑在人民日报社内培训时举出姚晨粉丝有 1955 万的事例，指出姚晨每一次发言的受众，比《人民日报》发行量多出近 7 倍。从传播的数据来看，

"意见领袖"给我们带来的危机感可见一斑。而根据《2013年中国高校大学生微博发展报告》来看,网络名人"意见领袖"对大学生的影响力仍然是十分巨大的。据报告显示,最受大学生关注的名人微博分别是:何炅、姚晨、谢娜、文章、李开复、王力宏、赵薇、陈坤、张小娴、范玮琪。他们的粉丝都在百万以上,每一次发言都有上百万的受众。我们可以想象,他们每一句话,每一个观点所散发出来的影响力有多么巨大,好在明星艺人大都只言风月,不谈政事。但从近两年影响力较大的"免费午餐""微博打拐"以及"秦火火"等"微博事件"来看,"意见领袖"对于舆论的引导作用是十分明显的。

关于这种舆论引导的机制,有学者将其形象地描述为"布朗运动":通常状态下,受众往往处于均匀分布的"散沙"状态,当受到信息刺激后每一个个体都会形成个人意见并且短时间内集中反馈到网络平台,然后就会进行意见的配对,当遇到同一主题的意见时便自动集中,而这种集中会吸引更多的受众把他们关于该主题的意见发表出来造成更多的意见集中。当集中积累到一定程度时,就形成了网络舆论。这一过程与分子的布朗运动有着相似的机制。仔细分析这一网络舆论形成机制,我们发现,从个人意见到网络舆论的发展过程中,"意见集中"扮演了关键的"桥梁"角色。而当我们认真考察网络舆论的发生发展过程就可以发现,"意见集中"的完成并不是自发的,更多的时候,网络"意见领袖"起到了推波助澜的作用。

在我们高校网络舆论中,很多时候,学生也有自己的"意见领袖",他们在网络发声,也常常能够起到意见集中的作用,左右着舆论"布朗运动"的走向。所以,我们高校思想政治教育工作者在做好网络思想政治教育工作时,就不能够忽视"意见领袖"的力量。一方面我们要培养校方自己的"意见领袖",例如重庆大学党委副书记"虎溪虎-肖铁岩"微博就是"意见领袖"塑造的一个典型案例,作为腾讯微博教育名人排行榜中的一员,其微博的活跃度、覆盖面、传播力和影响力都较大,对网络舆论的引导效果是很明显的。另一方面是要通过良好的沟通来引导校内的"意见领袖"们发出正面的声音。以合理、有限度的干预来引导他们理性发言,发布有深度、客观全面的信息,同时要注重及时沟通和采纳"意见领袖"的合理意见和建议。当然,关于社会名人这样的大众"意见领袖",就需要靠我们的道德自律和制度建设来规制了。

总之,在网络思想政治教育中,在我们社会主义核心价值观的传播中,高校"意见领袖"的影响不可忽视,我们要培养"意见领袖",用好、用活"意见领袖",以降低舆论噪声,形成网络舆论的正能量。

回音壁

用"布朗运动"来描述网络舆论的形成不失为一种新颖的解读。作者引用这一机制的关键作用在于点破了"意见领袖"在网络舆论形成中所扮演的关键性的角色。"微时代",网络舆论展现出新的特点,高校思想政治教育工作面临新的挑战,培育思想政治教育工作者自己的"意见领袖",对于引导"微时代"的网络舆论,传播和弘扬正能量具有重要作用。

(郑州大学学生处思政科　薛建龙)

一个"无节操"的应用——小抄网

又到期末考试,每当这时候,划重点和做小抄都会成为热词。

在划重点这件事情上,任课老师常常会面临各种版本的旁敲侧击,只是,随着今年《爸爸去哪儿》的热映,这种试探又有了新的版本:

"老师,你会不会画重点啊?"

"不会啊!"

"那我们画非重点好了。"

······

一直以来,老师划重点的情况都是很多同学预测学科成绩的风向标,是一个具有一定参考价值的有效参数,而为了保证考试对衡量学生功课掌握情况的科学性,任课老师不得不在划重点这件事情的度上做一个适当的纠结,以达到最好的状态。

当然,也有不划重点的老师,还有划了重点也不去认真复习的学生,所以,小抄就出现了。

在大学的考试生态中,做小抄的同学大概都处于以下几种状态:

第一种是没有好好复习,指望做小抄来通过考试的,这些同学一般都会在考场上千方百计地使用小抄。由于这类同学没有好好复习,对课程知识的掌握缺乏系统性,其准备的小抄往往属于"大而全"的类型,内容几乎涵盖每个章节,答案也是做得相当全面,有要点,有分述,但缺点是,实用性不强,对使用技术要求较高。

第二种是复习了,用功了,但是怕考不过,做小抄以防万一的,这种同学在考场上往往会视情况而使用小抄,见好就收,只求保险,不会指望着靠小抄来添砖加瓦。其小抄的质量相对于第一种而言更加具有针对性,其对课程的知识体系基本掌握,对某些章节会重点做准备,操作性强,参考性也较大。

第三种是成绩向来都好,得奖学金得惯了,怕这次考得不好而做小抄的。这种同学在考场上使用小抄的几率其实也比较大。其小抄的质量也可谓上乘,由于其对整个课程的知识体系已经达到了掌握的地步,所以,其准备的小抄基本上有点押题的意思,是基于对整个课程知识系统的深入理解和认真总结归纳的基础上凝练出来的优秀的复习参考资料。

在把握了各种不同层次作者所创作的小抄的特点之后,我们有必要将注意力放到"小抄"这一资源上面,暂且抛开对于这种关乎诚信问题的批判,转而从另外的角度来寻求解决考试作弊这一问题的可能性。这种可能性的尝试就是我们不妨将小抄视作一种优秀的学习资料,将其视为一种学习资源来有效地经营。

试想,在当前新媒体大行其道的背景下,在微信摇一摇寻找好友、回复代码查询成绩、傍"学霸"大腿等新媒体体验越来越受到大学生的欢迎时,假若我们转换思路,用活小抄,开发一个小抄分享的应用,通过这个应用,把大家考前整理的笔记和资料传到网上,实现学习资料的实时共享,这对于提升同学们的学习效率以及减少考试中的不诚信行为想必是非常有效的。

也许,在未来的一天,你甩甩手机就能够知道某门课历年考试的重点,摇一摇就能得到某个"学霸"精心整理的学习笔记甚至获得与此"学霸"当面交流的机会,这又何尝不是一件好事呢?

话说:思想有多远,我们就能走多远。

　　小抄,始终是一种不能拿到台面的东西,对于小抄网这个"无节操"的应用,我的初衷也并不是论证它的可行性和实用性,而是试图为一个问题寻找一种新的出路。荀子说,"君子性非异也,善假于物也",新媒体的发展为我们构建了一种新的生活和沟通方式,如果我们看到它的优势,并且学会利用它,那将会是一次奇妙而富有意义的尝试。

　　在当前的思想政治教育工作中,我想这种思路是值得鼓励的。

回音壁

　　"思想有多远,我们就能走多远。"思想的脚步,常常引领我们走向一个新的宽广世界。文中对于"小抄网"的规划和构思,不失为一种"微时代"下的新思考。也许这样一个"无节操"的应用,可能难以等到真正上线的那一天,但是"微时代"下,一名辅导员这样的"微思考"正是展现了一个思想政治教育工作中所具有的敏感性和面对"微时代"所具备的"微素养"。正如作者所言,"这种思路值得鼓励"。

(郑州大学软件技术学院团委书记　聂娜)

经营好辅导员的情报系统

学生工作得心应手的一个重要基础就是对学生的了解，对年级情况的全面、深入的掌握。要做到这点，就要求辅导员有丰富的信息来源渠道，要能够通过多种方式和途径全面、准确、及时地了解学生中的最新情况和信息。这就要求我们建立和经营好辅导员自己的情报系统。

虽然运用了"情报系统"这个词，但是我们辅导员的信息收集不能像斯诺登所爆料的美国政府那样采用不光彩的方式来达到目的。其实，我们所有的信息收集都建立在真诚良好的师生关系的基础上，而所收集信息的用处也都是用在学生的成长方面，这就是我们建立辅导员情报系统的基础。

其实辅导员的情报系统远没有那么复杂，我们所要做的工作最重要的一方面就是要确保正常的信息反馈渠道的畅通。事实上，我们拥有很强大的信息获取渠道。比如班团干部、党员、班上的活跃分子、八卦青年、知心姐姐……这些同学天天都跟同学们在一起，谁有个什么事，谁遇到啥困难，谁跟谁闹别扭，这些情况他们基本知道得八九不离十。现实情况就是，知道的人不一定对你说，对你说的人不一定知道得清楚，这就是问题的所在了。信息是摆在那里的，掌握信息的人也在你的团队，但是作为辅导员的你，要想及时获得真实、完整的信息，就要看你对这个团队的经营了。

首先，我们需要建立良好互信的师生关系。我们在生活中常常听到这样的话："……有些话我真是信任你才敢跟你说啊……"可见，人们选择将信息与你共享的前提就是信任。只有彼此信任，才能彼此共享。辅导员与学生也是一样。有些同学了解情况，但是出于种种顾虑，往往不愿意主动与辅导员说，甚至有时候辅导员问起也打马虎眼，这就需要我们加强同学生之间的友好信任关系。真诚与同学们相处，让大家感觉到你所做的一切都是为了同学们好，让大家感觉什么事情跟你说了，不会有什么负担。只有这样才能拉近彼此的距离，才能让同学们没有后顾之忧地对你说真心话。

其次，在信息渠道的经营维护中，我们要重点抓好学生干部和党员，要教会他们正确地反馈信息。党员、学生干部整体上素质高、觉悟高，在同学们中有影响力，很多事情和情况掌握得很清楚。但工作中，我们也常常会发现问题，就是有些党员、干部不清楚哪些信息应该说，哪些信息不该说。例如，有同学连续几天不回宿舍睡觉，寝室长也不找辅导员反映。还有看到同宿舍同学几天闷闷不乐，情绪不稳定，以为是小事，自己调理调理就行了，没必要跟辅导员说。还有的碍于情面，以为把同学的情况反映给辅导员就是打小报告，殊不知反映情况给辅导员，一起帮忙解决问题就是对同学的帮助。这些情况在工作中都存在，这就要求我们辅导员对党员、学生干部多加培养，要做到随时能从他们那里调取班级的微小动向。

当然，除了依赖学生，辅导员自己收集信息情报也很重要。经常性地跑到宿舍、课间、食堂、体育场和同学们一起聊天，一起吃饭唠嗑、打篮球、踢毽子……在这种轻松的氛围中，大家往往都能建立一种自然的交流氛围，很多事情，你不问也会有人主动跟你说。还有平常多看看QQ签名，时不时刷刷微博，看看同学们的微信朋友圈，很多情况自然就会第一时间掌握。

总的说来，信息和渠道都是现成的，辅导员要想掌握好学生的思想动态,就要用心经营,真正以心换心,实现无障碍的信息传递和交流。

回音壁

准确掌握学生情况和思想动态是辅导员的基本功,有些优秀的辅导员甚至能够做到对每一个学生的信息如数家珍。能够细致入微地了解学生情况,需要悉心与爱心,更需要科学有效的方法和技巧。文中所提到的辅导员情报系统生动地介绍了辅导员如何科学有效地全面掌握学生情况,对于新辅导员来说,是一个不错的借鉴。

(郑州大学软件技术学院团委书记　聂娜)

开好年级会的十个建议

年级会是辅导员日常工作中的"规定动作",也是我们重要的工作"法宝",很多事情都需要通过年级会来部署和解决,一些教育和引导也常常在年级会上进行,可见开好年级会对于我们做好辅导员工作很重要。但实际工作中,年级会的效果有时却不尽如人意,有同学抱怨年级会太频繁,时间太长,内容枯燥乏味,说教太多……对年级会是各种吐槽,甚至将其视为一种负担,碍于点名才勉强参加,总之是难以达到预定的教育效果。对此,我们在学生中专门就年级会展开了调查,结合同学们对年级会的期望以及一些优秀辅导员的建议,整理了一些辅导员召开年级会的技巧和建议。

一、开年级会要选对时间

虽说经常性召开年级会是我们辅导员的工作要求,但年级会并不是想开就开,要想达到好的效果,就需要辅导员"有点眼色"。一是要选对节点。开学时、放假前、考试前、重要节日庆典、突发事件都是召开年级会的节点。当然除了这些具有标志性的节点外,隔一段时间定期开一次年级会也是很有必要的。二是要选对时间点。现在大学生学习之外也要忙于社团活动、兼职、双学位、体育锻炼、人际社交,空余时间可谓档期满满,大家都想有自己的自由时间,如果没有特别重要的事情,也没必要专门挑时间集合大家开年级会。在工作中,我们经常挑上午或下午课程结束的时候开会,大家都在教室,不用专门集合,顺便就把事办了,互不麻烦,学生也不会抱怨。

二、开年级会要提前通知

对于我们每一个人来讲,接到紧急会议的通知都会有措手不及的感觉。学生也一样,如果不是必须开紧急年级会,一定要提前确定年级会的时间和地点并通知到每一名同学,好让大家能够安排好自己的事情,集中精力参加年级会,否则学生难免"身在曹营心在汉",会议效果打折扣。

三、开年级会要严肃纪律

纪律是会议顺利进行的保障。对于年级会,辅导员一定要在长期的工作中逐渐确立一套属于自己年级会风格的纪律。比如守时,通知两点开会,就一定要逐渐训练同学们在一点五十就坐定等待开会,而辅导员自己则要提前到场。还有出勤,开会前必点名,对于无故缺席会议的同学要严肃纪律按规定处理。还有开会前手机调成振动或静音,开会中不要私下议论、玩手机、刷微博等,这些规矩都要逐一确立,并形成风格。

四、开年级会要掌握时间

现在中央都提倡少开会、开短会,会开多了,开长了,参会的受不了,会议效果也难以保证。辅导员开年级会也是一样,一次年级会的时间不宜太长,最好以一个课时或一个小时的时间为宜。学生的注意力是有限的,人很难长时间保持高度注意,会开长了,容易浮躁。因此,我们开年级会要掌握好时间的分配,按事情轻重分配时间,不要赘述。

五、开年级会要充分准备

凡是会议一定要有准备。开会最大的成本是时间,辅导员一个人在上面讲,几百号人在下面听,如果没有充分的准备和足够吸引人的内容,就是一次不负责任的会议。所以开会前辅导员一定要做足准备,规划好会议程序和内容,让大家明确会议议程,做到心中有数,内容充实。

六、开年级会要明确主题

日常工作中,凡是开会都必有主题,比如年终表彰会、新年茶会话、慰问座谈会。开年级会也是一样,一定要有个主题,否则就好比喝茶聊天,漫漫而谈,如记流水账,起不了作用。年级会可以专门确定一个主题,也可以分多个主题进行。例如元旦前夕可以专门召开以年终回顾为主题的年级会,而例行年级会则可以按照会议流程确定多个主题,分段进行。

七、开年级会要做好互动

辅导员开年级会与其他工作性会议还有一定的区别。我们开会的重点在于解决问题和实施教育,并不是念念文件、发发言就能解决的事情,而需要更多地与学生互动,才能取得好的教育效果。例如年级会中谈到宿舍相处的问题,就可以让同学们上台发表关于这个问题的看法。还有我们也可以利用年级会专门设立一个分享的环节,每次年级会提前选好同学就某一个主题做五分钟的分享。这些都是不错的互动小技巧。工作中,我们也常常运用线下互动。比如,每次年级会结束后,我会让同学们自己撕一张小纸条写上最近的问题和困惑,然后我会在年级会结束后选择代表性的问题写出指导并在博客贴出来与大家一起讨论。这样的互动,往往能起到不错的效果。

八、开年级会要用好载体

年级会是我们实施教育管理的一个平台,发挥好这个平台的作用不仅要以内容作为支撑,同时也要注重用好载体。很多设备都可以成为我们开好年级会的载体。比如 PPT,我们可以在年级会全程使用 PPT,将会议要点投射在屏幕,以更好地集中大家的注意力,做到要点清晰。还有,我们也可以用 PPT 来做一些展示,例如,在讲到文明宿舍建设的问题时,我们可以提前整理好大家文明宿舍建设的成果,放到 PPT 上面进行展示。除了 PPT,手机也是我们开年级会的良好载体。例如,我们可以在年级会中设立微博互动讨论环节,会前,学生就某些问题私信或@辅导员,然后辅导员在会上专门解答。这些新载体的运用,可以有效提升同学们开会的注意力,做到会议不枯燥,同时由于其形式新颖,也会给同学们留下较为深刻的印象,从而提升教育效果。

九、开年级会要做好记录

凡是会议必要有记录。开年级会时辅导员要指定记录员做好此次会议的相关记录,会议布置了什么事情,讨论了哪些工作,作出了什么决定,有哪些同学发了言,都讲了什么观点,辅导员作何引导评价等等,这些内容都要有记录,并且在会后进行整理。我们在工作中常做的就是将每一次年级会的会议记录仔细整理并及时贴到年级博客,这样就做到了会议内容一目了然,也有利于深化会议效果。

十、开年级会要抓好落实

开会不落实等于浪费时间。开了年级会,对于在会中布置的工作,讨论的问题一定要在会后抓好落实;对于在年级会中提出的教育引导的内容和观点在会后要做好跟踪。例如针对布置的工作,我们可以在年级会结束后留下主要学生干部开点简短的小会,强调目标任务和分工,确保工作落实到位。而对于年级会上提出的某些观点,则可以在空余时间专门就这些问题继续写些文章,贴到博客,进一步深化观点,加深影响,这些都是抓落实和跟踪不错的方法。

回音壁

年级会是每一个辅导员都要经常使用的一种集体教育的方式。听起来很普通、很简单,做起来也不难,但真正把年级会开出效果、开出艺术、开成品牌却是辅导员很少能够做到的。文中提到"开好年级会的十个建议",对于改进我们年级会的方式方法、提升年级会的效果,具有很好的参考作用,值得一读。

(郑州大学软件技术学院团委书记　聂娜)

如何谈话才能打开学生的"话匣子"

谈心谈话是辅导员开展思想政治工作的重要手段。很多问题都需要通过谈心谈话来解决,很多教育思想和教育理念也在我们与学生的谈话中得到贯彻。可以说谈心谈话既是一项常规工作,也是一项重点工作,辅导员会不会谈心,往往对学生的培养教育产生重要影响。

俗话说:"良言一句三冬暖,恶语伤人六月寒。"话怎么说,在什么时机说,对什么对象说,用什么神情说,效果都不一样。与学生谈心,不仅是一项工作,更是一门艺术。在工作中,我们常常遇到这样的情况:有时候,叫学生来办公室谈话,有些同学任你苦口婆心地讲,他就是不回应,顶多嗯、啊应付几声,就是不多说,更别说跟你掏心窝子说心里话了。还有的时候,辅导员走访宿舍,与一屋子人围在一起却放不下架子,一脸的严肃,学生都不敢说话,顶多讲一些面上的东西,又怎么跟大家打成一片呢。因此,在谈心谈话中,要想取得好的效果,就一定要想办法打开学生的"话匣子"。

一是要放下架子。辅导员与学生谈心谈话首先要放下架子。你必须对自己的角色有一个清晰的定位。我们常说辅导员要做学生的知心朋友和人生导师。这里面就讲了两方面的内容。知心朋友首先就告诉我们要与学生平等相处,建立一个轻松活泼的谈话环境。但这种轻松和平等并不是一味的没有底线地放下架子。辅导员要做学生的知心朋友但不能太过于学生气,如果一味降低姿态,你讲的话就难免失去威信,久而久之,就没有人愿意与你沟通一些深层次的东西了。毕竟,学生还是想从辅导员这里得到一些经验和启示。所以，在谈话中，我们辅导员既要放下架子，又要建立威信。

二是要开好头。在与学生的谈话中，特别是具有明确目的性的谈话时，一定要注意方法，开好头。头开得好了，也许就"抛砖引玉"，巧妙地打开了话匣子。若头开得不好，学生心里有了警戒，设了防，就难以打开心门说真心话。就好像你决定批评一位同学，学生一进门你就开门见山地提出批评，效果不一定好。因为毕竟大学生都是成人了，思想很难改变，况且每一个人都不会心甘情愿地接受批评。所以，谈话时，我们不妨采取迂回战术。开头先唠唠嗑，讲讲最近生活中的琐碎事，然后慢慢旁敲侧击地引入话题，对于只是一时糊涂犯错的孩子，我们甚至不用把话说得很透彻，点到为止，就能够引起学生很大的心理共鸣。在工作中，运用这种谈话方式常常能令学生自己主动讲出自己的错误，"话匣子"一路畅通。所以，谈心虽然不似聊天、唠嗑那么简单，但却不妨用唠嗑的方式开始。

三是要用好"心"。谈心谈话工作形式是"谈"，但实质是"攻心"。辅导员攻心无妙药，唯有以心换心。人与人之间的谈话深度往往取决于人与人之间的信任程度。那么我们怎样才能取得别人的信任呢，就是要真诚。我们对待学生，一定要真心实意。让学生能够体会到你对他们是出自真心的关心与关怀，你永远是以一种真实和真诚的姿态出现。这样才能在两者之间建立一个信任的基础。有了信任，学生才愿意对你敞开心扉。而在谈话的过程中，用心去理解和体会学生的感受，不失时机地促成心灵之间的共鸣，就能够使我们的谈话更加顺畅和深入。

四是要用好"耳"。谈心谈心，有时候，我们常常把"谈"看成重要的，而忽略了"听"。其实很多时候，"听"才是引发感情共鸣的绝佳武器。弗洛伊德最重要的心理治疗方法，就是倾听。他有时候甚至不怎么跟来访者说话，只是不厌其烦地认真倾听他们的诉说，就能够帮助来访者解决问题。在辅导员谈话中，有些学生不愿意与辅导员进行深入的交流，问题的关键就是我们没有用好耳朵。你一味占据了谈话的主动，学生还没有充分表达思想，你就滔滔不绝、苦口婆心地说，话说了一箩筐，就是说不到点子上，达不到让学生心里"咯噔"一下的效果，剩下的就是感叹自己"对牛弹琴"了。因此，我们不妨多创造一个良好的环境，多听听学生怎么说。

总之，"酒逢知己千杯少，话不投机半句多。"开启学生的话匣子，既需要谈话技巧，也需要真情投入，既攻之以道，又攻之以心。

回音壁

谈心谈话是辅导员开展学生工作的主要方法和手段，也是对学生开展分类指导和思想引领的基本形式。谈心谈话的效果如何，在很大程度上取决于学生的"话匣子"能不能顺利打开。文中，作者从如何打开学生的"话匣子"这一关键问题出发，总结了自己在工作中的体会，给人感觉平实、管用。其实，各种会谈技巧的应用，也确实能够提升辅导员与学生沟通的效果。但是，技巧纵有千万种，却终究是一种工具，不变的永远是对学生的尊重、真诚和理解。正如作者所言，谈心谈话既要"攻之以道"，又要"攻之以心"，把这两个方面结合好了，谈心谈话才能出真情、出实效。

（郑州大学历史学院团委书记　田昊然）

参加培训要做到"三从四得"

辅导员参加培训是难得的开阔眼界、增强业务能力的好机会。对于年轻辅导员来说,高层次的业务培训和交流会议的机会本来就很少,因此,一旦有机会参加就一定要把握机会,力求学到东西,做到这点,要讲究"三从四得"。

"三从"主要是指以下几个方面:

第一,服从组织安排。辅导员培训工作全校一盘棋,应当有层次、分步骤地进行。高质量、高层次的培训机会相对较少,对参训人员资历要求也较高,组织对参加培训人选定会综合权衡考虑。作为辅导员,对于学校关于培训人选的安排应该从大局着想,听从组织安排,不要因为没有获得机会而挫伤积极性。

第二,服从会议纪律。一般来讲,高质量的培训一个学校一般只派一到两名学员参加,因此,每一名学员外出培训时都代表学校的形象,定要充分珍惜和维护好学校的声誉。做到这点,定要确保服从会议纪律,到了培训班上一切都要听从主办方的安排,自觉维护好学校形象。

第三,听从同仁意见。外出参加培训,很多地方都是第一次去,人生地不熟,对于培训的专题内容,平时自己研究的可能也不是特别深入,所以定要多听从同仁的意见,多个参谋,全面考虑,使培训更加顺利。

"四得"则主要指要在以下几点上下功夫:

一是要"坐得住"。很多培训都会安排专题报告会,邀请相关专家做辅导报告。专家的讲座深入浅出,讲得头头是道,有些内容自己涉猎得不深也不太感兴趣,有的专家讲座理论性东西太多,听起来枯燥,所以参加培训的人就容易走神,难免在讲座中刷微博,上微信,坐不住。这种情况最要不得,其实学习可以说是个苦差事,要想学到东西,非得下点功夫,若不然,就权当客串一回南郭先生了。

二是要"学得进"。要想培训有所收获,不仅要坐得住而且还要学得进。坐得住是基础,学得进则是心态调整后的结果。有时候,我们坐在那里认认真真地听讲,但是讲过之后,专家的报告"穿肠而过",毫无印象。这就是典型的"学不进"的结果。造成这种结果的原因往往是我们没有树立诚恳的学习态度。学习中不做笔记,不主动思考,不结合自身的工作实际,只一味机械式地听,怎么能学得进东西呢?

三是要"悟得出"。辅导员参加培训一定要带着问题学。比如参加网络新媒体的培训,拿到培训提纲就要做好准备工作,先调研自己所带学生网络使用的基本情况,认真梳理自己在网络思想政治教育中面临的现实问题,查阅文献了解当前该领域研究的焦点,各高校都有哪些现有的做法。这些情况要做到心中有数。然后在参加培训学习的过程中要结合所学、所观发现问题,提出问题并且在与专家和同行的学习交流中要有所思考,有所感悟。

四是要"用得好"。学为所用,学习的目的是为了指导工作,提高工作。所以,学得好最终还是要落实到用得好上。参加培训,回来后首先要重视总结学习成果。此次培训主要了解到了哪些新的见闻,听到了哪些新的理论和观点,交流考察中发现了别的同仁在工作上有哪些自己没有尝试过的创新,与别的学校比较起来,我们现在做的工作存在哪些优点和不足,这些都需要我们去认真总结,并形成总结材料。除此之外,最重要的就是要将学习成果和经验结合工作实际去应用,将带回来的新的理论、方法和别人的优秀成功经验本土化,真正做到学以致用。

回音壁

　　参加工作培训是提升辅导员思想政治素质、职业素养、业务水平,进行工作交流,加强辅导员队伍建设的重要手段。教育部印发的《普通高等学校辅导员培训规划(2013－2017年)》指出,辅导员的培训规模要稳步提升,国家级骨干示范培训5年达到1万人次,省级培训5年内实现轮训一遍,校级培训实现全员化、全覆盖要求,这意味着辅导员接受各级各类培训的机会越来越多。但如何使培训取得预期的成效,则鲜有辅导员结合实际进行总结。文中,作者以"三从四得"精炼概括了辅导员参加培训应当注意的问题,这其实也是对达到预期培训效果的最基本的要求,尤其是"坐得住""学得进""悟得出""用得好",总结得简单易记,值得即将参加各类培训的辅导员学习、借鉴,认真领会。

　　　　　　　　　　　　(郑州大学历史学院团委书记　田昊然)

赞美的力量

又到一年毕业季,在这个充满离愁别绪的季节里,送别一群孩子成了我们几个辅导员的大事。除了帮孩子们安排好毕业典礼以及各种手续的办理,还为毕业照、毕业晚会、纪念册等事情忙碌。按惯例,辅导员都会为即将远行的同学们送上一段简短的话,或祝福,或鼓励,或依依惜别,不管内容长短,含义如何,总归是毕业前辅导员送给同学们最后的寄语,也算是大学时的最后一课吧。除了辅导员,也没有别的人会在孩子们即将离开母校时还向他们使用最后一次"唠叨权"。

今年的寄语还没有下笔,我不仅想起了自己大学毕业那年的最后一课。那一年,老师将我们所有毕业班的同学集中在教室里就干了一件事,给我们上"赞美课"。同学们分成几组,在一起回首往事,每个人都不再吝啬心中的言语,将对同学的欣赏一一真诚地道出。很多人经历了那一课才发现,自己原来在同学们当中也有这么多的闪光点,而通过大家的赞美,我们也更加了解了每个同学的优点和长处,这充满发现的一课,让人自信满满,十分难忘。

从那以后,我深深地领略到了赞美的力量,在工作中我常常真心诚意地赞美我的学生。因为我相信,真诚的赞美能够帮助人们找到自信,建立不断尝试的勇气。记得有一次,年级里举办了一次"'中国梦'手绘风筝设计大赛"。一位女生的风筝因为颜料涂得太浅,在同学们现场评审时只得到了很少的几票。本来这位同学就很不自信,我看到这次比赛结果给她带来的沮丧。比赛结束后,我给她发了一条短信,告诉她

"你的风筝设计得很有创意,尤其是翅膀的设计以及主题的选择非常有特色,这次评分不高主要是颜料的问题,过几天我们还将把风筝上传到网上进行集中展示,我希望你能够重新给风筝上色,到时候一定会大放异彩"。通过我的赞美和鼓励,这位女生又对自己的作品产生了信心,她重新上了颜色,在网上投票中得到了很好的成绩。事后她给我发来短信:"老师,谢谢您,当大家都认为我不行的时候,是您给了我肯定,是您给了我信心,经过这次,我想我会更有勇气面对自己。"赞美真的就是这么有魔力,有时候,一个有心的小举动,就能够影响一个人未来的成长。

还有一次意外惊喜,是女生节的时候。当时,为了给女生送一份礼物,我在网上发布了一篇日志,要求男同学们在日志后面留言,真诚地说出自己对班上某个女生的赞美。活动开启以后,整个晚上我的空间都在刷屏,188个学生的年级里留言跟帖达到两百多次,点击率一晚上突破一千,大家纷纷在网上表达了对同学的欣赏、赞美还有感恩,一下子将年级的团结气氛和深厚感情推到了高潮。

这就是赞美散发出来的神奇魔力。我常跟学生讲,其实我们每一个人都有自己发光发亮的一面,也许你觉得自己是一颗平庸的小草,可在别人眼中,有时候,你却是一朵美丽的鲜花;也许你觉得自己太过平凡,可某个时候你却是别人眼中的巨人;赠人玫瑰,手留余香,赞美是一剂良药,她带给人以信心和鼓励,让我们能够更加自信地面对生活。所以,今年的辅导员寄语,我打算将这几年里毕业班同学们在我心目中留下的深刻印象写出来,毫不吝啬地送出我对他们的赞美,希望他们更加满怀信心地走向未来。

回音壁

每个人都希望被赞美,这在心理学上源自个体渴望被尊重、被认可的精神需求。当我们得到别人的关爱与赞美时,内心都会感到特别的温暖、愉快和自信。同样,在辅导员工作中,恰当地使用赞美语言,适时地对学生给予赞美和鼓励,则能够起到良好的教育效果。可以说,赞美是辅导员工作中的法宝之一。文中,作者提及自己在毕业时辅导员上的"赞美课"令人印象深刻,讲述的风筝设计大赛的故事令人温暖、心生感动,在网络发起的赞美日志令人兴奋、鼓舞,给自己学生的毕业寄语则更让人充满期待。可以说,作者是有感而发,娓娓道来,字里行间流露出来的是对学生满腔的、真心实意的爱。多点鼓励,多点赞美,辅导员的工作会更容易被学生接受。

(郑州大学历史学院团委书记　田昊然)

群发的短信我也回

"不管你是谁,群发的我不回,不是我不给你面子,实在我觉得太累。"今年的央视春晚,歌手郝云创作的歌曲《群发的我不回》一夜之间迅速走红大江南北。此曲不仅具有娱乐的功能,其"接地气"的内容更是解决了人们生活中的一个难。从今起,人们大可用一句"不管你是谁,群发的我不回"来理直气壮地打发群发短信。关于群发短信的这个尴尬问题,终于也算是有了一个调侃式的解决方式。

然而,作为一个辅导员,尽管很欣赏歌手的创作,但是生活中,对待群发的短信,我却有与此曲作者不同的看法和行动。在辅导员的世界里,我们奉行的格言永远是:"不管你是谁,群发的我也回。"

从年三十一大早开始,拜年的短信就陆陆续续地飘来,有同事的、朋友的,更多的是来自我那一百多个学生的。有的短信通过手机发出,有的来自飞信客户端,还有的通过微信发来,总之,短信和祝福是多渠道遍地开花,而我的手指也一直不停地在手机键盘上点击,为的就是不轻易冷落了别人的一番热情。

其实,说句实在话,我想我们每个人肯定都愿意收到一条带有自己名字的"私人定制"版祝福短信。这样的短信,情动于衷,言语贴切,听来让人心里暖洋洋。而群发的短信虽然经过精挑细选,文辞优美,对仗工整,祝福满满,但读来却总是少一点味道,没有那种祝福的归属感。这大概也是造成我们对群发短信"食之无味"的原因吧。但不管怎么样,毕竟收到别人给自己发的短信,说明人家记住我们了,并且也把祝福送到了,出于我们中国人的礼貌给人回复一个祝福也是理所应该的。况且群发短信有时候也是出于无奈,毕竟一个一个发,太费时间,一个人精挑细选地选择一条优美的短信作为群发内容也是费了不少功夫和心血的,也是凝聚了不少感情的,所以我们不妨对群发短信多一分理解。

除了理解外,对群发短信"领情"也能让我们有意外的收获。发短信的人无论他采用一对一还是群发的方式,方式不同,但收到回复后的喜悦却是相同的。在过年过节、天气变化等时候,我都会通过群发软件给我的学生和家长群发短信。有时候是祝福短信,有时候是提醒加衣服保暖、注意假期安全等提示短信,本以为这些短信都不会有人回复,但总有些同学和家长是每条都回。作为一个群发者能够收到这样的回复感觉心里一阵温暖,毕竟我们这样的一个举动本身充满了美好的意愿,如果能够得到对方的回应,我想每个人都会抑制不住喜悦。将心比心,别人回复我我会高兴,同样的,我回复别人,也一定能给别人带来喜悦的心情。况且人与人个性不同,有些人细致,有些人粗犷,表达感情的方式和细腻程度不一样,但每一条短信都是一种感情的寄托。所以,无论是亲朋好友、学生家长,不管是谁,不管用什么方式,我都会坚持回复。因为,我相信,电话那端收到回复的人一定能有一个美好的心情。

回人短信,手留余香。

回音壁

2014 年马年春晚走红的歌曲《群发的我不回》令人眼前一亮,相信大多数人都会有同感,也都会接受群发短信无须回复的态度。但是,作者从辅导员的角度提出了不同的看法,认为只要是学生发来的短信都要回复。相信每一个辅导员,只要是逢年过节的时候,都会收到学生大量的祝福短信。对于那些群发的短信,我们回复还是不回复,真的是一个态度问题。作者一句"不轻易冷落了别人的一番热情",便道出了回复群发短信的缘由,道出了对学生打心底里的尊重,也流露出了身为辅导员对这项工作的重视和敬畏。这种"将心比心"的同理心,超越了工作层面,体现的是对学生的真尊重,对辅导员工作的真热爱。

(郑州大学历史学院团委书记　田昊然)

恼人的秋风

天气入秋，气候干燥，凉风乍起，草木飘零，人心难免也跟着浮了起来，最近就有学生给我写纸条："不知道自己什么原因，总是莫名其妙地烦躁，做事提不起精神，老想发火。"

看到这里我不禁想起两句古诗："篱前黄菊未开花，寂寞清樽冷怀抱。秋风秋雨愁煞人，寒宵独坐心如捣。"秋天一到，学生情绪的波动也跟着多了起来。这种明显具有季节性的情绪变化从学生的 QQ 签名就可以感知的到。最近空间里感怀和哀叹的日志以及个性签名明显就多了，似乎这帮青春靓丽的 90 后孩子一下子就变得"老气横秋"起来。而我们辅导员，面对这"多事之秋"，也应该引起足够的重视。

首先是要多多关注同学们的情况，主要是要了解和掌握大家的思想动态。多跟寝室长以及心理委员了解同学们的情况，发现情绪波动大的同学及时给予干预。

其次，辅导员要多与学生谈心。很多同学心烦，浮躁，但是也不愿意跟别人说，憋得久了就容易出问题。因此，我们辅导员就要多与学生谈心。特别是针对那些性格内向、不爱表达的同学，有时候他们心里有情绪无处宣泄就会选择网络表达心声，辅导员要及时关注这些情况，对其给予足够的关注，以及多跟他们谈心，帮助这部分同学转移注意力，释放焦躁和压抑。

还有在这一段时间里可以多组织一些班级的集体活动。人心浮躁大都是因为空虚寂寞，没有事情做。人一闲下来就容易多想，越想越乱,越想越烦,越想越燥。因此,我们不妨多举行一些有意思的集体活动,如体育比赛、户外活动等,帮助大家舒缓心情,释放情绪。

总的来说,人的情绪波动都属于正常现象,一段时间的情绪低落和焦躁谁都可能会出现,但这个时间段应该在可控的范围之内。如果长时间处于这种低落状态,就很有可能导致情况的进一步发展,因此,我们辅导员应该及早采取措施,帮助同学们顺利度过这恼人的"多事之秋"。

回音壁

大学阶段是人生的第二个"心理断乳期",大学生的情绪极易产生波动,这会影响到他们的学习、生活、人际交往等各个方面。长期持续的不良情绪如果不能够及时得到疏导,还会危害他们的身心健康,甚至导致严重的心理问题。作为高校辅导员,应当及时发现和掌握学生群体或个人情绪明显波动的情况,并认真查找原因,开展适当的调节、疏导工作。文中,作者能够很敏锐地发现学生的情绪变化,并通过查看学生的 QQ 签名、日志、博客等多种方式关注学生情绪变化,体现出了作者较强的职业敏感性和洞察力。同时,充分发挥班级心理委员和团学干部的作用,及时与学生谈心,开展必要的文体活动,也道出了辅导员面对学生情绪波动时的一般做法。这提醒我们辅导员,要高度重视和关注学生的情绪变化,并及时作出反应,只有这样才能把学生工作做得细致入微。

(郑州大学历史学院团委书记　田昊然)

培养我们的年级性格

一个人有一个人的性格,一个年级也有一个年级的性格。在辅导员工作中,我们常常会遇到这样那样的对于我们所带年级的评价。有时候,任课老师会抱怨,"××年级学生就是不像话,上课逃课太厉害";"××年级真不错,实验室打扫得真干净","××年级最有时间观念,开会听报告总是准时到场,还能帮助布置会场"……这些来自各方面的评价其实就是年级性格的一种反映,而具体到我们辅导员的工作中,就是我们平常细节教育的结果。一个年级性格的养成往往表现了我们所带年级的整体风貌,展现了这个大团队的气质和涵养,也是各方面评价我们辅导员工作的一个窗口。因此,培养我们的年级性格显得很有必要。

从性格的养成规律来讲,一个好的性格不是一朝一夕形成的,是从小养成的。而对于我们辅导员来说,我们往往从全年级学生一入校就开始接手,也正儿八经地"从小带起",因此,我们具有培养年级性格的良好先天条件,把握好这些条件,有意识地培养年级性格,对于我们的工作将很有帮助。

一、年级规则是年级性格养成的基础

一个团队的行为必须要置于一定的规则体系之下,这样才能确保我们的行为不脱离常理。所以,年级性格培养的第一步,就是对新生进行深刻的校规校纪教育,给每一种可以预见到的行为画一条线,告诉新生哪个碰不得,哪个要警醒,让大家都明白考试作弊会被开除;论文抄袭会取消学位;无故旷课逃课会受到相应的处理……通过明确规则和惩处定好我们本年级的"热炉法则"。

二、年级习惯是年级性格的软实力

好的性格是多种好习惯的累积,在一个人的成长中,习惯往往对人有很大的影响。我们也非常重视人的习惯的养成。例如小时候,我们会被告知随地吐痰是一个不好的习惯;老师和家长也常常教育我们"今日事,今日毕"是一个好习惯。如果一个人明确了很多好习惯并且一直坚持下来,就能够为自己的修养加分不少。这在我们年级性格的养成里也很重要。辅导员在平常的教育中,特别是在与学生一起接触的年级会、座谈会等场合中要抓住教育机会。例如,守时这件事情就可以显示出两个年级的年级性格差异。开一个报告会,要求两个年级的学生一起参加,通知时间是下午两点。辅导员如果平时注重抓时间教育的话,这个年级一般 1 点 50 就会到场,并且学生干部在发通知时就会主动将时间提前,确保大家在报告会开始之前就全部赶到会场坐定。而如果辅导员对此没有过多要求,学生通知两点开始,一般情况下两点根本到不齐,甚至有时候拖到两点半都有可能。这里的区别就在于辅导员对这个习惯的培养。这就是年级性格养成的一个重要方面。还有,尊重别人说话的权利。我们常常看到这样的情况,老师在上面作报告,下面有同学在玩手机、聊天,或者在座谈会上,我们看到有的同学常常生硬地打断别人的发言。这些都是年级习惯里应该重视的部分。辅导员在平时重视这些并且要求严格一些,同学们自然就能够做到,并且形成年级的习惯。尽管这些都是细节,但却不是不起眼的细节,而是最能够表现一个年级精神风貌的细节。

三、年级凝聚力是年级性格的终极追求

在现实生活中，一个性格好的人往往是一个受欢迎的人，他比较容易与人相处，并且身上总是散发着让人愉悦的积极的气息，对周围的人具有感染力。这就是我们常常形容人所说的 "精气神"。一个年级的精气神，就是这个年级性格的终极追求，体现在实际中，就是我们年级的凝聚力。一个好的年级性格，会引领一个好的年级氛围，并且引导这个团体里的每一个成员都自觉地积极维护这种良好的氛围，从而带动每个学生积极向上，为年级的共同目标而努力，这样就形成了我们年级的凝聚力。凝聚力的形成需要辅导员用心去引导，在规则和习惯的基础上，不断地将大家团结到一个中心目标上来，不断创造平台和氛围，让这个团队里的每一个学生都能够尽情释放自己的光芒，发挥自己的能力，实现自己的价值。这需要我们不断地去尝试。比如，在工作中我们很重视将体育精神作为载体来弘扬年级的合作精神，让大家体验对同学的鼓励和支持有多么珍贵，让大家体验共同为胜利拼搏所带来的精神愉悦。此外，我们也经常举办一些年级活动，例如年级 "达人秀" 活动，让每一个同学都有机会在同学们面前展现自己的才华和能力；还有年级年度人物颁奖典礼，展现每个同学在一年来所取得的成绩和进步，让大家在这种积极的氛围中分享成功的喜悦，形成人人奋进、人人发光的年级氛围，这些都是经实际工作证明的增强年级凝聚力的不错方式。

性格决定成败，对于一个人是这样，对于一个年级也是这样。一个好的年级性格，将会有效加强年级涵养，有效增强年级凝聚力，既有利于学生的整体成长，也有利于我们辅导员工作的开展，年级性格的养

成,值得我们投入时间和精力。

回音壁

如作者所说,一个人有一个人的性格,一个年级也有一个年级的性格。但年级性格的形成和发展,又取决于谁呢? 我想,辅导员作为年级的掌舵人,他对年级的规划和管理,直接影响着年级性格的形成,也影响着年级里每一个个体的成长。规则和习惯,这些东西如果能够通过一定的形式内化到每一个学生的心中,长期实践,就能够产生出一个年级共同的价值,从而形成这个年级所特有的凝聚力。读罢此文,我们认为,在年级性格上下点功夫,很有必要。

(郑州大学信息工程学院团委书记　李海涛)

巧用"冷处理",化解"热问题"

在辅导员日常工作中,常常会遇到一些棘手的热点问题。这些问题有些是与学生利益相关的热点,比如奖助学金、评优评先、研究生推免等;有些是一些成因比较复杂的、牵扯面较广的棘手问题,如学生对教学安排、后勤服务等方面的意见;还有一些事情具备引发群体性事件的可能性,如网络舆论爆发。这些热点如果处理不好,就会给辅导员造成工作上的被动和不良影响,面对这些棘手的热点问题,有时候,我们不妨采用"冷处理"的方式进行解决,从而避免陷入"情况不明决心大,心中无底办法多"的被动局面。

一、一笑付之,且化干戈为玉帛

辅导员在处理学生事务时,有时候也会因为一些看法和立场的问题而发生师生之间的矛盾,面对这种情况,有时应该立即表态,澄清矛盾,予以解决,而有时则应稍作沉默,采取"冷处理"。记得一次因为助学金评定问题,同学们之间产生了矛盾,为化解矛盾,我专门主持召开了一个小型座谈会,令人意想不到的是,在就矛盾焦点进行的讨论中,一名同学居然拍案而起,指责辅导员有心偏袒。面对这种情况,我当时满腹委屈,很想发火并严厉批评这名同学的言行举止,但情急之下我还是压住了火气。当时我就在想,这名同学眼下如此冲动,定是到了失去理智不顾一切的地步,如果此时对其予以严厉反驳,施加压力,定会更

176

加激起其逆反心理,从而激化师生矛盾,于是我迅速调整,静下心来,平静地再一次重申了事实要点,然后就对这个插曲一笑而过。事实上,这一招一笑付之,取得了不错的效果,在场的同学都看到了辅导员的大度,而这位同学自己也因为我的温和态度而恢复了理智,不好意思地坐下来。最后,会议继续,讨论也更加有序,事情也得到了解决。事后,我还借着学生前来道歉的机会,与其畅谈了一次,增进了了解,建立了师生情谊。可见,有时候,面对尖锐矛盾一笑付之的冷处理反而能达到化干戈为玉帛的效果。

二、信马由缰,守得云开见日出

中国有句俗话叫做“钓鱼不在急水滩”,就是说,有些事情要慢慢来,急不得。这句话用在思想工作上,恰到好处。辅导员做学生的思想工作,最重要的就是要善于等待,对待棘手的思想问题,与其“穷追猛打”,不如先放一放,采取“冷处理”,待眉目清晰,各自有了一定的理性思考之后再行处理,就能达到较好的效果。记得有一次,我们年级一位女生因为入党的问题思想一直想不开。她觉得自己一直有强烈的入党决心,平时学习也比较努力,但在入党推优的民主评议中却没有被推荐上,对于这件事情,她一直耿耿于怀。我一开始耐心地给她讲解入党推优的程序,然后引导她去思考自身未被推荐的原因,还存在哪些差距,应该向哪些方面努力等。但是我发现,越是这样说,她越是不理解,反而觉得自己各方面都符合条件,没被推荐上就是不公平。连续短信沟通了一星期后,我发现这样的“穷追猛打”根本不起作用,于是乎干脆采取了“冷处理”方式,对于她在短信中提出的任何申辩只是通过不同方式简短表达“老师理解你”这个意思,而不作深入的分析阐述,不与其打

"持久战"。然后,在生活中通过一些方式表达我对她的关心,这样过了半个多月,有一天,我突然接到了她的短信:"老师,谢谢您!这段时间是您让我懂得了如何去体谅和理解别人,如何去反省自己,我想,这一课我会永远铭记!"中国有个成语叫做"信马由缰",因为我了解这匹"马",所以,我不用拉缰绳,它也能带我到达目的地。有时候,当你对学生的品行摸得比较清楚的时候,大可以信马由缰地"冷处理",讲明白道理之后就可以让他自己去消化,只要善于等待,总会守得云开见日出!

三、偃旗息鼓,此时无声胜有声

现在学生利用网络表达意见和立场已经是常态,有时候,网络的聚集效应使得网络舆论危机事件变得容易发生。在一些网络舆论事件中,参与网上讨论的同学们情绪都比较激动,在群体氛围的烘托下,情绪容易被感染和膨胀,从而出现失控状态,这个时候,辅导员要注意用好"冷处理",及时冷却群体氛围。在我所带的年级里分定向班和非定向班。一次,一些非定向班同学因为不满自己被分配到二级医院见习而有意见,他们在网上发帖子,指责说定向班录取时按照二本线录取,见习时却分到了三级医院,这不公平。其实在教学部门分见习点时是统一确定资格的,并没有二级医院和三级医院之分,在承担见习任务的能力和资质上这些医院都是平等的。但同学们抓住这一点闹情绪,眼看帖子聚集的人越来越多,还有人叫喊要辅导员出来解释,这时候,我果断采取了"冷处理"方式。首先找到发帖人,单个做工作,关闭了这篇帖子的留言回复功能,然后从留言中选取代表性的、反应激烈的同学到线下谈心。这样就对网络舆论进行了"冷处理",将意见交锋的战场从不可控的网络阵地转移到了可控的辅导员一对一谈心办公室,先偃旗息鼓地冷却了网络氛围,然后再通过一对一线下谈心,各个击破,最后危机顺利化解。可见有时候,偃旗息鼓,以退为进也是一种好办法,情况不可控时,大可信奉"此时无声胜有声"。

回音壁

　　面对工作中的一些棘手问题,有时候,"以热制热",难免操之过急,急火攻心,最后扩大事端,难以收场。这时,辅导员不妨审时度势,采用逆向思维,来个180度的大转弯,实行审慎考虑后的"冷处理"。文中作者在这个问题上略举三例,生动活泼,贴近实际,管用、有效,令人眼界大开。辅导员处理问题是技术也是一门艺术。一冷一热,一阴一阳,弹指间,"樯橹灰飞烟灭",展现的正是一名有心的辅导员在处理问题上的游刃有余。

(郑州大学信息工程学院团委书记　李海涛)

辅导员要用好批评

批评,大概是我们每个人都不太愿意承受的事情,从心理和生理的角度来讲,任何批评都会使人产生本能的防御和抗拒,从而引起情绪波动等生理反应,可见,受到批评后人会产生一种不太舒服的应激。尽管如此,我们还是常常顶着"批评使人进步"这句名言去批评别人,时常也被别人批评。作为一名辅导员,以学生进步为出发点,遇到问题敢于批评学生固然很重要,但有时候,懂得如何有效批评,让批评听起来更加舒服,却是一门值得我们修炼的艺术。

一、批评的本质是一种"负激励"

在使用批评这个有效工具前,我们有必要明确一下批评的本质。所谓"玉不琢、不成器",在教育人培养人这件事情上,表扬和批评是我们常用的两种方式。这两种方式在本质上是相同的,目的都是促进人的成长,属于管理学上"激励"的范畴,只是表扬属于正面激励,而批评则属于负面激励。所以,通过这个概念的明确,我们就应该知道,批评的目的是促进批评对象的成长而非批评本身,也就是说,批评者不能出于满足批评欲望的目的,纯粹因为批评而批评,而要以促进被批评者的成长为一切批评的出发点。明白了这一点,我们就能够在应用批评这个工具时将其更多地视为一个激励工具来使用,而尽量避免生硬、直白的无效批评。

二、批评的基础是理解和尊重

"良药苦口利于病""批评使人进步"这些道理我们大家都很明白，但是在实际生活中却又往往不受用。为什么呢，因为有一点是肯定的，那就是没有一个人真心情愿、毫不介意地愿意接受直接的批评。出于本能的心理自卫，受批评者往往会十分敏感地维护自己的尊严。所以，我们辅导员在批评学生的时候，一定要注意用语、注意场合、把握分寸，要多理解和体谅学生，让学生能够受尊重地受批评，这种批评一定会让人印象深刻，从而也会起到很好的教育效果。反之，则容易激发矛盾，抑或使学生把批评当成耳边风，影响效果。

三、批评要"批"，更要"评"

批评批评，批和评总是在一块的，一味地只知道批而没有评，效果肯定是要打折扣的。很多时候，我们都会听见学生抱怨，今天我又挨批了。当学生发出这种抱怨时我们一般都可以判断，此次批评效果并不好。而当学生受到了老师一次良好的批评教育时，尽管这次经历中"批"的成分很多，但由于评的部分客观公正明了，这时候学生就不会形容为"挨批了"，而会说"受教育了"。其实，就接受批评者的话来说，"挨批"和"受教育"就是区分有效批评和无效批评的一个衡量标准。"挨批式"的批评注重批，只讲后果和影响而不分析过程和问题，机械式、呆板式、情绪式，让人无法接受，难以照办，更无从改进。而"受教育"式的批评则以"评"为主，在讲问题、讲影响的基础上注重实事求是地剖析问题，指出问题出在哪里，有哪些方面需要改进，评得有理有据，态度和蔼,语速得当,论证充分,让人心服口服。

四、批评要学"奥利奥"

在批评领域我们不妨学学"奥利奥"。好的批评就像一块"奥利奥"巧克力夹心饼,上下两层是巧克力面饼,中间是"甜心",这样,我们在吃的时候就能在苦味的巧克力之中不知不觉地感受到夹心的甜。这方面,人际交往专家卡耐基先生的总结非常贴切:当我们听到赞赏之后,就能够更加容易地接受随之而来的批评。所以,每当我需要约谈一个学生对其进行批评教育时,我总是不停地搜索他的资料,一定要找出一些他值得赞美的优点和最近的进步之处,然后才开始叫他来谈话,当赞扬走在前面,后面的批评就显得没有那么沉重了。批评,对于学生成长来讲,它本身是一种营养品,但是这个营养的搭配则是由我们辅导员来设计的,搭配得好了,学生吃起来很香,"扭一扭,舔一舔,泡一泡",营养更美味。

回音壁

批评是辅导员在日常工作中常常会遇到的事情,但怎么看待批评、如何批评却又是一门学问。在本文中,作者深入浅出地述说了自己对批评本质的理解和体会,提出了"批评要批更要评"的观点。尤其是作者能够运用学生的语言提出,把"挨批"和"受教育"作为区分有效批评和无效批评的标准,足见作者在日常工作中有着深厚的积累和用心的观察与思考。本文中,作者把批评比作"奥利奥"也是一大亮点,比喻极其贴切、新颖,令读者眼前一亮,又颇有认同感,既能够使读者一下子领悟批评艺术的内涵,也能够使同行较容易地运用批评的艺术。

（郑州大学学生处思政科科长　冯军芳）

如何让学生"落选不落伍"

学生干部是辅导员的左膀右臂,是我们实现学生的自我教育、自我管理、自我服务的重要依靠力量,可以说,离开学生干部,辅导员的工作难以开展。因此,选好、配强一个好的学生干部班子就显得尤为重要。于是,我们就需要竞选机制来优中选优,选出我们心目中最得力的助手。但是,有竞选就一定有落选,那些落选的学生,其实很多都是相当具备潜力的,只是由于一些方面稍微有所欠缺,没有达到我们的标准,所以只能暂且忍痛割爱。但毫无疑问,这些同学都是很好的培养苗子,一时间的落选很可能对其积极性和自信心造成一定的打击,严重的可能造成一蹶不振,如果辅导员不细心,没有及时关注并帮助其解决问题,后果是很严重的。因此,我们需要认真关注这部分落选学生的成长,帮助他们重拾信心、提振精神,确保"落选不落伍",实现我们在学生干部队伍建设上的持续开发利用。

一、投入关注和关心,帮助落选学生提振精神

对于参加学生干部竞选的同学来说,其上场前基本上都已经有了自己中意的职位,自身也是准备得很充分,信心满满,大有志在必得之势,特别是一些换届前本来就担任这个职务的同学来说,更是成竹在胸,这种情况下,一旦竞选失败,成为落选者,其心情的失落是可想而知的。在工作中,老学生干部竞选失利后成绩下滑、沉迷游戏的案例也是

发生过的。在这种境况下,辅导员如能在竞选后及时关注这些落选者的心情,真诚地与他们进行沟通和谈心,帮助他们分析自身的优势,建立信心,引导其正确看待竞争,保持健康心态,则能够有效消除落选者的消极情绪,帮助他们积极向前。

二、注重培养和历练,帮助落选者提升能力

对于落选学生的潜力,辅导员是心知肚明的,特别是第一次参加竞选就有亮点的同学,我们要不失时机地对其进行"压担子",一来让其明白,虽然落选,但是在老师心目中,他/她仍然具有胜任某项工作的潜力;二来也是借压担子对落选学生进行锻炼和培养,为下一届学生干部队伍建设培育苗子。在这个培养的过程中我们要注意,在选择"担子"时要充分结合学生的长处和特点,有针对性地为其配备一副轻重适度的"担子",辅导员要胸有成竹,确保其能够顺利完成这项工作,从而通过工作增强其自信心。切不可担子过重,适得其反,一下就把这个好苗子压垮了。

三、做好"传帮"和"结对",帮助落选学生快速成长

对于在学生工作方面积极性强、有一定能力的落选学生,我们需要重点做好帮带和结对,促进其快速成长。辅导员要认真分析其落选原因,优势在哪,主要短板是什么? 脾气、性格如何? 在掌握了这些情况以后,辅导员可以安排其协助某一位主要学生干部一起参与一些工作,并及时跟踪了解其表现情况,通过这种工作上的帮带,促进其快速提升短板,全面成长。

总而言之,竞选学生干部落选实乃“兵家常事”,辅导员一方面要对落选者积极关注,帮助他正确看待竞选失利,另一方面又要通过巧妙的压担子和传帮带帮助其培养能力,提升自己,确保落选者“落选不落伍”。

回音壁

竞选班干部可以说是大学生活中的一件大事,尤其是对大一新生来讲尤为重要,是他们步入大学所面临的一大挑战。竞选失败对学生情绪影响极大,处理得好可以激发他们奋斗崛起的热情,处理不好,则可能导致他们产生严重的挫败感,并在较长时间处于情绪低落的状态,严重的有可能导致他们整个大学生活的失败。如何做好落选学生的工作,是辅导员在班委换届之后应当及时考虑的问题,作者以“落选不落伍”为题,点明了文章的主旨和立意,也体现了作者日常工作的细致入微,不仅能够注意到落选者这一特殊群体,而且还能够想办法去关心帮助他们。在行文中,作者言之切切,情深意长,字里行间体现出了对落选学生的关心、关爱。及时沟通、适当压担子、结对帮扶等切实有效的工作方法也非常值得我们借鉴。

(郑州大学学生处思政科科长　冯军芳)

巧用"三种效应"提升学生干部执行力

学生干部就像一盘棋,用好学生干部关键在于辅导员的布局和安排,布局得好,"棋子"安排得好,各行其是,工作效率就高,辅导员用起来就得心应手。可现实工作中,我们常常也有这样那样的困惑,有时候一些事情明明交代得清清楚楚,可到了日期却难以交出满意的答卷,或者是事情做出来的结果与预期相差太远,这就暴露了学生干部执行力的问题,执行不力,好的想法得不到落实,工作就要落空。遇到这种情况,我们不该每每抱怨学生,我们还应该多思考自己的管理方式,要从管理上找找原因。例如,以下管理学上的几个常用"效应"用到工作中,就能够较好地解决学生干部执行不力的问题:

一、责任分散效应

责任分散效应也称为旁观者效应,是指对一件事来说,如果是单个个体被要求单独完成任务,责任感就会很强,会作出积极的反应。但任务放到一个群体中,群体中个体的责任感就会变弱,面对困难或遇到责任往往会退缩。因为前者独立承担责任,后者期望别人多承担点儿责任。"责任分散"的实质就是人多不负责,责任不落实。在实际工作中责任分散效应常常制约着我们的工作。这种情况的出现主要与领头人有关。比如一项工作需要学生会多个部门联合完成,辅导员为此召开主席团和部长参加的会议,在讲清楚工作要求之后,就让大家去行动,表面上给予了学生团队自行设计和决策的空间,有利于学生创新性地做好工作。但是由于任务划分不清晰,往往会出现推脱和扯皮现象,你指望我,我指望你,工作就没指望。所以,辅导员在布置工作时一定要用好责任分散效应,在安排工作时一定要落实到负责人,什么事情,哪个部门负责,需要给我呈现什么样的结果,这些问题务必明确,才能有效规避责任分散效应。

二、头羊效应

羊群是一种很散乱的组织,平时在一起也是盲目地左冲右撞,但一旦有一只头羊动起来,其他的羊也会不假思索地一哄而上。"羊群效应"常比喻人的从众心理。由此也衍生了"头羊效应",即"羊群跑得快,全靠头羊带",在一个团队里,优秀的领头羊能发挥示范引领作用,带动整个团队进步。这给我们的启示就是在工作中,我们要注意树立先进典型。通过开展学生干部"创先争优",每学期评定"最具执行力部门"、"最具执行力个人""最佳团队""最佳班委"等示范引领作用,让大家学有榜样,做有样板,工作有标杆,这样就能自上而下形成一个重执行的团队工作氛围。

三、皮格马利翁效应

皮格马利翁效应指人们基于对某种情境的知觉而形成的期望或预言,会使该情境产生适应这一期望或预言的效应。通俗一点讲就是人们都不想辜负信任和欣赏自己的人。在工作中,我们不妨多用皮格马利翁效应,在布置学生干部工作时不妨多总结每一个学生的优点,赞赏其在某些工作上的出色表现,多对学生说"我相信你一定能办好""你上次的活动办得很漂亮""我坚信你肯定不会让我失望的"等等这样的话,会让学生感受到他自身受到了老师的信任和认可,获得了一种特别的情感支持,从而增强了他的自我价值,使其变得自信、自尊,获得一种积极向上的动力,并尽力达到老师的期待以避免让老师失望,从而更加专注投入地积极谋划工作,出色地执行任务。

回音壁

　　辅导员承担着大量的学生日常管理工作,而班级层面具体工作的落实则要依靠得力的学生干部。辅导员的工作意图能否实现,能否达到预期的目的,其中学生干部的执行力则显得尤为重要。因此,辅导员不但要选好学生干部,更要用好学生干部,而"用"是一个大学问,需要一定的管理艺术。学生干部的执行力问题是大多数辅导员会面临的较为头疼的问题,本文中,作者巧妙借鉴了"责任分散效应""头羊效应""皮格马利翁效应"等管理学中的经典案例,分析了其在辅导员工作中的运用,抓住了关键,使学生干部的执行力问题变得简单。辅导员的工作本身也是一种管理工作,作者借鉴、利用管理学经典案例的做法给我们提供了很好的思路,有利于我们有效地分析、解决问题,提升工作水平。

（郑州大学学生处思政科科长　冯军芳）

用好"三面镜"，做好"三深入"

党的群众路线一直是党的根本工作路线。十八大以来，新一届中央领导集体高度重视群众工作，在全党部署开展了以"为民、务实、清廉"为主要内容的党的群众路线教育实践活动，习近平总书记发表讲话，要求党员"照镜子""正衣冠""洗洗澡"，字字铿锵，落地有声，为我们每一位党员敲响了警钟。

作为一名高校辅导员，我们做的工作其实是典型的群众工作，我们所面临的群众就是我们所带的学生。为了搞好这个群众工作，我们高校思政工作系统已经制定并且形成了良好的群众路线工作方法，那就是辅导员"三深入"制度。从我上大学的时候起，我们学院的院领导就分别联系班级，要求辅导员认真深入学生。现在我自己成了一名辅导员，新的角色、新的环境，但是学院领导联系班级、辅导员深入班级、深入课堂、深入宿舍的"三深入"工作一直没有变。深入学生，一直是我们辅导员工作的法宝。这项工作貌似简单，但做起来却没有那么容易，这不仅需要我们付出行动，更需要我们付出心血。结合习近平同志"照镜子"的要求，我认为，我们辅导员做好"三深入"也需要学会"照镜子"，做好"三深入"关键在于用好"三面镜"：

第一，要用好"显微镜"

细微之处显乾坤。学生工作要求我们认真细致，辅导员深入学生，要善于从细微之处找问题。学生的事情,很多问题都是小事情引发的,这就要求我们辅导员要能够沉得下、看得见、摸得着,要善于从细微处入手,用心观察学生的学习、生活,包括他们的衣食住行、言谈举止、人际交往等各个方面,对于学生的家庭情况、性格特点、学习情况等要做到如数家珍。只有做到这个层次,才能够敏锐地从学生的细微变化中发现学生所面临的问题,从而采取针对性的解决措施。

第二,要用好"后视镜"

辅导员做好学生工作需要善用后视镜,常常回顾自己,总结提升自己,要做得细脚下的工作,听得进身后的声音。在辅导员深入学生与学生交流谈心时,有时候台面上的交流往往听起来顺风顺水,但牢骚往往就在身后,学生对一些事情不满意,发发牢骚,讲讲抱怨话既是无奈,也是真实。这就要求我们辅导员在做工作时要常常反省,多听学生意见,听进学生意见,在这些牢骚和抱怨中改进我们的工作,满足学生成长的需要,为学生的发展多谋划,从而赢得学生的理解、支持和信任。

第三,要用好"望远镜"

望远镜的好处就是看得远,它能够帮助我们开拓眼界,开拓思路。辅导员在深入学生的过程中,要善于在与学生的交流谈心中发现问题并找到工作的着力点,在认真考察问题、分析问题、讨论问题的基础上形成对学生所反映问题的判断和思考,要结合大学生思想政治教育的规律特点和当代学生特质来不断展开工作创新,提出具有创新性、前瞻性、针对性和实效性的工作思路和工作方法,使我们的学生工作更加贴近学生、贴近生活、贴近实际,更加具有创新性和实效性。

回音壁

"三深入"制度是郑州大学学生工作的传统工作方法,目前已经形成了较为完善的工作制度。辅导员要做好学生工作就必须要深入学生、贴近学生,这样才能使工作更加有针对性、实效性。文中,作者结合自身长期坚持的"三深入"工作,总结出了做好"三深入"工作的三个关键点。"三面镜"用得形象、生动:"显微镜"提醒我们要见微知著,"后视镜"提醒我们要多反省多听意见,"望远镜"则提醒我们要有前瞻性、预见性。"三面镜"是一种工作方法,更是一种工作态度,这提醒我们辅导员在深入学生宿舍、课堂、班级中,既要做到细致入微,也要听进不同声音,更要前瞻性、创造性地去发现问题,解决问题。唯有如此,"三深入"才能体现出其价值和意义,才能展现其强大的生命力和无限魅力。

(郑州大学学生处思政科科长　冯军芳)

走访宿舍是个技术活

宿舍是大学生学习之外最主要的生活场所,发生在宿舍的故事总是会在学生时代的记忆里画下浓墨重彩的一笔,让人时常回味。我到现在仍然清晰地记得我上大学那会我们辅导员走访宿舍的场景。她总是和年级里的一群学生干部一起隔三差五地来到同学们的宿舍,家长里短,平和而不失幽默,让人印象深刻。如今我自己成了一名辅导员,我一直都没有忘记当初我老师的做法,也在不断地深入学生宿舍。与学生相处的日子里,有些事情很值得回味,也让人若有所思。

记得那时候,我担任年级团总支书记,常跟着老师一块走访宿舍,第一次回去的时候,我老师在那里跟同学们聊得很亲切,而我则像个木头一样站在旁边,也不知道说啥,当时不知道咋的,可能刚入校,大家都还不太熟的缘故吧,就连点头附会之类的都好像做得很吃力。临走了,老师让我跟大家告个别,我居然来了句,祝大家一切顺利。回来之后,我老师语重心长地给我上了一课,我至今都记忆犹新。她告诉我说,我们走访宿舍是跟同学们去拉家常的,你这样端着,谁愿意跟你说家常话,说真心话啊。后来的事情就顺利了,每次去的时候,还知道常跟大家开个玩笑活跃气氛什么的。现在每当我走访宿舍,我都记着我老师说过的话,干群众工作的,咱不能端着。

现在,我时常走进学生宿舍,都能听到同学们叫我一声"曾哥"。其实老师能在同学们心中混个"哥"的称呼,也并不是那么容易的。首先,能管你叫哥,敢管你叫哥,就说明老师和学生之间的距离像兄弟般那么亲近,我们彼此有信任感,有认同感。这种信任和认同来自老师能够放下架子平等地与同学们交流,同时它更多的来自我们做辅导员的能够带着真感情去与同学们交流,不做作,不矫情,谈点家常的,说点实在的,有啥烦心事,一块疏导疏导,有啥开心的,大家分享,遇到困难了,一起解决。就这样不知不觉,师生距离就拉近了,工作也容易做得开。

在同学们中建立了一定的威信,拥有了较好的群众基础时,我们就可以不失时机地在走访宿舍时巧妙地融入教育,可以时不时地一改和蔼形象,适当发威,也能取得不错的教育效果。记得有一次,我像往常一样走访宿舍,来到一个宿舍时,同学们都纷纷站起来与我打招呼,有两名同学却在对战游戏。见此情形,我就走向前去,问他们打的什么游戏,是单机的,还是联网收费的,打到多少级别……他们一边死死盯着屏幕,一边回答我的问题,连续回答了好几个问题都没有停下来的意思。于是,我突然提高了声音:既然游戏这么好玩,那你们俩就好好享受吧,我走了。说完就在同学们的诧异中转身出去了。事后,我收到学生的短信:"曾哥,您的拂袖而去让我警醒,我突然明白了什么叫玩物丧志,当我沉迷游戏时,我居然连基本的礼节都完全意识不到了。"从那以后,再没有发生过类似的情况。

宿舍是我们辅导员做思想工作的重要阵地,走访宿舍是个基础活,也是个艺术活。去的频率,说话的腔调,姿态如何,气氛如何,讲了哪些话,学生记住多少,听进去多少,这些都是影响我们工作成效的重要因素,也是我们实现对学生进行教育引导的基础。

回音壁

走访宿舍大概是每一个辅导员的家常便饭了,但正如本文作者所言,走访宿舍还真是一个技术活。能不能把走访宿舍变成与学生真诚沟通的桥梁,能不能通过走访宿舍真正走进学生心里,这确实是值得我们每一个辅导员认真思考的问题。文中,学生能称呼自己的辅导员为"曾哥",这其实已经说明了老师与学生之间所建立的那种深厚的信任和认同,说明了作为一名辅导员走访宿舍的成功。走访学生宿舍需要注意的问题有很多,但正如作者所总结的那样,"不做作,不矫情,谈点家常的,说点实在的"便是抓住了辅导员走访宿舍的根本和精髓。

(郑州大学学生处思政科科长　冯军芳)

家校多沟通，"包邮"不可少

近日，一条霸气的考试标语红遍网络。江苏一高校考场入口赫然挂着"严肃考试纪律，违纪处分当日下达，全国包邮（比你先到家）！"的醒目条幅，可谓"亮瞎双眼"，不少网友解读为："包邮突破江浙沪，业界良心，行业标杆！"

霸气标语着实让人眼前一亮，据校方反映，挂此横幅的目的是促使学生诚信考试。且不论其效果如何，光从"包邮"的这一思路和做法来讲，就很值得我们辅导员借鉴。

中央十六号文件明确提出"学校要探索建立与大学生家庭联系沟通的机制。相互配合对学生进行思想政治教育"。关于家校沟通形成教育合力的这个问题，中央的态度是十分明确的。一直以来，从小学、初中到高中，家校沟通机制都比较顺畅，小时候学期成绩单都会带回家给家长签字，学校还会定期召开家长会，老师也会深入学生家庭做家访。但是这些做法一到大学就因为多方面的原因停滞了，家校沟通的欠缺，一度也给我们造成了很多问题。比如有的学生成绩不好，挂科挂得一塌糊涂，由于大学成绩都是网上查询，学校不寄成绩单，学生不讲，家长也无从得知，到最后毕不了业，拿不了学位证，家长还是会找到学校、找到辅导员。还有学生的平时表现，如果辅导员不注重家校沟通，家长除了学生外，是无法从其他途径得知的。再有学生在学校的考试作弊、旷课等违纪行为，如果学校光批评而不告知家长，则很可能引起不必要的麻烦。当然，除了学生表现不好的方面，从教育合力的角度讲,学生好的方面也应该及时告诉家长。所以,在我们的工作中,做好"包邮"就很有必要。

首先是"包邮"的范围,刚才已经提到,学生的学业情况、在校的平时表现、违纪情况、学生所取得的阶段性成绩等等这些与学生成长相关的,家长们都很关注的问题,都可以列入"包邮"的范围。例如,我们学院这些年就一直在做学业预警,就是针对一些不及格学分数较多的、临近不授予学位线的同学开学业预警书,将其学业情况详细写清楚,盖上学院公章邮寄给学生家长。有些家长收到预警书后,情况一目了然,本以为孩子到了大学就可以放开让其自己发展,但了解情况后才知道问题的严重性,然后就开始重视孩子的学业问题。辅导员、学生、家长一起根据其学业情况制定学业计划,并合力督促其执行,挽救了一批学业困难的学生。

其次是"包邮"的方式。辅导员建立家校沟通机制,不仅仅局限于快递包邮,传统的、新式的信息传播方式都可以用上。我们学院以前有位辅导员就给自己学生的家长写了100封信。当大家都把写信这个传统的方式淘汰掉的时候,这位辅导员拾起传统,字字亲笔,把学生的表现情况和辅导员评价通过这一封充满温情的信"包邮"给家长,效果很好。还有就是一些运用新媒体建立家校沟通的尝试。去年我做了一个微信公众平台的尝试,就是运用微信的自动回复功能,将每个学生自己制作的大学风采录上传到微信公众平台,对学生和家长开放,家长只要加入平台,输入自己孩子的名字就可以查询到孩子的在校情况。初步尝试,效果也不错。

总之,家校沟通的必要性是不言而喻的,大学生的成长不能只靠学校,只靠辅导员,社会和家庭都要携起手来关注大学生的成长。而作为大学生思想政治教育的专业人员,我们辅导员就有必要在我们的工作中积极探索家校沟通的好途径,好方法。"包邮"不能只限"江浙沪","包邮"也不能只用"四通一达",我们需要不断拓宽"包邮"范围,不断创新"包邮"方式,以形成教育合力,促进大学生的成长。

回音壁

　　家校沟通,形成教育合力是中央十六号文件的明确要求。在这个问题上存在着客观上的供与需。作为家长,迫切地想知道孩子在学校的表现情况,而作为辅导员,将学生在校情况及时与家长沟通,也是促进学生成长的一个有力手段。家校沟通,具有现实意义,也是我们学生工作中值得重视的一个环节。拓宽大学生思想政治教育的途径,需要不断地改进与创新,正如作者所言,家校沟通也需要在创新上下功夫,创新形式,拓宽内容,以更好地形成教育合力,促进大学生健康成长。

（郑州大学党委学生工作部副部长、学生处副处长　邱红）

贫困生资助，不妨多点"暗箱操作"

在贫困生的资助工作中，我们常常遇到的困难和麻烦往往来自两个方面。一是贫困生资格的认定，二是贫困生资助中的学生心理问题。最近的两则新闻就让人对这两个问题产生了关注和思考。

一则是沈阳大学的贫困演讲事件，院方为了保证贫困生认定过程中的公开公正，确保贫困生认定小组能够真实客观地掌握学生情况，避免贫困生材料作假，采用了让贫困生在全班同学面前上台演讲讲述自己困难情况，让同学们投票认定。此举引来各界人士热议，很多人认为让贫困生拿自己的家庭困难在大庭广众之下"晒"，对于个人隐私和人格尊严都是一种侵犯，有一种在伤口上撒盐的感觉。

而另一则新闻则读来让人感到温暖。事情讲的是今年开学报到时，北京大学扩充迎新"绿色通道"，一改从前专门挂牌为贫困生开设"绿色通道"的做法，将贫困生的"绿色通道"进行了扩充，所有新生不论家庭经济条件如何，只要有意愿通过自立自强完成学业，都可申请享受"绿色通道"的服务。此举有意弱化了"绿色通道"与"贫困生"这个标签的对应关系，让办理"绿色通道"的学生不再背上贫困生的标签，让家庭经济困难的学生感受到了尊重，赢得了大家的广泛叫好。

两件事情都是关于学生资助的事情，其关注的重点都是家庭经济困难学生，其目的都是帮助他们更好地完成学业。本来都是一件好事，学校也是出于好心，但有时候，我们做一件好事，光有好心还不够，还要有好办法，才能取得好效果。

在辅导员日常工作中,我们时常能够感受到来自贫困生身上的那种自卑和敏感心理。有些同学虽然贫困,但是相对于贫困本身,他更加害怕别人用异样的眼光来看待他们的贫困,他们害怕别人给自己贴上贫困生的标签。这种 "羞贫" 心理的形成具有一定的普遍性,很多人都不愿意让别人知道自己生活的拮据和艰难,尽管生活上捉襟见肘,处处为难,但还是希望自己能够以一个正常经济能力人的形象出现在大家的面前。除非,你是他特别信任和认可的人,他才愿意偶尔在你的面前吐露心声。但这样做的目的,也仅仅是找一个发泄的窗口,几乎我接触过的所有贫困生,当他向你吐露心声时,都不是为了获取你的同情,甚至,他害怕人们对他的同情。对于这样的一种心理,我们做学生工作的,不能简单地将其视为一种逃避,我们应该看到这种心理的背后是一个人长期处在非正常经济状态下,并且长期承受着这种经济压力引发的生活压力和社会压力。对此,如果我们不能够很好地帮助其解开心结,那么我们至少也应该做到在制度设计时充分考虑人文关怀,体现制度的人文精神。

其实,与北大拓宽 "绿色通道" 范围这种做法一样,充分考虑学生自尊心和隐私的隐性资助方式已经越来越多地被一些高校所采用。我们郑州大学早在 2007 年就开始搞隐性资助。学校每学期都会对学生家庭经济情况进行调查,并根据省资助中心政策将资助学生信息公示。有些贫困生由于面子、自尊心等原因不愿 "显贫",但平时他们却很 "受罪",为节约伙食费,有时一天只吃两顿饭,常常饿着肚子去上课。为此,我们搞隐性补助,学生处与后勤集团等部门联合启动一卡通学生消费情况调查,在后台评估学生的消费情况,并根据消费情况和辅导员意见确定补助对象,对消费水平明显低于正常水平的同学直接往一卡通充值补助金。给家庭经济困难学生的这种隐性补助不仅让他们物质上受助,同时也避免了他们心理上受伤,受到了同学们的欢迎。

从学生评价和社会评价来看,这种充分考虑贫困生自尊和隐私的隐性资助方式总体上是成功的,学生受到了实实在在的资助,同时也最大限度地弱化甚至消除了贫困生被标签化。我们常常讲学生工作要以学生为本,这就是一种充满人文关怀的以人为本的资助创新,既然学生满意,社会满意,主管部门满意,那么,在今后的工作中,我们不妨多搞点这种以人为本的"暗箱操作"。

回音壁

在资助工作实际中,我们常常能够感受到家庭经济困难学生微妙的心理变化,处理不慎,常常容易对其造成心理上的伤害。因此,资助工作不仅要做实,要做新,还要做出人情味。为家庭经济困难学生发放"隐性补助"是我校近年来长期坚持的一项以人为本的资助工作举措,在学生中获得了良好口碑。除此之外,我校"暑期提前设岗"工作也是近年来在资助工作创新上的一大手笔,中央电视台新闻频道曾以"多举措帮助贫困生'上好学':提前安排贫困学生勤工俭学"为题,报道我校暑期提前设岗工作。所有这些工作的创新都离不开一个主题,那就是资助与育人的结合。

(郑州大学党委学生工作部副部长、学生处副处长 张国强)

学风问题，无人能够推卸责任

2013年，在网络的推波助澜下，学神、学霸、学痞、学渣一干人等"粉墨登场"，上演了一场学习大联欢，一时间对于学习这件事的讨论，在网络上达到了空前的热烈，大学生学习众生相，各路学神声名鹊起的背后，是月亮背面那永远冰冷的山丘。大学的学风问题，已经成为教育部门和社会公众都在关注和担忧的一个现实问题。

日前，就有北京师范大学校长董奇在媒体撰文指出大学生学风存在一些突出问题，批评大学生"混日子"的心理，平时学习不抓紧，考试完全靠"突击"，迟到、早退、旷课比比皆是，论文抄袭、考试作弊行为屡禁不止。针对此文，上海大学教授顾骏就指出，问题的关键在于中学教育与大学教育的衔接，并且提出大学学风建设关口前移的建议。问题出来之后就会有相关的观点，有观点就会有争论，对于顾教授的建议，《中国教育报》又刊登了厦门大学附属实验中学校长姚跃林的文章《端正大学学风究竟靠谁》。一时间，"大学学风问题究竟靠谁"的问题，被推到了风口浪尖，大家似乎都在想一个问题：现在的大学生到底是怎么啦，又有谁该对大学生的学风问题负责任。

其实，当问题暴露之后，我们最主要的精力应该放在如何拯救大学生学风的工作上，而不应该纠缠在谁的责任这一问题上，但是反过来说，弄清楚原因总是有助于我们分析问题、看待问题从而更好地去解决问题的。因此，非要论个原因和责任的话，我想，我们没有谁能够推卸责任。

首先,学风问题,教师是主导,学生是主体,在这件事情上,教师和学生是绑在一起的。我曾经看到一节百十人的课,教室里只坐了不到一半人;我也曾看到,本来是几十人的小课,却挤满了傍课者,教室围得水泄不通。同样是上课,有些老师满含激情,对学生负责;有些老师则是照本宣科,对PPT负责。后者能引领好学生的学风吗?所以,客观地讲,学生学风不好,不仅仅是学生的责任,作为教学主导的老师也是要扪心自问的。扪心自问课件的准备,有没有精心设计;扪心自问教学艺术有没有充分运用;扪心自问教学、科研孰重孰轻。在学风建设上,教师要起到重要的引导作用。也正是有鉴于此,我们学校学生工作部门积极开展优良学风课堂建设活动,侧重教师讲课方面的考核来进行优良学风课堂的评选,效果不错。

其次,中学教育是基础,大学教育是提升。在学风的衔接上,客观地来讲,中学教育的应试导向对大学学风的影响是存在的。但是,作为大学教育,学风问题上的事情企图再推到中学又是没有可能的。事情出现了,我们就要有勇气直面问题。为最大限度地减少中学应试教育对大学生学习的影响,我们应该在大学生入学教育上下功夫,要在帮助大学生适应大学学习上动脑筋,创造性地开展入学教育工作。在这一点上,我和我的同事们做了一些尝试,我们将大学入学教育的期限延长为一年,从理想信念、人际交往、生涯导航、学业规划等方面对大学生进行引导,先从适应生活节奏上入手,在适应大学生活节奏的基础上通过新老生交流、专业教师讲座、学习沙龙、兴趣小组等方式持续性地改造大学新生的学习方式,取得了不错的效果。

再次,在大学生学风问题上,一个不容忽视的问题就是学校建设发展过程中教学和科研孰轻孰重的导向问题。教学、科研是高校建设发展的两大任务,理论上来讲,两手都要抓,两手都要硬。但现实中我们看到，现在一些高校已经在这个平衡木上偏离得太远，从上到下都在为科研忙，评价指标也以经费论，教授远离课堂，偌大学校，只见大楼不见大师。这种发展思想归根到底就是一种短视，学校的办学根本是教育和培养学生，没有学生的发展，学校的存在就没有太大的意义，若纯粹以科研论的话，直接将学校归为科研所就解决问题了。所以，高校一旦失去教学本位的办学思想，其学风建设就定将遭到毁灭性的破坏，而反过来，学风的败坏又会影响到学校的办学声誉和培养质量，从而制约学校发展。

所以，学风问题，并非单纯从学生入手就可以解决问题，当前大学生学风问题的背后有其错综复杂的原因，教师、学校、社会都负有一定责任，这需要我们重新思考自身的角色定位，重新审视我们教育的根本在哪里，我们的教育事业赖以长青的关键在哪里。其实这些问题都只有一个答案，人民教育为人民，人民的教育就是要以培养人民子弟为本位，要以培养合格的中国特色社会主义建设者为己任，以立德树人为根本任务，明白了这一点，就不难理解教育以谁为本的问题；做到了这点，学风建设就将不再是问题。

回音壁

"大学之大，非大楼之大，乃大师之大。"清华校长梅贻琦先生的"大楼"与"大师"之论发人深省。大学、大楼、大师，最终都离不开一个根本，就是人才培养。在高校人才培养中，优良学风是一个基本保证。建设优良学风，不是单纯的学生问题，而是需要学生、教师以及学校乃至全社会的共同参与。

（郑州大学党委学生工作部副部长、学生处副处长　邱红）

学生安全稳定中的"海恩法则"与"墨菲定律"

在辅导员工作中,安全和稳定一直都是悬在我们头上的两把剑。安全稳定工作直接关系到学生的人身和利益,直接关系到学校的信誉和发展,也关系到家庭的幸福、社会的稳定,责任重大,影响重大,给我们辅导员造成的压力也很大。

其实不止是我们做学生工作,安全稳定问题一直都是生产和社会生活中一个令人头疼的难点问题。自人类生产文明产生以来,这个世界已经发生了无数次的安全稳定事件,在处理这些事件的过程中,人们不断总结和思考,形成了一些关于安全稳定问题的应对经验。如我们中国的老话"小心驶得万年船""未雨绸缪"以及"过桥须下马,有路莫行船。未晚先投宿,鸡鸣早看天",都在告诉人们,要注重对安全问题的考虑和防范。这些话都是人们在生产生活中总结出来的经验,它表现了安全稳定中谨慎和预防这个永恒的道理,体现了我们的民族智慧。

关于安全,西方世界也有精辟的总结,比如西方管理学中的"海恩法则"和"墨菲定律"就很有意思。

德国飞行员帕布斯·海恩在对多起航空事故的深入分析研究后认为,任何严重事故都是有征兆的,每个事故征兆背后,还有 300 次左右的事故苗头,以及上千个事故隐患,要消除一次严重事故,就必须敏锐而及时地发现这些事故征兆和隐患,并果断采取措施加以控制或消除。这就是西方管理学中关于安全稳定的有名的"海恩法则"。"海恩法则"之所以引起人们的共鸣和重视就在于它科学总结了安全问题发生的规律性。它告诉我们,不要简单地将安全问题视为小概率事件,而应该看到它的发生有一个萌芽、发生到发展的过程,事情看似偶然,其实是各种因素积累到一定程度的结果,任何不安全事故都是可以预防的。

在我们学生工作中,很多问题常常都可以用"海恩法则"来解释。比如,学生自杀事件。貌似意外,其实事后常常能够意识到在事发前学生的状态就已经初露端倪,而分析动机时往往也不是单纯的刺激,往往都是长期心理压力累积的后果。还有发生在学生宿舍的失窃和失火事件。宿舍门禁系统的管理、防盗窗、学生防范意识、违章电器管理、灭火设施、消防通道等等,这些都是隐患因素。本来我们对这些隐患因素都有清醒的认识,但是安全问题还有一个特点,就是容易疏忽。也许你一年里 360 天都在绷着安全稳定的弦,这 360 天的时间都没有出事。但有时候,事情就很邪门,一旦你放松一下,我们担心的问题就出现了。这就要讲到另一个关于安全稳定的理论——大名鼎鼎的"墨菲定律"。

美国爱德华兹空军基地的上尉工程师墨菲和他的上司斯塔普少校,在一次火箭减速超重试验中,因仪器失灵发生了事故。墨菲发现,测量仪表被一个技术人员装反了。由此,他得出的教训是:如果做某项工作有多种方法,而其中有一种方法将导致事故,那么一定有人会按这种方法去做。在事后的一次记者招待会上,斯塔普将其称为"墨菲法则",并以极为简洁的方式作了重新表述:"凡事可能出岔子,就一定会出岔子。"

这就是"墨菲定律"的内容,对此,我们常常也总结为"只要存在发生事故的原因,事故就一定会发生",而且"不管其可能性多么小,但总会发生,并造成最大可能的损失"。这就是我们俗话讲的"邪门"——越是担心的事情越会发生。比如,我们常常担心学生上网找兼职会被骗,但常常就确实有学生被骗;我们担心学生放假后没有直接回家,而是私自外出游玩,但常常就有家长放假后打来电话说孩子没回家;我们担心学生陷入网络传销,但有时候就会在我们身边发生这样的案例。于是,我们作为辅导员平常总是要不断地提醒同学们谨防网络兼职骗局,向同学们普及黑中介和网络传销的基本特征,加强同学们的鉴别和防范能力;我们在节假日等重要节点总是会召开年级会,专门强调安全稳定事件;我们在放假前需要同学们签好离校单并且将学生放假情况短信告知家长,这些都是我们对于 "墨菲定律" 的防范。

其实无论是 "海恩法则" 还是 "墨菲定律" 都讲了同一个问题,就是安全问题在于重视和防范。在我们的工作中,首先是要树立一种安全的理念,即安全不仅仅是意外事件,更是问题的积累。安全问题重点在于平时的防范。平时只有细心,关键时才能放心;平时只有周全,关键时才能安全。我们辅导员在平常工作中要将学生的安全稳定放在重中之重,认真履行职责,深入学生,见微知著,明察秋毫,及时发现事故征兆,立即消除隐患,在思想上和行动上确保安全稳定工作意识到位、落实到位。

回音壁

学生工作无小事,安全稳定记心中。无论是 "海恩法则" 还是 "墨菲定律",其精髓都是在告诉我们,对于安全稳定工作,切不可粗枝大叶。作为辅导员,在平常工作中首先要对安全稳定问题的重要性有着足够的认识,只有平常考虑周全,关键时刻才能放心。这就告诉我们,要时刻绷紧安全稳定这根弦。另外,安全稳定工作也有一定的科学理论可循,重视预防和防范,及时发现苗头,做到考虑周全、预防到位、程序正当,才能有效确保学生安全稳定。

(郑州大学党委学生工作部副部长、学生处副处长　张国强)

打造学生工作品牌力求"三戒"

学校学生工作要创品牌,辅导员个人工作要有特色。创新工作方式和方法,不断探索大学生思想政治教育的有效途径,本来就是提高思想政治教育工作针对性和实效性的重要手段。于是乎,在工作中,创新成为我们需要经常性思考、经常性谋划的事情。但有时,创新也会走入误区,有些创新"变了味""走了样",出现了重形式、轻效果,喊口号、没内容,为创新而创新的问题。这种氛围下打造出来的品牌,经不起推敲,也起不到促进学生培养的实质性意义,需要我们引以为戒。要打造高质量的学生工作品牌,我们务必要做到以下"三戒":

一戒"有树无根"

学生工作创新的根本目的就是要通过方式方法的改进来促进学生的成长,学生是创新的出发点和落脚点。所以,一切工作的创新都不能脱离学生。在我们的现实工作中,有时候,辅导员提出一项品牌工作,搞一些费人费事的大活动,本来从辅导员的角度是一个很好的设计,貌似很有创新,很值得一搞,心血一热,召集学生干部开个会,一项创新品牌就这么开动了。但实施下去却发现执行起来并不那么顺利,也很难出成果。问题就在于学生不配合,工作推不动,仔细了解才知道是学生对活动不感兴趣,不理解,不接受,更无心参与。这样的品牌创新就犯了"闭门造车"的错误,不去深入调研了解同学们的想法,没有弄清楚现在的学生喜欢什么、成长过程中需要什么、如何让他们更好地参与进来就盲目上马,最终的结果就是"英雄无用武之地",创新没有群众基础,成了无根之树。

二戒"有花无果"

前面已经提到,创新的最终目的是促进工作。辅导员工作创新要以解决学生成长中的问题和促进学生发展为导向,要在务实上下功夫,最终落实到学生身上。而现实中,一些中看不中用的创新还是会屡屡出现,说到底就是辅导员在搞业绩工程、搞形象工程,听起来好听,看起来好看,但就是在解决实际问题上收效甚微。现在思想政治教育相关部门组织优秀学生工作品牌项目评比,在申报表上都要求项目主持人填写成果推广结果以及提供成果应用情况证明,很多所谓创新成果,在这一栏上是没有实质性材料可写的,做了一堆貌似漂亮的工作,但在解决大学生思想政治教育的实际问题上却没有什么大的成效,或者成效不明显,创新陷入了只"开花"不"结果"的怪圈。

三戒"昙花一现"

好方法、好点子、好项目要想打响品牌出成果,关键就在于要持续推进。今年我参加我们学校思政评估工作的材料总结整理工作,在接触到学生工作品牌这一指标内容时,我发现,一些在同学们中喜闻乐见的品牌项目,如"暑期提前设岗""我最喜爱的老师""毕业生三个一主题教育活动"等这些在教育部获奖的学生工作优秀品牌大都是经过几年甚至差不多十来年的持续培育的结果。可见,一项优秀品牌不是一时一日能够造就成的,它需要不断的用心去培育。我们搞学生工作品牌创新,不能只在初期热火朝天的"热闹"一番,就没了下文,而要持续不断地跟进和推进,创新不做"短命鬼",关键在于"长相守",离开了长期的付出和持续的推进,创新很容易沦为"花架子工程"。

回音壁

学生工作品牌建设是促进学生工作上台阶、服务学生成长成才的有效途径。其根本落脚点在于学生的成长。任何偏离了这一根本点的创新都是无根之水。从长期以来学生工作品牌的建设经验来看,任何一项优秀品牌的建设都不是一个一蹴而就的过程。好的品牌不仅在于良好的设计,更在于长期的坚守和积累。文中提出"品牌建设'三戒'",总结了我们在创建学生工作品牌中所存在的一些问题,所走过的一些弯路,对于促进我们的工作具有一定借鉴意义。

(郑州大学党委学生工作部副部长、学生处副处长 苏伟)

学生工作品牌建设谨防"烂尾"

学生工作品牌化,一直以来都搞得有声有色。每年省一级思政主管部门都会组织开展学生工作优秀品牌评选活动,教育部也会组织高校学生工作优秀品牌、高校校园文化建设优秀成果等评比表彰活动。这样的表彰评比有利于我们基层更好地总结思想政治教育工作的经验和成果,有利于提炼高校在大学生思想政治教育上的好思路、好做法,从而促进高校大学生思想政治教育工作水平的提升。为此很多高校都在着力推进学生工作的品牌化建设工作,一院一品牌,品牌创建满地开花,也出了一些具有代表性的成果,对我们的工作起到了很好的推动作用。但是,在品牌创建的过程中,我们也经常看到,一些品牌项目,常常有头无尾,雷声大,雨点小,最后不了了之,成了"烂尾工程"。

这种情况的出现,常常有几个方面的原因。一是品牌项目盲目上马。院系为了加快品牌项目建设的步伐,有时候常常会心血来潮,想到一个点子就把摊子铺开,往往没有经过详细的论证,也没有做长远的考虑,对于项目预期和项目执行计划也没有个大体的安排。这种在头脑风暴下诞生的项目,尽管有辅导员们雷厉风行的推动,但由于缺乏对形势的详细分析和判断,缺乏对学院学生工作现状的全面分析,往往事与愿违,做到中途难以为继,常常半途而废。

另一种原因是项目建设缺乏过程控制。过程控制,是保证我们工作推进,实现我们预定工作成果的一个重要环节。在工作实际中我们常常有这样的体会。有时候,安排给学生干部一项工作,开会明确了工作目标和任务,甚至制定了详细的时间表。满以为经过这样的安排之后就可以高枕无忧,尽管去当甩手掌柜,但当你要成果时却往往事与愿违。于是久而久之,我们就总结出了一个经验:凡事不注重跟踪管理,凡事不注重过程控制,凡事不亲自过问,就容易办不成。这并不是耸人听闻,从管理学上来讲,过程控制本身就是管理的一个重要环节。而从人性的常态上来讲,我们不可否认的是,每个人都有天然的惰性。因此,品牌工作如果只是画了蓝图,开了头就任其自由生长,往往会导致"荒了地,懒了牛",最终也会在学生面前失了信任,丢了民心。

因此,我们在推进学生工作品牌化的过程中,一定要加强论证,强化过程管理,谨防项目"烂尾"。一方面,不妨也学习科研工作,搞搞项目论证。各院系可以根据学生特点和学院实际情况,认真提炼和总结自己学院在学生工作上的一些好做法,然后对其进行优化整理,做成学生工作精品项目立项计划,由学校统一组织思想政治教育专家和一线思政工作者展开论证,根据论证情况确定执行项目,并给予适当等级的资助经费。另一方面是加强项目管理。我们也可以适时地召开项目推进会、中期检查会以及成果展览会,在品牌项目建设的过程中强化项目的检查和项目的过程评价管理,从而对项目主持单位形成一种执行压力,以保证项目能够持续开展。

学生工作品牌项目与科研项目具有一定的相似性,我们可以借鉴科研项目的管理方法来加强学生工作品牌项目的建设。但是,学生工作品牌项目又与科研项目具有本质上的区别。我们的每一项学生工作品牌项目其出发点都是围绕学生的发展,围绕我们思想政治教育工作水平的提升,目的是要解决学生培养中的问题,针对性地为促进学生成长成才拓宽途径、创新方法。这样的项目其出发点立足于学生,开展时依赖于学生,成果由师生共享,因此,我们一旦草率对待,半途而废,就会失信于学生,不仅成果"烂尾",我们作为教育者的声誉也会"烂尾"。

回音壁

学生工作品牌化建设,是提高学校学生工作整体水平,形成特色工作,打造品牌效应的重要手段。然而,在推进的过程中,有时候因为缺乏全面的调研,往往会出现项目与实际脱节、难以持续的状况。在推进过程中,往往又因为疏于过程监管而导致最终效果大打折扣或半途而废。因此,学生工作品牌的提出和建设,应该充分调研论证,加强过程管理,把项目做实,谨防"烂尾"。

(郑州大学党委学生工作部副部长、学生处副处长 苏伟)

用好辅导员考核这根"指挥棒"

又到一年一度的学生工作理论研讨会。这已经是我校连续十年举办全校学生工作理论研讨会。今年讨论的议题之一就有"基于学生满意度的学生工作考评指标体系"。其实这个问题已经不是第一次在我校进行全校性质的讨论了,近年学校学生工作部门几次围绕考核指标体系做了讨论修订工作。目的很明确,就是以评促建,发挥考核评价的"指挥棒"作用。

对于学生工作考评的整个运行过程和机制,我们可以将其看成一个评估环。一次完整的学生工作考评从收集资料开始,通过收集整理学生工作相关单位关于学生工作的相关资料来考察其学生工作,并在既定指标体系下通过对各种佐证材料的分析来评估其学生工作的效益,然后通过执行考评指标来对其学生工作进行定量或定性,以形成客观考评结果,最终反馈到被考评单位。

在这一过程中,结果具有高度敏感性,被考评单位为了获得最优的考评结果,则必须追求与考评指标体系规定细则的高度契合,这在无形中就会引导被考评单位按照指标体系的要求来谋划工作,因此,考评指标体系对院系、部门的工作会起到重要的直接导向性作用。这就要求我们在制定学生工作考评指标体系时,应该充分考虑到拟定指标体系对于学生工作相关单位所产生的各种可能的导向,以及这些导向是否符合我们对学生工作的总体规划和要求。在考评中,我们必须明确,所有的考评环节都必须围绕我们学生工作的使命、目的以及目标和结果来进行。

以学生满意度为基础,结合中央十六号文件精神和党的十八大关于立德树人这一教育根本任务的新要求,我们可以明确,学校在建立基于学生满意度的学生工作考评指标体系时应该把握以下"三个有利于"的目标导向:

(一)有利于满足学生需求

以学生满意度为基础,体现的是以人为本的思想,以人为本要求我们从满足学生的需求出发。学生需要什么样的学生工作服务、需要什么样的发展平台和机会,以及学生对学生工作抱有什么样的期望,这些问题对于我们的工作具有现实指导意义。这就要求我们在制定学生工作考评指标体系时充分考虑学生需要,确保通过执行既定的考评指标体系能够有效促进相关部门和单位在满足学生需要的工作上积极谋划。

(二)有利于促进学生全面发展

促进学生的全面发展是我们进行学生工作考评的核心目标。学生的全面发展来自多方面的保障,与学业发展紧密相关的涉及学生工作的学风建设、创新能力培养等方面。而学生人格的发展则与理想信念教育、价值观教育、心理养成教育、公民道德教育等密切相关。还有职业发展方面则涉及生涯教育、职业规划教育、就业创业教育等学生工作内容。在制定考评指标体系的过程中,我们应该充分考虑到这些因素,围绕有利于促进学生全面发展来制定相应的考核指标,以形成具有促进学生全面发展导向性的考评体系。

(三)有利于提升全校学生工作整体水平

依据什么来帮助学校职能部门作出决策或者完善、修改一项关于学生工作的政策?回答是考评结果。科学、合理、有效的评估能够帮助决策者作出有效的判断,对学生工作的重大改革作出决定,对资源作出合理配置,从而促进全校学生工作整体水平的提升。因此,在制定考评指标体系时,应该充分考虑到以评促改、以评促建的考核目标,确保通过既定指标体系的考核,推动全校学生工作整体水平的提升。

总之,有什么样的考核,就有什么样的作业;有什么样的考核评价,就有什么样的辅导员行为。考核评价指标体系在一定程度上就是辅导员工作的"指挥棒",它指引着基层辅导员的工作重心和努力方向,基于此,我们一定要精雕细琢好这个"指挥棒",以保障我们的实际工作能够在它的指挥下奏出学生工作的硕果华章。

回音壁

加强对辅导员工作的科学考评,是确保学生工作扎实、有效推进,确保辅导员队伍建设水平不断提升的一个重要手段。正如作者所讲,辅导员的考核指标对辅导员的工作具有导向作用,有什么样的考核,就会交出什么样的答卷,因此制定一个基于学生满意度的以学生为本的学生工作考核体系十分必要。文章对于学生工作考评指标体系的宏观思考正是反映了我们在工作中所需要坚持的以评促建、以评促改、以评价推动学生工作综合提升的整体思路,对于改进我们的工作具有一定的参考意义。

（郑州大学党委学生工作部副部长、学生处副处长　苏伟）

4

朝花夕拾 —— 辅导员反思录

关爱的尺度

爱是教育的灵魂。苏联教育家霍姆林斯基曾经讲过:"教育技能的全部奥秘就在于热爱每个学生。"在我们的职业里,辅导员关爱学生的佳话已经成为常态,作为一名教育者,关爱学生,是我们教育学生的基础。

然而,爱,却不仅仅是简单的情感表达,有时候,关爱别人似乎更是一种艺术的把握。因为爱,从来都不是一个人的事情,即使是出于关心,我们也常常要考虑接受者的状态。如果关爱的方式和尺度把握不准,有时候,不仅难以产生情感的共鸣,而且难免还会产生"我本将心向明月,奈何明月照沟渠"的尴尬。最近的一些事情就让我更加明白了作为一个教育者,应该如何恰当地关爱我们的学生。

小 A 父亲去世的消息,我是偶然得知的。这个平常活泼开朗的女孩,自从暑假来了之后,就跟变了一个人似的。没有了往日的欢笑,没有了相处时的大大咧咧,更多的,我看到了她的沉默,看到了她将自己包裹在自己的世界。如同所有受到伤害的人一样,在人们尚且无法释怀时,总是不愿过多地提起。我几次在路上"偶遇"小 A,本想旁敲侧击地开导一番,但每次却都被"客气"地挡了回去。生活上嘘寒问暖的关怀短信似乎也变得多余起来,总是难以得到她的回应。连交代同宿舍的同学多关心她这样的举动也让她变得反感起来。开导无果,关于小A 的伤心事,成了我最近的一块心病。

静下心来,我总是在想,到底是哪里出了问题,明明出于关心,却得不到对方的回应。这种感觉就好比自己在唱一场独角戏。直到那天，收到一名贫困生写给我的信，才恍然大悟。在信中他说了一句让我印象深刻的话"苦一点，困难一点，其实我并不害怕，最让我难以忍受的是因为自己是贫困生而引起别人特殊地看待，我不想自己被标签化"。

仔细一想，小A的问题不就在此吗？我们有时候出于关爱的本能，往往对于经受困难的学生特殊关怀。但有时，这种关怀也会对他们造成"二次伤害"。试想，一个刚刚失去父亲的孩子，她的内心是多么脆弱，她之所以不愿意提起这件伤心事，也许就在于她不想让别人知道自己是一个失去父亲的孩子。这个时候，我们对于学生的种种关爱无形中就在把学生特殊化，这种特殊化不仅起不到冲淡伤心、开导心情的效果，反而会不断地在学生的心中一次次地强化她刚刚失去父亲这个事实。这个时候，关爱，就成为了一种负担和压力。

其实，生活中，我们很多时候都会犯这样的错误。一个明显的证据就是，我们常常会感叹一些人的"不知好歹"，我们常常会向对方抱怨"我这样做是关心你，你怎么就不懂呢"。可是，你真正了解对方此时此刻最需要的是什么吗？我们常常以自己的想当然来衡量别人的需要，殊不知，"子非鱼，焉知鱼之乐"，关爱，有时也会成为带刺的玫瑰。对于出现在我们身边的"小A"，我们不妨对他们多一些善解人意的"关注"，少一些"理所当然"的"关爱"。

回音壁

大仲马说过："必须体验过痛苦，才体会到生的快乐。"这句话可能引用在此稍欠妥当，但却折射出了每个人成长的必经之路。当事情出现时,有时我们能做的只有接受痛苦,让时间来冲刷一切,这样的过程才符合人性的发展。关爱的尺度也鉴于此,排除漠不关心与事事亲力亲为,剩下的才是我们该做的。对于正处于青少年时期的大学生来说,他们正进入问题多发的时期,感情、家庭、经济等问题的出现,会给他们带来很多新的压力,但是这些新的压力大多时候需要他们自己去面对。作为辅导员的我们,传统方式的关心已经起不了较大的作用,默默在身后关注他们,在心理承受达到极限时再给予支持,才是帮助学生成长的正确方式。

(郑州大学党委学生工作部部长、学生处处长　戴国立)

台上台下的学问

曾有一回有幸与一名资深辅导员交流工作,我学到了印象深刻的一课。

当时我们谈到辅导员与学生的距离,我不无得意地说,每次开年级会我都喜欢走下讲台站在同学们中间,与大家轻松地交流,这样彼此之间就没有讲台的阻隔,大家处在同一个高度,才能平等交流,辅导员就应该用这种方式,缩短与学生的距离,这样才能切实做大学生的知心朋友、成长中的引路人。

说完这段之后,自己还不无得意。但面前的这位老辅导员却不紧不慢地说出了他的看法。事实上,他对我的这种做法持怀疑和批判的态度。他认为,辅导员作为一名思想政治教育工作者,在对学生进行思想教育时一定不能脱离讲台。传统的讲台标准的配置就是要比学生高出一定距离,老师在一个相对较高的平面,学生在一个相对较低的平面,学生对老师形成一定角度的仰视,这样以示教师的权威。所以在工作中,我们辅导员对学生进行集体训话时一定要在台上,而不能在台下,特别是在辅导员阐述观点和道理时一定要确保这种形式上的权威性,否则难以起到教育的效果。

仔细听了他的讲述,我不禁暗自佩服。其实生活中这样的情景有很多。电影里,我们常常看到传教士在向人们传教时,总是选择站在高处向世人宣扬他的教义。而在抗战题材电影中,我们也常常看到仁人志士站在高处向人民宣扬革命精神。所以,有些事情就是得到台上办,台下就办不了。试想作为一名传教士,你拿着传单走到人群中间,见人就满脸堆笑,来看看我们的教义吧,保你会喜欢……这样的传教方式又怎么体现他所信仰的宗教之神圣和权威呢?

所以,辅导员在开年级会时站到台上还是台下的问题,就不是那么简单的一个距离的问题了。我们应该分情况来确定我们作为一名教育者所应该处的位置。当我们与学生进行交流讨论时,大可亲民地走到同学们中间,与大家近距离地接触,拉近彼此之间的距离。而当我们讲到严肃的问题时,就一定要站到讲台上,在维持辅导员权威形象的基础上发出我们权威的声音。

其实,进一步讲,这个台上台下的问题与辅导员同学生的关系也有相同之处。辅导员若一味地严肃,将自己放在台上,就难免与学生之间产生距离和隔阂,"高处不胜寒",很多事情学生就不愿意找你了,指导和帮助学生就无从谈起。但辅导员若是一味地学生气,虽在同学生打成一片上做得很好,但事事放宽,无原则地放低姿态,把自己置于台下,不注意必要的原则和底线,就很容易丧失自己的权威。平时与学生处得倍好,关键时刻却难以做到一呼百应,甚至学生根本就不把你的安排当回事。因此,这就涉及辅导员在处理与学生关系时一个度的问题。理想的状态应该是"上得厅堂,下得厨房",既要与学生打成一片,又要形成自己的权威,一张一弛,一刚一柔,刚柔相济方能做到游刃有余,这就是台上台下的学问。

回音壁

凡事都讲求一个"度",做学生工作也是如此,若只刚不柔,会让人有距离感,触不可及;若一味地柔和,毫无刚性可言,那么威信便无根基,无从建立,最好的方式是能够做到刚柔并济,让同学既亲近又尊敬。其实,在学生心里,一味地包容,那是"慈母";一味地用强,那是"严父",而辅导员在大学生的生活中恰恰是这两种身份的融合,所以能让同学燃起敬畏之情的老师才最可爱,最有威信。

(郑州大学物理工程学院团委书记　赵昕)

生活中的"视而不见"

学生临床实习已经进行一半了,这两天,学院组织中期检查组前往实习点检查实习工作。跟往常一样,召开了实习生座谈会,同学们围绕实习中的问题和感想,畅所欲言,很多同学都谈到了自己在这一段时间内的收获和感想以及在医院实习所见到的人和事。

一个学生不紧不慢地向我们讲述了一个"动脉夹层"危重病人失去生命的全过程。他向我们描述,在患者家属对是否进行手术而纠结的那个漫长决策的过程里,他作为一名旁观者内心的焦虑。他还向我们描述了那一晚上几次随老师进入抢救室拼命挽回患者生命的惊心动魄。最后他用略带低沉和深感遗憾的语调向我们描述了他平生第一次目睹一名病人在抢救室离开人世的最后过程以及对他带来的心灵冲击。

这样沉重的故事对人们的冲击是不言而喻的,而使事情更加具备感染力的还有这个讲故事的人。先天的口吃,使他平常在班上很少与同学们交流,很多时候,同学们大概也难以将注意力集中到他的身上。毕竟一个成绩差、与大家沟通又少而且还很"宅"的人,很难引起人们的兴趣。但是,今天,当他用那口吃的言语向大家讲述这么一个故事时,我们却分明听到了那故事背后所蕴含着的讲故事的人的真诚、善意以及对生命的敬畏。

这似乎让我们都感到意外。我们意外的是像这样一个"言语木讷"

的同学会将一个故事讲得这么有感染力,我们也为他平时的不动声色和此刻的主动分享而感到意外。而作为在场的医务人员,他们意外的是,一个稚气未脱的学生会将每天都在医院上演的病痛和生死讲得如此深刻和具有人文关怀。

其实,两种意外之余,反映的却正是我们生活中的"视而不见"。有时候,我们辅导员看一个学生,知道他平常一贯的样子,然后就会在心中刻下对他的印象,我们只看到他表现出来的常态,而难以看到其内心深处的波澜壮阔。比如,像他这样一个口吃的孩子,我们大概不会冒险安排他在某次会上做主题发言,像他这样一个表现平平的孩子,我们大概难以发现他身上某些打动人的闪光品质。还有,作为医务人员,面对每天都在医院上演的病痛和生死,他们大概不会那么轻易地被这些"平常的事情"所触动。然而,生活本来的面貌却并非如此平淡无奇,当我们习惯了用惯有的角度和心态去看待人和事,许多的发现和震撼就会离我们而去,而我们原本多彩的心则会逐渐走向麻木。每个人都有闪光点,每一副平常的外表下都蕴藏着一颗火热的心,每一件我们习以为常的"平常事"也可能会有不平常的解读,让我们扫除心中的迷雾,去发现世界,去拥抱世界,去重新认识世界。

回音壁

生活中从来不乏令人感动与震撼的人和事,只是他们的光芒大多都被其普通的外表所掩盖。如果我们永远都只用一种视角,一种心态去看待他们,感受他们,对他们的光芒视而不见,那么我们永远都不会发现生活带给我们的美好和震撼。对生活的热爱源于我们置身于生活带给我们的美好和感动中，如果我们能够摒弃麻木的生活态度和视而不见的惯用处事态度，那我们就一定能够重拾对生活的那份积极与热爱。

（郑州大学物理工程学院团委书记　赵昕）

挺身入局

学生搬家的事情终于忙完了。安排好他们在新校区的住宿之后，我自己忙里偷闲，在办公室顺手拿起一本书读了起来。寒假回来之后，家里琐事不断，有段时间没读书了，今天好不容易得空，赶紧补补课。

随手拿起的一本是梁启超所作的《李鸿章传》，梁启超以汪洋恣肆的文言夹叙夹议地描绘了李鸿章参加镇压太平军、甲午海战，倡导洋务运动，周旋于世界外交舞台直至死去的一生。书中既有对这个晚清变革总设计师的赞誉，也有对其局限性的思考。尽管很多人对于李鸿章的评价褒贬不一，但是正如梁启超所说："在晚清政府中李鸿章是最具有世界眼光、最有能力和品格的一个人……"我想李鸿章之所以能够获得梁启超这样的评价，必定与他斡旋于晚清政治、经济、外交中所做的努力是分不开的。在晚清变局中，曾国藩、李鸿章、左宗棠等人挺身入局，力挽狂澜，在内忧外患的困局中开辟了一个短暂的"同治中兴"。

尽管这些人物都有一定的历史和时代局限性，但是他们身处乱世，挺身入局，投身变革的精神却也是值得我们去学习的。这让我想起了曾国藩的《挺经》，其"挺字诀"的精髓能从其他人的描述中有所体会。曾国藩的女婿吴永回忆道："仔细推敲，还是曾公说得好：大抵谓天下事，在局外呐喊议论，总是无益，必须躬身入局，挺膺负责，乃有成事之可冀。"可见，"挺字诀"的奥秘就在于人不能患得患失，袖手旁观，站在局外看热闹，一定要有"成大事者，必须勇于任事，挺身入局"的精神。

这让我又想起了今天学生搬家的一些事情。其实，且不论国家大事和时代变局,生活中,很多小事情也总要有人挺身入局才能办好。就拿早上搬家车辆进入学生宿舍区一样,为防止车辆占道,保卫处在通往宿舍楼的路口设置了地锁。由于很久不开,地锁已经生锈了,开了锁打不开,这时候五六个司机和几个保安同志都围在了旁边,大家都在一旁看着,有的拽了,拽不动也就不管了,但是地锁打不开,车就进不去。正当大家面面相觑、袖手旁观之际,一个司机师傅马上就展现出了他"挺身入局"的品质,转身走回了自己的车上,从工具箱里翻出来铁锤,对着地锁一阵猛敲,事情就这么解决了。

其实,这样的事情在我们的生活中十分常见,有时候我们面对一些事情,总是容易畏首畏尾,容易袖手旁观,有时候是觉得事不关己,有时候是怕担责任,有时候是抱着我不做还有别人做的心态,总之就是容易做一个旁观者而不愿躬身入局、有所担当。从"小悦悦事件"到"扶与不扶"的道德追问,这种思想的祸害是不言而喻的。

所以,今天,我们重谈曾文正的"挺字诀",仍然很有必要。对于我们来说,今天我们所处的时代已经不同于曾国藩、李鸿章所在的那个动荡的晚清,也不同于五四运动时期的内忧外患。但是我们每一个人身上所肩负的责任感和使命感都不应该有所减弱和褪去。和平年代,我们有我们新的时代使命,有我们新的社会责任,中国梦的宏伟蓝图在向我们召唤,这正是我们挺身入局、投身中国特色社会主义建设事业的大好机遇,中国梦是每一个人的梦,也需要汇聚我们每一个人的力量,如果人人都袖手旁观,都抱着坐享其成的心态,我们的复兴之梦又需待何日才能够实现呢。因此,挺身入局,这是我们每一个时代精英、每一个有志青年都应该具备的姿态,让我们挺身入局,投身中国梦的伟大事业。

回音壁

　　"挺身入局"需要的不仅仅是那"欲挽狂澜于乱世"的责任感,更需要躬身入局的勇气。古人说"衣食足而知荣辱",将人的文明程度跟富裕水平挂钩有一定道理,然而现在社会大多数人都报着"各人自扫门前雪,休管他人瓦上霜"的态度。"扶与不扶"的拷问正成为现代社会的一块心病,要想改变这种积久成疾的病态,更需要我们年轻一代有"挺身入局"的勇气。

(郑州大学水利与环境学院团委书记　党敬川)

遇见不喜欢的自己

　　每到年终，各种各样的会议总是满满地排上了我们的日程。总结会、表彰会、述职会、考核会、座谈会，还有各种各样的报告会。会开得多了，我们发现，来开会的人越来越淡定了。

　　记得自己刚参加工作的时候，每一次参加会议，我总是会提前二十分钟就赶到会场，早早签好到，带上笔记本，规规矩矩坐在那里等待会议的开始。开会时，也不忘做好笔记，记好会议精神。至于玩手机、刷微博这样的事情，我是从来不做的。我总是告诉自己，开会迟到是一件很不靠谱的事情，会上玩手机、开小差也是对台上讲话人的不尊重。

　　在工作中，我也一直都是这样要求我的学生。第一次给大家开年级会，就定好规矩，凡开会必须比通知的时间提前十分钟到场；凡讲台上有人发言，另一方一定不能交头接耳、玩手机、刷微博；凡开讨论会，一方发言未结束，一定不能轻易打断别人。时间长了，同学们都记得这些规矩，谁开年级会快迟到了，心里都明白，我们曾老师不喜欢迟到这样的行为。

　　当然，除了这些不喜欢，我和所有人一样，在生活、工作中，对别人，我们还有很多的自己专属的不喜欢。比如，我父亲就不喜欢年轻人烫头发、染头发；我妈妈就不喜欢别人在她面前夸自己的孩子聪明又能干；有时候，我们不喜欢别人讲话拐弯抹角；还有时候，我们讨厌老师讲课死板而没有新意；我们不喜欢做事张扬，不喜欢以貌取人，不喜欢感情用事。我们坚持着自己的喜好，并且有意无意地要求身边的人也按照我们的喜好来行事。虽然，这样有点太过自我，但是我们似乎并没有发现这一点。

直到最近这两天，我去参加一个学校层面的会议。说好九点开始的会，我因为一些工作的耽误，迟到了十分钟，到了之后，我才发现还有很多人同我一样，也还没有到场。而会上的情况也不是很乐观，看手机，发牢骚，中途接电话，上厕所……类似的情况并不少见。会后，领导将这些情况总结为会开多了，人们就把开会的规矩看淡了，变成"会油子"了。领导还举了一个例子，说后勤公司给临聘的清洁工阿姨们开会的时候，偌大的会场，整齐端坐，没有一个人说话、看手机、上厕所，比我们这些"高层次"的教育者的会场要严肃得多。

这番话，听来让人深思。我突然觉得我遇上了一个不喜欢的自己。有时候，我们自己所讨厌的一些习惯和事情，却不停地在我们自己身上上演，而我们对此却毫无知觉。我们不喜欢开会迟到，不喜欢开会玩手机、打电话、交头接耳，我们也这样要求自己的学生。可是当我们把自己从一个教育者的角色切换成一个普通职员时，当我们从讲台切换到会场时，当我们从要求别人切换到被别人要求时，却往往容易变成那个不喜欢的自己。

人，总是容易犯错，幸好，我遇见了这个犯错的自己。

回音壁

人非圣贤，孰能无过。再优秀的人也有自己的缺点。正所谓"以铜为镜，可以正衣冠；以史为镜，可以知兴替；以人为镜，可以知得失"。而最难能可贵的是,以自己为镜,反观自身的不足。某日,当你遇见了一个不喜欢的自己,我想下一站,那个你更喜欢的自己会在出口等你。

(郑州大学水利与环境学院团委书记　党敬川)

跟推销员学习打电话

电话是辅导员时刻都不敢离开的工具,无论是工作时间还是下班时间,24 小时开机,是辅导员职业的基本要求。每天,我们都会接到来自不同身份、不同部门、不同时间段的电话,有时候是布置工作的电话,有时候是紧急事务,有时候是学生的事情,有时候是家长的电话,还有我们和所有有电话的人一样,也时常会接到卖保险、送抽奖的电话。电话,就像一部交响曲,电话那头传来形形色色的声音和事情,也引起电话这头起伏波动的状态。打电话的人多了,我们发现,很多时候,很多人不会打电话,这个问题值得我们反思。

在辅导员办公室,我们常常遇到一些关于电话的囧人囧事。有些人接通电话直接就说"你给我找一下……"接到这样的电话,人们常常都会不太舒服,电话那头的人虽然不是出于故意,但却给人一种冷淡和命令人的感觉,让人接了电话、办了事还觉得不太舒服。还有的人打电话说了半天事情,我们就是搞不清楚他是谁。还有的时候,我们给别人打电话,你刚说了个"你好",对面那头就给你来一句"说吧,找谁"。还有些人打电话不挑时间,中午忙完所有工作准备在午休时间小憩一下,却常常会发生被电话叫醒的情况。这些都是我们生活中经常遇到的一些不会打电话的现象。因此改进我们打电话的方式就显得很有必要。而电话推销员就是一个很好的老师。

尽管推销电话很让人厌烦,但是我们不得不承认,抛开我们对陌生推销电话的先天不满,客观地来说,电话推销员是少数很会打电话的人。当接通电话的那一刻,我们常常会听到他们如沐春风般的声音:"先生,您好,我是……"在这个电话的开场白里就包含了一个高质量通话的几大要素。

第一是打电话的态度。打电话时虽然看不见对方,但是它却有很奇妙的效果,听电话的人通过听筒就能感觉到你声音背后的态度。如果你饱含热情,对方也会被你的热情所感染;如果你声音冷漠,对方必然也能够感觉得到。所以可别小瞧了在电话那头的一句问候,我们在听筒的这边就能够感受到他对我们的尊重以及电话中所饱含的热情。更难能可贵的是,对于推销员来说,他们可是在经历了无数次的拒绝和冷漠之后仍然能够坚持用热情和微笑对你讲电话的人。就这一点,我们很多人就做得不够。所以我时常告诉我的学生,当你与别人通电话时一定要面带微笑,饱含热情,相信听筒对方一定会感觉得到。

第二是必要的称呼和问候。当然,我们并不是要求死板地与推销员一样使用"先生/女士,您好"这样客气的称呼和问候,有时候这种正式用语会给人带来一种距离感。但是,称呼和问候语却必不可少。比如,学生给我打电话,"曾老师好"或者俏皮地来一句"曾哥,正忙着呢"这些都是不错的开头。有时候我们给部门打电话,虽不知道对方是谁,但是必要的称呼和问候也是不能少的。我常跟学生讲,你们给人家办公室打电话,一定要讲究必要的电话礼节。不知道对方是谁,学校里的人,叫一声老师总是没错的吧。一接通电话就说什么事什么事,会让人觉得很突兀,而且也不符合一名大学生的礼仪修养。

第三是别忘了自报家门。这一点很容易被人忽视。打电话的人往往心里总是念叨着自己要办的事,只管跟人打通了,就迫不及待地说事。但却没有意识到,有时候别人不一定能听出你的声音,再者,别人也不一定存了你的号码啊。我们看到,推销员打电话首先就是问候,然后紧接着就是自报家门。这样能够提高电话的通话效率,也不至于因为信息不明确而耽误事情。

第四是要注意打电话的时间。除了辅导员这个职业外,我想从事大多数职业的人都不愿意在私人时间接到公事电话。有些人公事和私事分得很清晰,工作是工作,生活是生活。当然,我们辅导员没有这方面的考虑,我们告诉学生自己 24 小时开机,准备随时接听你们的任何电话。但是我们给别人打电话,也要适当地考虑别人的感受,尊重别人的私人时间。如果因为公事,尽量不要在别人休息的时候打电话。尽管我们辅导员 24 小时开机,但是我们发现,辅导员接到午夜电话的频率与学生年级有很大的关系。大一辅导员接到午夜电话是常有的事情。有时候大一学生凌晨一点来电:"老师,超市在哪,我明天上午没课,想去买点东西。"这种电话对于大一辅导员来说很正常。但是大二、大三辅导员基本上就不会接到午夜电话了,除非有特别紧急的事情。这就说明,随着年龄的增长,学生越来越意识到了电话礼仪这件事情,越来越懂得从对方的角度考虑问题,这也是学生成熟的一种表现。

当然,最后我们需要注意的就是电话的结束语。如同一篇文章需要一个好的结尾一样,电话也需要画上一个完美的句号。我们常常听到电话推销员在听了我们的拒绝之后,仍然能够面带微笑地说"那谢谢您了,您不需要的话,就不打扰了,祝您生活愉快"。在日常生活中,我们切不可得到答案就顺手挂断电话,一定要对对方说一个简短的结束语,等对方清楚你要挂断电话时再决定结束通话,并且用上简短而亲切的告别语。

回音壁

"细节决定成败，态度决定高度"，不论是打电话、发短信，还是生活中待人接物，处处都体现出一个人的基本素养和个人魅力。学习也好，工作也罢，人与人能力上的差别并不明显，但为什么总有人比你略胜一筹？请记住，凡能成大事者，必然用心处理众人忽略的细枝末节，那不是吹毛求疵、小题大做，而是带给旁人不一样的感受，展示更加完美的自己。

（郑州大学力学与工程科学学院辅导员　郭喻楠）

算盘往事

今早,一条题为"中国珠算历时 5 年申遗成功成非物质文化遗产"的新闻勾起了我的往事,这个新闻如同作为新闻主角的珠算一样,近年来似乎从未得到过太多的关注,至于它上不上"非遗"名录,似乎也没有汪峰上不上头条那么让人关心。然而,世间事并不是你不关心就没有人关心,也并不是你不关心就显得不重要,冥冥之中,该来的,还是等来了。

这种可以称之为"世界上最古老计算机"的设备,在我老家我奶奶卧房的老衣柜顶上的犄角旮旯缝里还有两个,本来这设备有五台,后来搬来搬去的也就找不见了。

这些个老家伙什,曾经在我们的生产生活里扮演过非常重要的角色。大到我国"两弹一星"的研制(当时靠算盘完成了大量的运算),再到社会经济的运行,小到各家各户的生产生活、教育孩子等等,算盘都曾发挥了不可替代的作用。我依然清晰地记得小时候秋收之后,我父亲总会拿着算盘跟全家人一起算算当年的收成:打了多少谷子,稻种花了多少钱,化肥多少,雇人耕地多少,每亩地合成本多少,收益几何?父亲说,咱们农民种粮,心里得有个算盘。以至每年过年杀猪也都是会这样——算计。那时候不太懂得这里面的道理,觉得这样算算又不会多挣多少,何必浪费这个时间和精力呢?后来,自己成家立业了才知道原来这小小算盘里可蕴含着大大的生活哲学呢。

关于算盘,于我而言有很多往事,算盘里有喜悦,有恬静,有生活,其实也有遗憾。

我从5岁开始学珠算,那时候,父亲从学校辞职,买了辆拖拉机跑运输,疲于奔命之余,也没有放弃对我们家和伯伯家5个孩子的教育。他常常在拉完活回来后,给我们5个兄弟姊妹上课,自己涂的黑板,石膏板上掰的粉笔,一切都为了孩子们的出息。算盘,就是他锻炼我们的一个重要项目。

一开始是练36全,就是从1加到36,一边念口诀,一边拨珠子,"一上一,二上二下,三下五除二……"一直加到36就是666;练了一年,基本上三分钟不到就拨完了,后来就开始练100全,从1加到100,最后珠子上显示应该是5050。每周还有考试,等到100全能在5分钟完成的时候,就练双手打。最后,我大姐练到了可以把算盘举到头顶上完成36全,可谓是远近一绝。

但是,后来,家庭生活压力越来越大,我们也逐渐长大了,在打算盘这件事情上,父亲的精力逐渐远离了,随之而来的就是我们自己的惰性战胜了我们原有的天分,磨灭了我们日月积累下来的才华,后来,算盘就束之高阁了,我们遗忘了它,它也遗忘了我们……

到今天,看到这则新闻,我才想起,我小时候也是学过珠算的,打算盘也是村里数一数二的,可是,再看看现在的自己,多少事情同我曾经的珠算一样,落到了彼此遗忘的地步……

想必,人的惰性是天生的吧,就如那耕地的牛,把犁人在后面拿着棍子吆喝一声,抽一鞭子就往前走一步,不抽就不动,甚至有时抽了也不动。直到今天,我强烈地感觉到,如果一直以来,我都做一头奔跑的牛,不用理会吆喝和鞭子的刺激,而只是埋头坚持,不断前进,我想我定不辱没才华横溢这四字的称赞!

谨以此文与读者共勉,愿我们都做那头奔跑的牛!

回音壁

生活中不乏天资卓越的少年,但能将卓越才华发挥得淋漓尽致的却寥寥无几。与之相反,天资一般,但最终却成就非凡的例子也数不胜数。由此可见,天才并非只是天赋异禀,而是百分之一的天分和百分之九十九的汗水化合而成。我们不苛求人人都能成为天才,但绝不能因惰性浪费了上帝对我们的赋予和眷顾。

（郑州大学力学与工程科学学院辅导员　郭喻楠）

人与工具

"如果我没有及时回你短信,请不要生气;如果你打我电话一直处于关机状态,请不要着急;因为我们在玩'人机分离'的游戏。"新学期开学伊始,武昌理工学院推行课堂"人机分离"管理办法,严抓课堂玩手机现象。——《广州日报》这则《"大学课堂"人机分离》的消息,引起了我们办公室几个辅导员的共鸣。

学生上课玩手机已经成了我们大学课堂的一块心病。面对这个问题我们常常左右为难。放任不管,则影响课堂纪律和教学效果,过多干涉则又容易引来学生的吐槽,毕竟大学生已经不是中小学生,强制性的规定不够人性化,也有可能适得其反。就像这次武昌理工学院"人机分离"的尝试一样,也引来了学生不同声音的"吐槽"。先不论这样的规定是否科学有效,是否能够起到"有了这个规定,妈妈再也不用担心我的学习"这样的效果。单从上课玩手机这件事本身来看,就值得我们每个人好好地去思考一个问题,那就是人与工具的关系。

上课玩手机,开会玩手机,聚会玩手机,晚上睡觉玩手机——手机的普及一方面给我们带来了信息沟通上的便捷,但同时,它也越来越多地占据了我们生活的时间和空间,从而让我们对手机产生了依赖,甚至在某种程度上,现代人已经成了手机的奴隶。

这种局面的形成与互联网和移动智能网络终端的发展有着密不可分的联系。古希腊的物理学家阿基米德说过一句话:"给我一个支点,我能撬动地球。"他始终没有找到,但是现代人找到了,就是互联网。互联网改变了我们的世界、我们的生活模式和社交模式,让我们对时间、生活做出了新的安排和改变。数字媒体填补了原本空虚、无聊、发呆的时间,甚至侵占了原本应该用来工作、交谈和睡觉的时间。网络游戏里有最惊心动魄的战斗,微博可以引来数万人的关注,视频网站的电视剧不插播广告,网上商城 24 小时不打烊……网络声音让人不睹不快,一个人说他离开电脑去睡了,其实往往是躺在床上继续看手机。这就是我们现代人的生活状态。

马克思讲人之所以区别于动物的一个根本特征就在于人类会使用工具。可如今的情况却是工具开始控制我们人类。这让我们不得不重新思考人与工具的关系。可以说,没有工具、没有技术就没有我们人类的进步,但是科技和技术也是一把双刃剑,我们每一个人在工具面前一旦丧失了主动性,就难免迷失自我。

这让我想起网络游戏对于学生的影响。每一个人都需要有一个自我调节的载体,网络游戏便是一个不错的选择,适当地娱乐能够让我们得到一个出口,释放我们身上的压力。但是这种释放一旦超过了一定的度,就往往容易将这种操控的关系对调过来,从你操控游戏变成游戏操控你,最终沉迷网络,游戏人生。其实网络游戏与毒药之间就只有一线之隔,适度运用,它就是我们心灵的调节剂,一旦使用过度形成依赖,它就成了我们心灵的毒药。

是时候,重新检视我们自己,发现我们身上那些被工具所控制的点点滴滴了,重新找回那个从前的自己,那个理性的自己,那个质朴的自己吧。

回音壁

随着科技的快速发展,我们的生活也因此发生了很大的变化。但是科技对于人类就如同外源化合物一般,一旦忽视了剂量的概念,就会变成令人恐惧的毒物。我们生活在被科技大面积渗透的世界里,过度依赖科技就如同爱上了罂粟一般让人无法自拔。科技本应服务于人,但如今却是人们受控于科技。我们应该清醒地认识到这样的现状,并找回控制者的身份,唤回那个清醒理智的自己。

（郑州大学力学与工程科学学院辅导员　郭喻楠）

"总的来说"

2014 年春晚，歌手郝云的一首《群发的我不回》让人耳目一新。元宵晚会，郝云携作品《总的来说》再次登台。虽然这首《总的来说》没有像《群发》一样引起轰动，但是却让我们开始注意到生活中这个常常不经意间就会运用到的词语。仔细推敲起来，我觉得"总的来说"简直就蕴含了我们工作生活中的大哲学。

从字面上讲，总的来说，显然就是总结的意思。我们常常会在各种场合各种情形下用到这个词语。比如领导讲话，在讲了一堆事情之后，最后总是要"总的来说"那么总结一下，重申主要观点，突出注意事项，以加强讲话的效果。这就有一个好处，如果前面的东西你没有认真听，或者有时因为内容过多而没有听清楚主要思想，这个时候，"总的来说"就会发挥作用，让你在最短的时间明确最精简的思想。可见，总结是很实用的。

我甚至觉得总结是一个最伟大的工具。支持这一观点主要有几个理由。牛顿曾说过："如果说我能看得更远一些，那是因为我站在巨人的肩膀上。"从力学思想的发展来看，牛顿确实是在总结上下了功夫，在前人理论的基础上进行了总结，形成了牛顿三定律。还有马克思主义哲学思想也是在马克思吸收总结了德国古典哲学思想的基础上发展和创造的。很多成果的取得都与"总结"有着不解之缘。可见总结是一个伟大的工具。我们也常常将这个工具运用到工作当中。但这也是我们常常容易忽略和轻视的一个工具。比如每学年结束，我们都要做工作总结和述职报告。而作为辅导员,我们也常常布置学生对自己一年的学习生活进行总结,写写感悟。本来是一件很好的事情,但是每个人对待总结的态度却不尽相同。有些人没有意识到总结的重要性,所以在做总结时就难免采取应付式的态度,没有把"总结"这件事情放到心上。这样的态度很难对我们的工作进步和个人成长产生积极的作用。曾子曰,"吾日三省吾身",圣人尚且一天都三番五次地总结反省自己,可见,我们凡夫俗子时常自我总结一下,调整状态也是很有必要的。

所以,听完这首《总的来说》之后,我希望我的每个学生都能够切实养成时常自我总结的习惯,从总结中不断提升自己,超越自己,让"总的来说"成为常态,帮助我们的成长。

回音壁

每当你在为写工作总结而抓耳挠腮、咬笔头的时候,你是否认真注意到"总结"对于我们生活和工作的促进作用?作者的一番话让我意识到了"总结"的伟大之处。其实生活中、工作中,我们常常都在有意无意地做着自我总结,有所区别的是,有的人将总结和自省上升到了"方法论"的高度,而有的人却还在本着完成任务的心态写总结。生活中有很多老师,我们的每一次经历、每一个阶段都可以成为我们未来前进路上的老师,昂首向前是一种积极向上的态度,及时总结是一种查漏补缺的能力。不论时间多么紧张,都别忘了停下脚步看看来时的路,那些坑洼与泥泞,记录着曾经的挫折,也指引着前方的光明,总的来说,常常总结是一个不错的习惯。

(郑州大学教育系团委书记　吉慧芳)

不要滥用你的建议

在工作中我们常常遇到这样的场景：一个学生过来向你倾诉自己因为与男朋友的一些莫名琐事而感到苦恼，于是你安慰她，帮她分析状况，然后很专业地给出了很多你作为"过来人"的建议，然后你满怀自信地认为这样就解决了问题。

但是，问题真的解决了吗？她会真的按照你给的建议去做吗？这样标准化的程式貌似没有任何问题，但有时候却并不能起到什么实质性的作用。也许你不会认同我的观点，但不可否认的是，我们常常在执行了以上开导程序之后，还是会听到学生这样的回应："老师，您说的这些我都知道，但是……"一个经典的"yes… but…"反应摆在了我们的面前。

生活中，我们常常都会遭遇这个"yes… but…"反应。有的人，不论你提出什么样的建议他都会用这个反应来反驳。你给出一个从你的角度上认为非常符合逻辑的回答，当事人并不一定完全反对，也就是"yes…"部分，但紧随之而来的就是会有一个"but…"的部分，指出你说的怎么怎么不合适、怎么怎么做不到等等。这种反应很普遍，尤其是在需要当事人做出变化的时候。

为什么会这样呢？其实，问题的根源很简单。我们需要明白的是，很多时候学生过来找你倾诉一些不常言说的烦恼，这个时候他也许压根就不需要你的什么建议，他更加在乎的其实是你的倾听和理解。这并非一个随意的观点，而是有心理学理论作为支撑的。弗洛伊德的心理治疗就建立在倾听之上,他提出对病人进行长时间的倾听,而不是给他们提建议或要求,这种技术令病人和心理治疗师都获益匪浅,奠定了现代大多数心理治疗的基础。

在我们与学生谈心谈话的实践中也印证了这一方法的有效性。当我们全身心地投入到学生的情绪当中,真诚地倾听他们心中的故事,并及时给予表情和言语上的回应,这个时候学生往往能够得到很多的释放。这也就是我们经常听学生说的:"老师,跟您说完之后,我心里轻松多了。"所以,对于我们辅导员来说,当好一名倾听者,有时候比给出建议更加具有意义。

当然,并不是说,所有的谈话都不需要给出建议。很多情况下,我们作为老师还是要给学生作出指导的,特别是在学生明确向你咨询这件事情该如何处理时。但是,我们也常常陷入到另外一个误区,那就是以一名资深人士的姿态告诉学生,你应该怎么去做。事实上,这样的建议有一定的风险。因为你给出的建议不一定适合学生处理这件事情,并且有可能在学生的诉说中,他遗漏或隐藏了一些事件的关键信息而影响了你对事情的判断。所以,我们应该慎重对待我们的建议。一个重要的标准就是,在与学生的谈话中,我们要做得更多的是帮助学生给出应对某件事情的各种可能性,然后让他自己去选择如何去做,而不是你直接告诉他应该怎么做。

回音壁

苏联教育家霍姆林斯基曾说,"在人的心灵深处,都有一种根深蒂固的需要,那就是希望自己是个发现者、创造者、探索者",而了解这种需要的最佳途径就是倾听。倾听是一门艺术,一种修养,更是一门学问。用心倾听,就是对他人最好的关心和爱护,我们难以改变对方的处境,却能赢得他人的心。懂得倾听,有时比建议更重要。

（郑州大学教育系团委书记　吉慧芳）

对"西游记团队"的冷思考

刚开始做辅导员的时候,我曾虚心向老辅导员们请教工作经验和技巧,在前辈们的金玉良言中,很多都提到了学生干部团队的重要性。一个辅导员要想把年级的事情做好,一方面要自己积极谋划,搞好顶层设计;另一方面,要注重打造团队、培养团队、依靠团队。

这段时间以来,在工作中,我也常常感觉到团队建设的重要和不易,一直在想办法搞好学生干部的团队建设,也看了一些关于团队建设的著作和文章。马云先生的"西游记团队理论"就让人印象深刻。在马云看来,"唐僧唠唠叨叨什么能力没有,但目标明确,也很执着,是个不错的领导;孙悟空虽然毛病多,但是能力强,是团队的技术骨干,不可或缺;猪八戒虽然懒一点,但积极乐观有幽默感,心态不错;沙和尚太妙了,别给我讲瞎理想,实实在在上班。这四个人合在一起形成中国最完美的团队"。也许是鉴于马云先生的赫赫名声,自"西游记团队理论"抛出后,一时间崇拜者甚多。

但是,凡事都有两面性,有时候,我们只看到问题的表面,而没有看到问题的背面。这就好比月亮在天上转,由于地球和月球之间的潮汐力有效地使月球的自转减缓,使得月球总是以同一面朝向着地球,所以从地球上人们始终看不到月亮的背面。在"西游记团队理论"这一问题上,马云先生身上的光环就是那无形的潮汐力,今天,我们就试图破解这一无形的力量,解开这"月亮的背面",对"西游记团队理论"来一个180度的冷思考。

首先,唐僧不是一个好领导

唐僧作为大唐高僧,想必佛学专业知识是十分了得的,但是管理方面的理论和操作却需要大补。这就好比我们辅导员,现在招聘辅导员都没有专业限制,像我理学出身,干思想政治教育工作,一开始纯粹就是个外行,这就需要我们狠补思政理论、管理学、教育学、心理学、社会学等方面的内容。唐僧这个人呢,理想信念坚定,目标明确并且非常执着,但是在管理上却老是犯错误。老孙本领最高,贡献也很大,每次开路都走在最前面,没饭吃了,也是第一个先去化缘,遇到凶险总是冲在前面,但唐僧对他的信任却非常之不足,所谓疑人不用,用人不疑,唐僧一次次忠奸不辨,让忠心耿耿的悟空伤透了心。而对于干活时偷奸耍滑、拈轻怕重的八戒却由于其嘴皮子甜而对他信任有加。对于勤勤恳恳的老沙和小白龙呢,唐僧好像觉得人家勤恳就是理所应当的,从来也没有想过要表扬一番。这是典型的不懂激励。试想,如此赏罚不明、不懂激励的领导怎么能成为一个好领导,怎么能带好一个团队呢? 怪不得每次遇到困难,最后总是得求助上级才能顺利脱困。

其次,"紧箍咒"好经念歪了

人无完人,优秀的人才有时候也有自己的缺点,比如高傲、桀骜不驯,孙悟空就是这样,为了能让唐僧管住孙悟空,观音菩萨给孙悟空戴上了金刚圈,传授了唐僧"紧箍咒",目的在于让团队成员的行动在唐僧这个主管的掌控之中。这本来是个好事,自由发挥是好的,但也不能随意自由发挥,一定要在可控的范围之内。而唐僧却没有用好这个宝物,回顾整部小说,唐僧在"紧箍咒"这件事情上总是错多对少,没有用得恰到好处。而说来也怪,只要一念"紧箍咒",孙悟空这个旷世奇才瞬间就成了"瘦猴",什么精怪都能制住它。所以,我们一方面要设定一定的规矩和框架,另一方面又要团队成员放手去做,关键就是要把握这个度。就好比每次悟空去化缘时总是会给唐僧画一个圈,只要在这个圈里活动就确保不会出现大的问题。我们在学生工作中,也是这样,完成一项工作或者办一项活动,我们可以给学生干部画一个圈,这个圈子要画得不大不小,既要保证事情不越界,能办成,又要保证同学们在圈子里有足够发挥能力的空间,不要事事规定得太过于细致,束缚了同学们的创造力。事实证明,很多时候,当辅导员把活动意图和目的效果交代清楚给学生干部团队让他们自行策划完成时,他们都能够交出来一份令人惊喜的成绩。

最后,西游记团队的硬伤在于"不长记性"

纵观整部《西游记》,师徒历经九九八十一难终于取得真经,造福黎民百姓。吴承恩设计九九八十一难也许有佛学上"九九归一"的考虑,但是,要是从整个西游记团队的表现来看,我觉得,别说八十一难,只怕八百一十难也很难搞定取经那点事。原因就在于,这是一个"不长记性"的团队。每一回都是遇到困难,尝试解决,解决失败,上级帮忙,然后脱困,但问题就是,在这一系列环节中却严重缺失了回顾总结这一重要环节。问题解决了就解决了,继续"你挑着担,我牵着马"上路,从来也没有见到唐僧让大家停下来开个总结会,分析一下上次是怎么被妖怪捉去的,团队成员有什么失误,如何避免下一次再犯同样的错误。于是,我们看到,每一集都会有一个妖怪,略施小计就把唐僧抓走了。一个不懂得总结经验的团队是没有出路的,也是注定干不成事的。所以,当我们放手让学生去干一些事情,干得好了,我们要总结好在哪里,哪些好的工作方法要如何继续传承和发扬;干得不好了,要总结问题出在哪里,薄弱环节在哪,如何避免和提高——只有这样,我们才能促进团队不断进步,才能提升团队解决问题的能力,才能促进团队成员和整体的发展。

学生干部,毕竟还是学生,各方面能力和经验还需要不断地锻炼和培养,做辅导员的,要想带好团队,首先还是要对团队有信心,就像观音菩萨对待唐僧团队一样,尽管每次都要她收场,菩萨也没有怪罪和解散团队,而是继续鼓励他们不断向西前行。唐僧团队有他们闪光的地方,但也有不足之处,分析总结一下,对于我们的工作还是有好处的。

回音壁

一部《西游记》引发了管理者的多种解读。在实际工作中,团队建设之所以困难,是因为团队中每个人的差异性和独特性。一个优秀的管理者须知人善用、奖惩有度,既不偏听偏信,也不优柔寡断,善于挖掘每位成员的长处,实现能力最大化。人非圣贤,我们都需要在磨砺中成长,从失败中崛起,不断超越过去的自己,学会做一个更加出色的领队。

(郑州大学护理学院辅导员　范媛媛)

新形势下辅导员的"学生观"

最近这些年,随着高校大学生的"90后"化,90后、95后已经成为了大学生的主力,随之而来的就是关于90后大学生教育引导的大讨论。似乎现在的思想政治工作一直都绕不开一个话题,那就是90后、95后大学生的特点究竟是什么,怎么样针对性地做好这些学生的思想政治工作,网络社交媒体对他们的影响究竟如何,如何引导和把握。由此,讨论来讨论去,我们常常也会发出这样的感叹,那就是:现在的学生变了。

是啊,学生确实变了,从80后到90后、95后,成长的时代背景不一样,成长轨迹不一样,他们的思想、行为习惯、价值理念、思考方式也有一定的差别。随着学生发生变化,我们辅导员的学生观也该变了。可以说,当今形势下,我们已经进入了一个学生"反哺"老师的时代。

从传统的角度来讲,我们常常会以一种这样的姿态来看待学生,叫做"不听老人言,吃亏在眼前"。在学生面前,我们永远都是高高在上的教育者,学生就是不谙世事的孩子,需要我们的经验和指导来打磨。而现在的情况在某种程度上却是一种颠覆。在当今的互联网世界,60后和70后甚至80后已经成为"被拍在沙滩上"的一代,甚至说得严重一点,有时候已经成为被嘲笑的一代。网络时代的孩子们用他们的技术视野和超前的思维,用我们这些传统的"老家伙"所听不懂的语言来描绘一个他们眼中的世界。你读不懂,但你却无法阻挡时代进步的趋势——"世界是你们的,也是我们的,但终究是你们年轻人的!"

那我们不禁要问,在这样的形势下,我们应该如何来看待这些学生? 我们应该用什么样的态度来对待这些学生? 这就是我们当前新形势下辅导员树立"新的学生观"所要解决的问题。

我想,新形势下,辅导员和学生应该是一个成长的共同体,我们应该把学生看作合作者,我们共同来认识和开发这个世界,在这个过程中帮助我们的学生实现自己的人生价值和社会价值。对于我们的学生来说,他们在某些方面的确具有先人一步的视角和敏锐的观察力,我们需要用好学生的能力,并且最大限度地发挥他们的潜力。比如,辅导员要做一个中国梦的主题活动,如果在传统学生观的作用下,辅导员按照传统思路设置活动环节,然后布置学生参加,学生做做典型发言,写写活动感想,也许能够起到很好的灌输作用,却无法使我们的教育达到入脑入心。而在新的学生观下,我们以学生为合作对象,注重发挥学生的主观能动作用,辅导员只讲活动意向,策划全部由学生团队来设计,具体执行也全部由学生来操作,辅导员起协调和方向控制的作用。在这种情况下出来的活动,往往能起到意想不到的效果。由于一切都由学生来主导,在本身设计、参与活动的过程中,学生的意志就已经得到充分的考虑,因此,实施起来,也能够起到很好的入脑入心的效果。

但是,我们也清晰地看到,对于学生来说,很多方面是他们所无法抢先获得的,比如人生阅历、理性思维、价值尺度的把握。这就需要我们辅导员在与学生的合作中对其进行整合和渗透,需要我们在当前这个碎片化、微时代、浅阅读的时代,把蒙在学生思想上的层层迷雾拨开,用我们的人生阅历和知识体系来帮助年轻人在实践体验中来正确认识世界,开发世界和改造世界,从而促进我们的合作伙伴健康成长,同时也激发我们的灵感,推动我们工作的进步。

回音壁

"人不能两次跨入同一条河流",这句话告诉我们,世界的本质只有一个字,那就是"变"。这个世界无时无刻不在发生着变化。联系到学生工作,我们每一个辅导员都应该意识到两点变化。一是我们的学生变了。青年大学生的成长环境,他们所处的时代环境都在发生着变化,与此相对应的,是我们辅导员的学生观。新的时代、新的学生群体,我们的学生观也要与时俱进。作者正是看到了这种变化,提出了新形势下辅导员的学生观,让人耳目一新。除此之外,学生的变化也在不断地要求我们的工作方式和手段要不断地变化,这就是我们一直在讲的,要不断创新方式和手段,有效地拓宽大学生思想政治教育的途径。

（郑州大学护理学院辅导员　范媛媛）

从"元芳，你怎么看"来谈谈辅导员的议事和用人

元芳最近很忙，上到国家大事，下到百姓家常，大事小事都要他来看，风头直逼当红作家莫言。说李大人日理万机那可真是有点估计失误，据统计，元芳最忙的时候，平均一天在微博上被发问 250 万次之多，再这么下去李大人怕是要被忙死了。然而，即便是李大人面临的形势如此严峻，人民群众特别是广大网民同志却一点都没有怜香惜玉的情怀，各种"元芳，你怎么看"的问题，仍然不断抛出。当前，元芳这么火，我相信同学们和辅导员同事们也有很多问题想问问元芳。但是，我想说的是，无论我们有多少问题想问元芳，也无论元芳有多忙，我们都不应该只是把这件事情当成一种调侃，而应该思考一些其后面蕴含着的道理和智慧。本文就从"元芳体"出发，结合辅导员的工作实际，具体的谈一谈辅导员的议事和用人，同时也对学生干部的培养发表一些拙见，同各位看官分享。

一、先构建一个分析模型

在高校学生工作中，一个辅导员相对应地负责一个年级的工作，按照教育部的规定是 1：200 的比例进行配置，也就是说 1 个辅导员和 200 名左右的学生构成一个学生工作集体。在这一个集体里，可以分成三个层级：第一层是辅导员，他是年级事务的主要决策者和管理者；第二层是学生干部，他们一方面是班级事务的主要决策者和组织者，另

257

一方面又是辅导员管理年级事务的主要执行者和参谋人,辅导员需要他们为年级事务出谋划策;第三层次是普通同学,他们是年级事务的参与者,也是发出评论声音最多的一个群体。这三个层级中的人物与《神探狄仁杰》之人物对应关系为:辅导员对应狄大人;学生干部对应作为狄大人助手的元芳和曾泰等人;普通同学对应黎民百姓。狄大人作为钦差大臣,他亲赴各地体察民情,查办案件,大事小事,日理万机,自然少不了元芳、曾泰等这样一批得力助手来协助。这样才能把事情办好,为黎民百姓造福。同样的道理,辅导员作为一个年级的指导老师,他的工作涉及广大学生学习、生活等方方面面的事务,因此,他也特别需要班干部来出谋划策,来执行决策,这样才能把年级的事情做好,让学生满意,促学生成长。因此,我们就可以在这个模型下,来对应地分析辅导员的议事和用人。

二、相对应地进行分析

第一,"元芳,你怎么看"——狄大人告诉我们要谦逊和民主。每逢重案要案,狄大人对案情的分析和判断并非只是完全处于个人的思考而形成观点。他总是十分谦逊地问"元芳,你怎么看"。这体现出狄大人分析问题的两个良好习惯。一是及时听取下属意见;二是不独断专行。对应到我们辅导员的工作中,我们也必须学习狄大人的作风,做到两个方面:一是凡是重大决策多听听学生干部的意见,因为他们比较了解班级的工作和情况,以便科学决策;二是要俯下身子做事,不要高高在上,独断专行,涉及学生利益的一切事务要充分发挥民主。举个例子来更好地说明这个道理:比如,推荐优秀学生免试读研究生这项工作。学校对如何做好这项工作已经有大致的框架和方向,辅导员在执行的时候就是要在大框架的前提下考虑本年级该怎么执行。比如,按综合成绩排的话,有些同学课外获奖的可不可以加分?怎样加分?加多少?……这些问题都要民主讨论。这个时候,辅导员就需要听听年级学生干部的意见,听听大家对此事怎么看?听完了之后,又要根据大家的意见进行综合考虑,在框架范围内决定该怎么办的问题,而不是独断专行地设计好规则就执行。

第二,凡事问元芳——狄大人,您没有选对最合适的咨询对象。狄大人有两个得力助手,一个是元芳,一个是曾泰。元芳武举出身,武艺高强,忠心耿耿,是狄大人的贴身护卫,强处在武功。曾泰,文官出身,是狄大人的嫡系弟子,科班出身,强在专业知识。而令人费解的问题却是狄大人作为一个如此高明的"神人"却屡犯低级错误,遇到重大问题,总是选择听取武官出身的元芳的意见而非科班出身的曾泰。由于不对路数,所以,经常只能得到"大人,此事必有蹊跷"的回答。这就告诉我们,作为决策者,在咨询问题时一定要选对对象。学生干部也分很多类型,从工作实践中我发现,有些学生干部执行力强,但掌握情况、分析和看待问题的能力却相对较弱,这些干部就相当于武将元芳,比较适合做执行方面的工作,而不适合做咨询。而有一些干部却思维活跃,凡事能说出个一二三,这些学生干部就相当于曾泰,比较适合做咨询。这就是说,咨询问题要找对口的。举个例子,年级学风建设出现了问题,许多同学挂科,辅导员要问班干部怎么看。那么该先找谁谈呢?班长固然重要,但我们还有学习委员啊,学习委员对于大家学习上的事情应该是掌握的最全面的,也最知道该怎样采取措施。所以我们应该召开学习委员座谈会,深入了解情况,讨论问题。当然,也可以让班长和其他班干部甚至普通同学列席参加。这就是说,咨询问题应该先找最对口的人。

第三,首先想到问元芳——狄大人,您用人不能凭感情。狄大人议事虽然大多时候问元芳,但有时候也问曾泰等其他人。但他每次首先想到的总是问元芳。为什么呢?因为狄大人用人有点感情用事,这是不科学的。由于元芳是狄大人的贴身护卫,跟随多年,出生入死,两人建立了深厚的感情。所以在出现任何案件时第一时间想到的就是元芳会怎么看。这就是用人凭感情的表现。因为刚刚讲过,专业性的问题,曾泰可能更适合做参谋。具体对应到我们学生工作中,辅导员也经常会犯这样的错误。比如,学生干部中,年级长是与辅导员工作上沟通最多的年级干部,在长期的工作中,辅导员和年级长达成了许多方面的默契,也建立了比其他干部更深厚的感情。所以很多时候,辅导员就会情不自禁地先听年级长的意见,而忽视了其他可能更加掌握情况的干部的意见。同样,学生干部和普通同学之间也存在这样的情况。由于学生干部和辅导员走得近,所以很多事情辅导员都喜欢找学生干部了解情况,而忽略了普通同学的想法。因此,总结狄大人的教训以及我们的实际工作经验,可以得出这样的启示:我们议事用人,不能凭感情,不能只问跟我们辅导员走得近的学生干部的意见,而应该从多方面了解情况,特别要注重直接从普通同学那里了解情况,这样才能更加客观、公正、全面地了解情况,以避免犯主观主义的错误。

结语:从元芳你怎么看,延伸到学生干部的培养。撇开剧情,单从"元芳你怎么看"上来分析,狄大人广开言路,善于听取意见的做法是科学的,但他也犯了几个明显的错误。这给我们的启示是,作为辅导员,应该科学议事和用人。这就要求我们培养一批善于发现问题、善于总结、分析问题、善于提出建议的"元芳";而不是凡事只问元芳,从而避免每问必"此事必有蹊跷"的情况。具体而言,就是对学生干部的任用要做到用人唯贤,而不主观行事,不凭感情用人;对学生干部的培养要做到因材施教,各展所长,既要培养其"元芳"式的执行力,又要培养其"曾泰"式的参谋力。

回音壁

刘邦曾说过:"夫运筹帷幄之中,决胜千里之外,吾不如子房;镇国家,抚百姓,给馈饷,不绝粮道,吾不如萧何;连百万之军,战必胜,攻必取,吾不如韩信。此三者,皆人杰。吾能用之,此吾所以取天下。"从中可以看出一个优秀的领导者不必才略过人,关键是要会识人、用人,并且做到用人的多样性、合理性和平等性。辅导员用好学生干部,科学议事,是我们处理学生事务,提升工作质量的重要方面,作者从一句网络流行语出发,关联到学生工作中的点滴,角度新颖,让人颇有启发。

(郑州大学护理学院辅导员　范媛媛)

谈谈学生的执行力

最近的一些事情让我不得不深思学生执行力的问题。有时候明明交代很清楚的事情，同学们就是做不好，这让人很头疼。比如，放假前就已经布置大家要在开学的第一周内准备好用于年俗文化分享的PPT并且确定每个宿舍分享的人选。可到了要求年级干部报情况表时，很多事情还是没有得到落实。问题到底出在哪里？是我交代的不够清楚，还是学生干部没有上心，抑或是我们只能责怪学生太懒？我想事情没有那么简单。

刚开始做辅导员的时候，我们总是会栽一些跟头的。有时候将问题想得太简单，就容易出问题。比如，为了备考四六级，宣布从某一天起开启全年级晨读活动，虽然同学们不太乐意，但是以为事情出发点都是为同学们好，既能养成早起的好习惯又能复习备考，是一举两得的好事，并且年级和班级干部也都讨论通过统一实行，那么就放心大胆地交给几个班长去组织吧。如果这样做甩手掌柜，事情往往得不到想要的结果。事实也证明，一项工作如果不去亲自监督、过问、不设立严格的奖惩推进制度就难以得到落实，甚至不了了之。

这样的情况，在工作中常常出现。就像开头提到的那件烦心事，你早就布置好了任务，可一到收网的时候同学们就有各种理由，有的说忘了，有的说太忙，有的说电脑重装课件丢了，反正就是交不齐全。这样的情况，我们怪学生干部不上心，怪同学们不听话，我想这些都不如怪自己不懂管理。也就是说，学生没有执行力，不是学生的问题，而是我们辅导员自己的事情。

这件事情，我也是想了很久才想通。当然，中间还有高人提点。有一回一同学结婚，早早就订好了日子给我们打电话发短信，一看时间还早就都没有刻意放在心上，想着到时候再说吧。果然快到临近办喜事的前两天，又收到了这位同学的短信，一看信息才猛然记起人家结婚的事情，不禁感叹，好险啊，要不是人家细心提醒，这事肯定就这么忘了。所以，我们布置给学生的事情也是一样。你把事情交代下去了，要不时地提醒和过问，人总是有惰性的，把事情忘了，或者拖延了都是常有的事，但若是有个人不时地在后面提醒和鞭策，就没有那么容易忘，也有动力去克服那种惰性。这跟农民耕田鞭打快牛是一回事。

经过这么一想，以后的事情我就多了一些过程的控制。比如，同样布置暑假寒假作业，我就会多考虑同学们的情况，在临近假期结束前，发短信提醒大家作业的事情，在开学后做一次摸底情况，完成得如何，还存在哪些问题，做到心中有数，结果可控。

有人会说，这样的管理其实是一种很低级的管理方法，事必躬亲，谁不会啊，可啥事都自己亲自做，你忙得过来吗？其实事情并不是这样，我们加强对工作的过程控制并不等于事事都自己做。这二者之间有着本质的区别。其实我所向往的管理最高境界是无为而治。但是要实现无为而治就需要有一系列的"有为"来作为前期的铺垫和保障。对于某一类型的工作，一开始多过问，多督促，让同学们逐渐了解并且适应了你的规则和风格，久而久之，就能形成一种文化。当然这需要制度来做保障。比如，每次年级会我都要求不得缺席，有事要亲自跟我请假。一开始总是落实不下去。后来，我就想了办法，凡是不按要求履行请假手续的同学，一律按照纪律处分并且在年级会现场电话联系去向。这样做了几次后，同学们就建立了一种年级会要认真对待的意识，没人敢打马虎眼。以后的年级会也很少出现无故缺席的情况。

所以,归根到底,很多时候,学生执行不下去,往往都是我们管理没有到位,要么是理念没到位,要么是行动不到位,要想当甩手掌柜,做个无为而治的辅导员,还得把前期工作做扎实,做细致。

回音壁

世界上不乏有想法的人,缺的是执行力强的人。就执行力而言,可将人群分为三种:1.主动型——善于观察、思考,愿意主动探索,往往成为世界的宠儿,人数颇少;2.计划型——对于交代的任务能够有计划地、有条理地完成,经常是各个领域的精英;3.被动型——直到最后的期限才匆匆行动,需要合适的监督机制来催促。大多数人属于被动型。有时候,平凡与卓越,只是习惯的差别。

(郑州大学护理学院辅导员　范媛媛)

建立学生的判断体系

　　今天，一个学生过来找我，谈起了寒假在上海一家工厂打工的经历。作为临时招聘过来的假期工，她们被补充到了急缺人手的一条流水线上，与以前的一些老员工一起工作。说是老员工其实年纪也与她们差不多大。不同的是，这些老员工大都是早早辍学出来工作，而她们却还有一个大学生的身份。

　　这位同学向我描述了她们之间的一次闲聊。在得知她们是大学生后，这些老员工们表现出了羡慕和兴趣，然后又问是哪个专业。我学生回答预防医学，于是就得到了对方"哦，就是打预防针的"这样的回应。对于这个反应，我学生说自己有点失望和悲观，进而又想到了学预防的出路问题。很多家长都不看好预防医学，觉得学预防出来后待遇不好，前途渺茫。而自己平常也经常上网查找这方面的资料，看到关于学预防的很多悲观的言论，于是就很迷茫起来。不知道到底该如何来看待自己所学的专业。

　　面对这个学生的困惑，我开始逐步给她解答。我先是给她讲了疾病预防控制事业的重要意义以及国家对这项事业的重视程度，然后我又给她讲解了预防医学的专业设置、学科发展的方向，最后又结合最近几届毕业生的就业情况讲解了预防医学的就业前景和就业方向等问题。听完之后，学生似乎有所理解和收获。但是，我发现这样的一个过程并没有完全解决学生的问题。其实，所有我讲的这些东西平时在各种场合都系统地讲过，并且很多信息都能够在网上轻松地检索到。学生说,她自己都听了也都看过,但是相对于这些讲解,她更加容易被那些说预防不好的言论所影响。

这就让我不得不反思一个问题,那就是我们的教育所欠缺的对学生独立思考和科学判断能力的培养。

有时候,人们对于一件事情的看法往往容易被别人牵着鼻子走。就拿这位同学来讲,我问她当别人说预防不好的时候,你有没有去了解这个人为什么说预防不好,你有没有想过这个说预防不好的人他是一种什么样的状态,他是从事预防医学相关研究和工作的吗?如果不是,那么他的言论又有何参考意义呢。如果是的话你有没有想过他在预防医学领域是从事什么层次的工作?是业务骨干、专家还是普通职员,是在疾控系统、卫生保健系统还是教育系统,层次不同、工作性质不同,对整个专业的认识就不同。对于这些,她回答到她自己并没有去深究过,只是看到别人说不好,而且说的人不少,就理所当然地觉得不好。

这样的情况,让我感到担忧。我看到我们一些学生虽然能够在考试中考一个好的分数,能够拿奖学金,能够证明自己的优秀,但有时候却缺少对事物的独立思考和系统判断。遇到问题容易人云亦云而忽略了自己,没有去用心求证、查阅资料、分析资料以形成对问题的客观认识和判断。当今世界,信息过剩已经是事实,这一方面是社会进步的一种表现,而另一方面也对人们认识世界提出了更高的要求。对于一个问题有多种不同的说法和解释,有多种不同的观点和解答,这就需要我们建立自己的判断体系,从众多的信息中甄别筛选出有用的信息,建立对事物的客观判断。对于我们学生工作者而言,培养学生分析问题的能力,帮助他们建立一个科学的价值判断体系就显得尤为重要。

回音壁

　　大学生正处在知识不断增长，个人价值观和人生观逐渐形成并且走向成熟的阶段。在这个阶段里，他们思想活跃，视野开阔，对于新事物、新知识、新潮流有着独特的敏感性。但是，我们也看到，大学生在一定程度上缺乏对事物的审慎分析和思考判断，特别是在互联网飞速发展的今天，这种独立而科学的判断能力对于大学生的全面发展和健康成长尤为重要，我们的教育不仅要传授知识，同时也要帮助大学生建立一个科学合理的价值判断体系。

（郑州大学公共卫生学院辅导员　　薛源）

截止日期：被拖延的生产力

截止日期就是第一生产力。这是一个让人充满无奈的论断。

常常接到学生这样的电话：

"老师，重修申请今天最后一天，我系统登不上怎么办？"

"老师，思想汇报最迟什么时候交？"

有时候，我们也常常深陷这样的困局：

"学生奖助学金信息统计截止日期本周三，请各位老师抓紧按要求上报。"

"理论研讨会论文提交事宜已经在网上公布截止日期，请各位老师安排好工作，及时提交论文。"

……

无论是学生还是老师，无论是工作中还是生活中，截止日期似乎已经成为我们一个重要的压力来源。有时候面对这个可怕的日期，我们常常急得像热锅上的蚂蚁；有时候，为了对付这个可怕的日期我们不得不废寝忘食；有时候当我们以自己都难以想象的速度在短时间内完成任务交差，顺利度过"截止日期"危机时，又会不知不觉陷入压力就是动力的怪圈。

可是，这样正常吗？

仔细想想，其实我们大没有必要让"截止日期"把我们的学习生活搞得一团糟。很多事情，其实做起来并没有那么困难，之所以迟迟下不了手，拖延到截止日期，大都是我们自身缺乏一定的事务管理能力。

一是畏难心理。有时候面对一项任务和工作,我们还没有动手,就被它吓住了,以为事情做起来会很难,就自然而然地不想去触碰,能拖多久就拖多久,非到最后一刻,实在没办法了才去做。对于这种情况,其实我们最好的办法就是先尝试着去开个头。无论事情如何,你不能把它放在那里,一放常常就是无限期的搁置。所以一定要第一时间启动它,已启动就进入了我们的工作日程,然后你一小步一小步地去完成,这样就不会被"截止日期"逼得无路可走。

二是被无用的考虑绊住了手脚。我们常常有这样的体验。比如说,我现在写这篇文章,一开始定下题目,就是要写拖延这个话题。怎么写,于是我开始上网查资料,看别人的观点,一会看看这,觉得不错;一会看看那,觉得也还可以。看来看去,网上翻了半天,信息一大堆,就是没有形成自己的思考,对写作也没有任何好处,最后还是不得不静下心来自己定思路。这就是典型的被无用信息绊住了手脚。这就要求我们在工作中要排除那种来自自己的主动性的干扰,不要朝三暮四,一会想着干这,一会想着干那,一定要对自己的工作有个协调安排。每天列个任务表就是个不错的选择。

还有一个让我们快速行动的方法就是整理我们的桌子。每个人都有一张办公桌。其实有时候观察一个人的工作效率,只需要看看这张小小的办公桌就可见一斑。很多人办公桌上一团糟,通讯录、便笺纸、报纸、笔记本、各种有墨水没墨水的笔头,甚至早上没来得及吃的面包、牛奶一应俱全。小小办公桌,可谓是生活工作的百宝箱,啥东西都有,但没有一样东西是能够在 5 秒钟之内找到的。这就是工作缺乏头绪的表现,对手头的事情没有合理的计划,有时候把事情忘光了也是常有的事。面对这样的情况,我们不妨从整理办公桌做起,先治理好桌上的方寸天地,逐渐养成凡事规规矩矩,有条有理的做事习惯,对于我们对抗

"截止日期"有不小的帮助。

截止日期现象有时候很不起眼,但我们却常常被他们困扰着,成为我们工作生活中压力的制造者,我们应该对此予以重视,积极对抗拖延,改造我们的"生产力"。

回音壁

时间管理是一个永远不会过时的话题,大到国家的长期发展规划,小到个人每天的生活计划。一个成功的企业是不主张员工加班的,一个优秀的老师是不会拖堂的,一个聪明的人也不允许自己的生活一团糟,因为一切都按计划有条不紊地进行着,尽在掌控之中。与其每天毫无头绪地忙碌,倒不如静下心来做个合理的时间规划,往往事半功倍。对于学生如此,对于千头万绪的辅导员工作也是如此。

(郑州大学公共卫生学院辅导员 薛源)

没有努力就没有奇迹

在索契冬奥会的赛场上,李坚柔为中国代表团夺得首金。戏剧性的夺冠引来了一些人的议论,有人觉得李坚柔是"逆袭夺冠""奇迹夺冠",觉得坚柔的成功纯属运气,甚至有人直言不讳:李坚柔的金牌是捡来的。面对各种质疑,李坚柔赛后坦承确实有运气的成分:"我觉得非常幸运。很难相信,奇迹会发生在自己身上,但我觉得没有努力就没有奇迹。"

"没有努力就没有奇迹",成功并非偶然,而是正确的人在正确的时候、正确的位置,做了正确的事情。李坚柔的成功是以自己的努力和良好的心态作为铺垫的一个水到渠成的结果。

试想,如果不是自己平常努力训练,积累了一定的实力,李坚柔会被中国队委以重任,以顶替王濛退赛空下的位置吗?很多人质疑李坚柔的焦点在于决赛中其他选手的相继摔倒。但是,大家有没有看到,在整个冬奥会的赛场上,有多少实力强劲的选手因为摔倒而早早出局。赛道对每一个人都是一样的,冰上运动,能够稳得住本身也是心态和实力的一种体现,李坚柔在众人摔倒的情况下,做到了唯我独立,这不仅仅是运气,更是经验积累和心态老练使然。

李坚柔的成功,让我们看到了两个自己。

一个是在机遇面前的自己。在人生中,我们常常也会像李坚柔一样成为"替身"的角色。有时候,我们也许不是第一人选,甚至就明确被确定为替补角色。但我们能够因此而丧失信心,不再努力吗?能够成为替补,就证明我们具备一定实力,我们只有不断努力,时刻准备,才能够确保在关键时刻来临时不留遗憾,才能确保在机会降临时发生奇迹。这样的故事,举不胜举,林书豪在 NBA 的成长不也正是他个人不断奋斗、不断完善自己,时刻准备的结果吗。有时候,我们看不清自己的角色,摆不正自己的位置,不能够以一种积极的心态去对待眼前的事情,不懂得机遇总是留给有准备的人这个道理。于是我们常常放松自己,常常宽恕自己,也常常与机遇擦肩而过。

面对李坚柔的成功,我们还看到了一个在成功面前的自己。我们的生活中常常都会出现类似"李坚柔夺冠"的现象。有的人,在我们看来,成绩平平,并不是什么出类拔萃的人。但我们有一天却看到别人做出了惊人的成绩,取得了巨大的成功。这个时候,我们常常就会对别人的成功投以异样的解读,觉得不服气,觉得不公平,觉得一定是运气,一定是走了什么不可告人的捷径。其实,就像那首歌所唱的那样,"没有人能够随随便便成功"。也许你只看到别人以前平庸的一面,你只看到别人现在成功的一面,但你却忽略了别人不断奋斗不断努力的一面,别人为成功而流过的汗水,付出的心血,这些你都看到了吗,你都留意了吗?对待别人的成功,我们应该以一种欣赏的姿态,一种学习的姿态,而不是一味地抛出各种借口论、运气论。

没有努力,就没有奇迹,希望我们每一个人在每一天都能够不断努力,以积极向上的心态迎接未来。

回音壁

机会向来只留给有准备的人,倘若没有足够的努力,再好的机会也将与你失之交臂。当机遇还未降临,请养精蓄锐、厚积薄发,而不是在他人成功之时抱以不屑和质疑;当那一刻终于来到,请紧紧握住这来之不易的瞬间,切莫眼睁睁看它从你指缝中溜走。也许十年磨一剑,等待的只不过是一次承认和赞许,但永远不要放弃努力和奋斗,也永远不要吝啬自己的称颂和鼓励。

(郑州大学材料科学与工程学院学生工作办主任　张正武)

因为优秀，难以卓越

最近入党推优民主评议的结果让我有些意外，几个平常表现非常突出的同学在民主评议中的得票率都很低。优秀学生的群众基础问题，又一次显现了出来。

俗话说，是金子总会发光，一个优秀的人总是能够脱颖而出。事实上，这个理论在某些时候是不管用的，比如民主投票。其实，上大学的时候我就已经注意到这样的一个问题。每次投票，得票排名前几的并不是那些平常非常扎眼的同学，比如班里的文艺骨干、班长或者那些为班级争得荣誉的各类牛人。相反，那些表现中规中矩，但为人和善、低调朴实的人反而能够得到较高的票数。事实上，在这样一个环境里，优秀的人并没有每次都能在民主评议机制中脱颖而出。

对于这样一个结果，每一个不同角色不同角度的人，他们所持有的解释是不一样的。对于那些优秀而没有得到高票数的同学来说，他们也许会对民主评议机制的公平性持怀疑态度。"什么民主评议，简直就是拼人缘，谁跟谁关系好，就投谁"——这样的抱怨，我们时常都会听到。一开始，我也一度认为这种抱怨是很有道理的。毕竟中国人很讲人情，关系好，投你一票也是正常的事。为了验证这一抱怨的合理性，我做了一些尝试。在组织一次投票活动时，为了最大限度地规避人情票，我们在投票前进行了一次现场培训。将每一个候选人的情况摘要做成单页发到每一名投票者的手中，并规定在投票前十分钟的时间内，要求每一名投票者都要认真阅读这些同学的资料。十分钟之后，我们进行培训的第二个步骤,就是将投票要求向每一位投票者逐条进行解释,我们今天要选出的是一些具备什么样具体条件的人。这一切在一种非常正式而严肃的氛围下进行。当做完这些工作后,我们发现投票结果的可预见性有所提高了,基本上选出了那些符合条件的人。因此,通过这种投票前的培训我们发现,在学生的投票中,人情并非最重要的因素。在同学们对候选人有了充分的认识和了解的情况下,他们会将这些候选人的情况与投票要求进行匹配,从而投出客观的一票。而很多同学在谈到投票时的选择时也表露出了他们真实的心理——"某某同学确实很优秀,但他一个学期基本没怎么理过我,我都不了解他,你让我怎么投票给他。"这样投票人很容易就把这些所谓优秀的同学给排除在了拟投人选之内,剩下的,大家表现都差不多,既然都差不多,所以就难以从客观上分出高下,索性就把票投给自己关系好的。至此,我们知道优秀学生在投票中难以脱颖而出的原因并不仅仅在于人情票,而在于他们作为一个优秀的人所处的位置——高处不胜寒。

这几乎是优秀学生的通病。很多同学自己很优秀,在校学生会、社团都是风云人物,在学校里有自己固定的"高层次"的圈子,并且经营得顺风顺水。但是一到了自己的年级、自己的班级就如虎落平阳,难以支撑。这主要是两个方面的问题:一是心态,有些优秀的同学觉得自己的天地不在年级,不在班里,而是放眼全校,所以也就忽略了年级班级这个大后方。典型的就是有些同学在校学生会担任职务,工作做得有声有色,很多时候班里年级的活动根本看不上,也懒得参加,自己就将自己孤立在了这个群众的圈子之外。第二个原因是忙碌。一分耕耘一分收获,优秀的同学本身比其他同学付出的时间和精力都要多,有同学在社团或校学生会担任职务,常常搞大活动;有些同学忙于科技创新,整天泡在实验室,总之是忙忙碌碌,课余时间基本不在同学们的活跃圈内，晚上也是最后一个回宿舍，有时候回到宿舍还加班。集体活动参加得少，与同学们的交流也少，到最后的结果就是，取得了突出的成绩，但都只是一个人的精彩，班级年级里的同学根本不太知道你整天都在忙啥，而对于你这个人嘛，了解程度基本为零。试想，对于这样一个优秀人才，普通群众会把票投给他吗？

因此，我常常对那些优秀的同学讲，从优秀到卓越其实就在一线之间，有时候，阻碍你从优秀通往卓越的，并不是你那一直都在拼命克服的弱点，而恰恰就是你那一直都引以为傲的优秀。

回音壁

独舞自有其曼妙之处，但也不及群舞中的领舞那样惹人赞许；一枝独秀固然美丽，但也不及"万绿丛中一点红"的磅礴大气。身处社会这个大集体，脱离了群众基础的优秀便毫无意义。追求高远并没有错，但千万别忽略了你身后那些看似最平凡的群体，他们可以助你登上高峰，也可以因你的忽视而将你推落谷底。真正的卓越，不是一个人的演唱会，而是当你歌唱时，有人为你呐喊，为你喝彩！

（郑州大学材料科学学院学生工作办主任　张正武）

5

教育时评——热点「鑫」观察

成为每一个孩子心中的"卡洛斯"

继法网夺冠后,李娜这一次又捧起了澳网女单冠军的奖杯,欢欣鼓舞之余,我们也从李娜和媒体中了解到了冠军成长背后的许多故事。俗话说,一个成功女人的背后,总有一个默默奉献的男人。这一次,这个汇聚人们焦点的男人不是李娜的丈夫姜山,而是另一个李娜职业生涯中十分重要的男人——卡洛斯·罗德里格斯。

关于卡洛斯其人其事,人们的记忆从红土女王海宁的职业生涯开始。14岁,花样年华的海宁遇到了卡洛斯,比利时人辉煌的职业生涯就此拉开序幕。卡洛斯亦师亦父,带领海宁一步一个脚印,实现其从法网青少年组女单冠军到七届大满贯得主的转变,开创了一段网坛佳话。历史总是惊人的相似,红土女皇海宁的辉煌年代已经一去不复返,但新的故事却仍然在一个新的时代里上演。当大器晚成的李娜与卡洛斯携手,这位深谙"育人之道"的"网坛教父"再次将她推上职业生涯的又一个巅峰。

没有金刚钻,揽不了瓷器活。从海宁到李娜,卡洛斯的金刚钻并非其出色的技术指导,更多的则是他作为运动员心灵导师产生的神奇魔力。要论打网球的技术,卡洛斯并不出色,曾经有过短暂职业生涯的卡洛斯成绩并不理想,早早退役选择了网球教练工作。而要论卡洛斯的育人之道,则很值得我们做育人工作的辅导员细细品味。

在一定程度上,我们辅导员的工作与教练员的工作有很多相似之处。对于顶级运动员的教练来说,技术的指导可能并不是那么重要,毕竟这些运动员的比赛技术和风格已经有一定的定式,况且高手过招比的不仅是技术,更重要的可能是心态。因此,顶级运动员的教练更多的不是做"技术"的工作,而是做"人"的工作,也就等同于我们辅导员的思想工作。培育一名好的运动员取得好的成绩,就好比我们辅导员指导学生更好地成长。在这一点上,卡洛斯自有一套。

比如说,卡洛斯时常跟李娜谈及"接受自己"这个话题。他总是能够用一种很自然的方式实现与运动员的沟通。如李娜所说:"以前,我有很多情绪,但不知道怎么说出来,现在,我的很多内心想法,都可以和卡洛斯说,他总能帮我很好地分析,这让我感觉非常不同。"正是在这种良好的沟通下,卡洛斯帮助李娜一步步接受那个从小总被教练批评、严重缺乏自信的自己,接受一个在关键比赛中会犯下关键错误的自己,接受一个总是和外界产生摩擦的自己。在卡洛斯看来,这是一项很重要的工作,因为这就是现实,如果缺乏面对的勇气,就会逃避。在工作中,我们也常常碰到学生这样那样的困惑和迷茫,其实很多情况下都是因为我们的学生缺乏一个深刻地认识自己和接受自己的过程。有些同学人际关系不好,自己也很苦恼,但当你与他沟通之后就会发现,他并不能够清楚地认识到自己身上所带有的那些封闭、自我中心、敏感和自卑,也不能够感觉到自己大多数时候总是消极地看待问题,而更多地是在抱怨自己的遭遇。每个人都有自己的弱点,当你帮助他逐渐看清楚并且坦然接受自己的弱点时,一个解决问题的突破口常常会因此而打开,改变自己,从接受自己开始。而对于我们辅导员来说,建立一种形象和氛围,让学生敢于对你说出心中的情绪和阴暗面,就是一个难点,同时也是一门艺术。

卡洛斯区别于别人的执教理念还在于他不是技术流,而是励志派。他常常对媒体强调,作为一名网球教练,自己的角色仅仅是"推动者",

他的工作不是要"指导"球员,而是帮助球员获得自我的独立性。这种对运动员自我独立性的开发包括认识自己以及建立自信的过程。从哲学思想的角度来看,这正好是"以人为本"理念的体现。认识自己从来都是哲学界永恒的话题,而建立自信则是永远的励志法宝。其实,我们的学生跟运动员一样,很多人似乎都天生有一种对失败的恐惧,因为害怕失败所以我们不敢轻易尝试,因为害怕失败,所以不敢给自己订立太高的目标。而作为辅导员,我们应该看到这个问题,并且尝试不断地帮助我们的每一个学生认识自己、发现自己,给予他们表现的舞台,从而帮助他们建立自信,实现自己的人生价值。其实这样一个工作的过程也是体现我们辅导员价值的过程。辅导员作为专门的思想政治教育工作者,其工作重心在于德育,与教师的区别在于:教师的主要责任在于传授知识,做的是"技术指导"的工作;而我们辅导员所做的则是"推动者"的工作,推动学生的全面发展,推动学生个人价值的实现,推动我们教育价值的实现。

培根说,"深窥自己的心,而后发觉一切的奇迹在你自己"。作为教育者,帮助学生树立探索自己、探索世界的信心和勇气,在不断迎接尝试和挑战中认识自己,完善自己,是一件很美妙的事情。让我们努力成为每一个孩子心中的"卡洛斯"。

回音壁

卡洛斯与海宁、李娜缔造的网坛传奇,不是一个简单的技术问题,而是一段触及心灵的"师徒佳话"。我们一直在讲,辅导员要努力成为大学生的人生导师和健康成长的知心朋友。这就要求我们的教育要触及心灵,要以人为本,帮助学生认识自己、发现自己,勇敢地去探索自己,从而成就自己。教师走上讲台,辅导员走进心灵,一个学生的成长,不仅需要知识的浇灌,更需要心灵的滋润,让我们努力成为每一个孩子心中的"卡洛斯"。

(郑州大学马克思主义学院　程明欣教授)

我与流浪状元谈谈心

作为曾经的高考理科状元,25 岁的刘宁没有想到,昨日还在校园的长椅上思考人生,今日就因着那"状元"的光环和"流浪汉"的现状而轻松登上了各大媒体的头条。

这头条来得如此之容易,只因那"落魄状元"从古至今都是一个能引起人们围观和兴奋的话题。从意气风发的高考状元到潦倒落魄的问题青年,这一出现代版的《伤仲永》,刺激着人们的神经。有人将刘宁的问题归结于应试教育的弊端,也有人将矛头指向了当今社会功利的成功观念,还有人则将板子拍到了社会的大环境上,认为当前社会的某些不公平影响了年轻人的成长。诸如此类,"一千个读者就有一千个哈姆雷特",人们纷纷"托物言志",一时间,一个落魄状元,抖出体制弊端和应试教育的一地鸡毛。

然而,当我们冷静下来,认真审视刘宁这一段跌宕起伏的人生经历时,却又不难发现,对于刘宁这样一个样本,很难将责任全部推到社会。正如刘宁自己所说,"主要原因还是在自己身上",这位高考状元既没有顺利完成进入大学后的角色转换,也没有能够在毕业之后建立科学的择业就业观,一次次的失落和挫折,彻底磨灭了这位状元的斗志和激情,于是乎他选择了沉迷网络"混日子"。对于这样的一个刘宁,我想如果简单地将其视作评价教育失败以及社会不公的参考样本,显然有失公允。因此,在思考刘宁问题背后的体制和社会问题之外,我们不妨将关注的焦点集中在刘宁本人所存在的问题上面,静下心来,利用我们的人生经验和生活体会,为他说上几句苦口婆心的"过来人的话",以警示正在大学校园和择业路上的年轻人。

其实,像刘宁一样刚进入大学和踏入社会时,理想和现实之间就出现落差是很正常的事情,很多同学都会遇到这样的情况。也许在高中阶段,你曾顶着优等生的无限光环,但大学却又是一片更加广阔的天地。在一个新的平台,新的环境里,每个人都要重新起步,积分清零是必须接受的现实。如果一味沉浸在过去的光环中就难以正视眼前的挫折。所谓"舍得",也是一种人生智慧,有舍才有得,舍得掉过去,才能够看得到未来。失去光环并不可怕,变回凡夫俗子也只是回归了最初的面貌,接纳自己,并且积极做出改变,就能够顺利实现落差后的"满血复活"。

而对于刘宁找工作的经历,则也折射出一些大学生在就业中出现的若干心态问题,比如好高骛远、好逸恶劳、挑肥拣瘦、人际关系相处难以融洽等问题。这些问题,往往取决于我们的心态。三百六十行,行行出状元,一项工作,还没有深入,就断定自己不喜欢,就觉得没前途、没意思,然后就又开始寻找另外一份工作,同样浅尝辄止,陷入又一个"没意思"的死循环。当你处于这种状况,多半是因为你根本就没有一个清晰的职业规划,也不太能客观地了解自己的条件,才造成了自己对于找工作这件事情的无能为力。因此,我们大学生一方面要提早重视职业规划,做好生涯设计,而另一方面则要树立脚踏实地的心态,把工作当成一项事业来经营,踏踏实实地做事,积极向上地生活。

状元刘宁的经历是不幸的,但可幸的是人生还有重新来过的机会。据说,媒体报道之后,刘宁已经找到了一份工作,但愿这将是一个"有意思"的新开始,也希望每一个曾经经历挫折和正在经受挫折的人们能够以积极的态度面对生活。

回音壁

　　真正的成功者，从不留恋过往的成就，而是保持谦虚的态度和进取的决心一路向前。将"流浪状元"全部归因于教育的弊端和社会的不公，显然有失公允。究其根源，错误的心态也要负很大一部分责任。面对挫折，是该把握机遇、虚心学习，还是该沉浸过去、自暴自弃？在大学生的生涯规划和心理养成上，我们还有很多工作要做。价值人生，规划先行，指导大学生合理规划自己，帮助大学生建立正确的就业心态，应该成为我们大学生思想政治教育的一个重要方面。

（郑州大学马克思主义学院　程明欣教授）

在每一个学生心中建立一座逸夫楼

2014 年 1 月 7 日,企业家邵逸夫先生去世了,但他却以一位慈善家的身份被人们所铭记和怀念。

每个人的记忆里都有一座"逸夫楼"。自 1985 年起,邵逸夫基金会每年向内地捐赠巨资用于举办教育,迄今赠款 47.5 亿港元,建设各类项目 6013 个,"逸夫楼"遍布全国城乡,惠及数千所学校、数千万师生,成为当前海内外爱国人士通过教育部实施的持续时间最长、赠款金额最大、建设项目最多的教育捐赠项目。

邵逸夫曾说"聚财是一种满足,捐助是一种快乐""财富取之于民,应该用之于民,回馈社会"……这些话语表达了邵逸夫先生热心慈善和感恩社会的思想,他用这遍布全国的一座座逸夫楼树立了一个感恩的榜样,一个慈善的榜样。

邵逸夫离世后,这些散落在全国各地的"逸夫楼"迅速凝聚了人们的情感,网友争晒逸夫楼,万千学子集体感恩邵逸夫成为人间美谈。学子们不仅感恩他用财富回馈社会的善举,同时也敬佩他对待财富的态度。

虽然我们学校没有邵逸夫先生捐助的"逸夫楼"项目,但是我也看到我的很多学生都在微博里参与到了对"逸夫楼"善举的讨论中。这让作为一个辅导员的我感到由衷的欣慰。一直以来,感恩教育都是我们大学生思想政治教育里的一个不可缺少的部分。感恩不仅是一种人文层次的情感升华,同时它也是一种责任感的深层次凝练,一个懂得感恩的人，他会有更多人文视角的关注，内心充满善意，对他人、对社会会多一份责任和关怀，也势必会为社会传播更多的正能量。

我们欣赏感恩的美德，我们赞颂慈善的力量，我们迫切希望这些中华民族的传统美德能够持续不断地传承下去。我们也很清楚，传承的未来在于年轻的一代。对于年轻人，我们不仅要在他们的身上盖起一座座知识的大楼，盖起一座座能力的大楼，同时我们也要在他们的心中盖起一座感恩的大楼，一座回馈的大楼，一座责任的大楼，就像散布在各地的逸夫楼一样，让这象征感恩、回馈和责任的“逸夫楼”盖在大学生的心中。这就是我们对慈善家邵逸夫先生最好的纪念，也是对慈善最好的继承。

回音壁

矗立在全国高校的一座座逸夫楼，不仅仅是一栋栋承担教学功能的建筑，同时它也是一本本回馈社会、弘扬感恩精神的生动教材。在这方面，邵逸夫先生用实际行动向我们树立了榜样，而这种精神需要每一个人，尤其是我们年轻人继续传承。正如作者所言，我们的教育不仅要在学生身上盖知识的大楼、能力的大楼，还要在他们的心上盖感恩的大楼、回馈的大楼、责任的大楼。

（郑州大学马克思主义学院　程明欣教授）

像新闻联播一样开始"卖萌"

2014年新年伊始,新闻联播就成为了微博上的热点话题。"2013就是爱你一生,2014是爱你一世,新闻联播和你一起,传承一生一世的爱和正能量。"一句小"卖萌"短短一天之内就引起了上万网友点赞,这让全国的小伙伴们都有点惊呆了。

新闻联播也许从来都没有引起过网友如此热烈的关注。这让我们不得不思考,央视一句小小的"卖萌",怎会引得如此大的满堂彩呢?这还得从新闻联播一直以来出现在人们心中的形象说起。一直以来,新闻联播都是给人一个"高大上"的印象,主持人字正腔圆,一脸严肃,播报的内容也大都是国内国际大事,它用宏大的叙事和基调塑造了一个大雅之堂,但却给人们一种高居云端、不接地气的感觉。一些热点新闻、百姓情绪、社会流行语等贴近老百姓生活的素材都难登这个大雅之堂。久而久之,看新闻联播就在一定程度上成了人们的收视"鸡肋"。毕竟,相对"高大上"的新闻联播,老百姓更容易对发生在自己身边的与自己生活息息相关的事情保持长久的兴趣。因此,当长期以来一脸严肃的新闻联播突然"变脸",人们不禁对它的亲和力叫好、"点赞"。人们与新闻联播的心理距离也因为这卖萌而更加拉近了。

这让我想起了我们在学生工作中的一些情景。记得有一次在新学期的全校学生工作会议上,平日严肃的领导一改以往的神情,在会议结束时用一段网络流行的"陈欧体"勉励辅导员在新的学期里努力工作。领导的偶尔"卖萌",引得台下辅导员纷纷叫好"点赞",让习惯了官方语言的我们耳目一新。有时候,这种"卖萌"效应也体现在我们辅导员与学生的沟通中。辅导员平常对待学生如果过于严肃,往往就容易产生师生之间的距离感,很多话学生不敢对你说,自然也难以全面掌握学生的情况。还有,有时候辅导员在年级会上,如果一味地讲大道理,采用灌输式的教育,学生往往不爱听,长此以往就造成传输上的壁垒,讲了一大堆,就是听不进去。这种"我说故我在"的教育很有必要转变一下方式,我们不妨也学学新闻联播的"卖萌",从更加贴近学生生活的角度出发,将"高大上"的道理蕴含在朴素简单的生活中,甚至偶尔加上一些"萌言萌语"也未尝不可。

其实横在领导与下属之间、辅导员与学生之间、学校和学生之间一直都有一座沟通上的桥梁,太过官方式的语言难以引起人们的情感共鸣,也很难听到这些"官腔"里面的关怀和关注。因此,我们常常看到一些官方的发声有时难以让学生满意和认可,而网络的观点则在学生中盛传。这就好比南振中先生提到的"两个舆论场"的问题。与南老先生所说的中国存在"官方舆论场"和"民间舆论场"两个舆论场的观点一样,在高校校园里,两个舆论场一样存在,并且也客观影响到了我们与学生的沟通以及我们教育思想的传播。可见,打通两个舆论场已成必须,我们不妨学学央视的"变脸",从"卖萌"开始,在与学生的沟通中多一份亲和力,多一份生活感,让我们的教育更加贴近生活、贴近实际、贴近学生。

回音壁

QQ群是一个群体交流的平台,但往往当辅导员加入到学生QQ

群中,学生就会默默地开辟另一个"无老师"群。这就对辅导员如何能够把握学生真实的思想动态提出了严峻的考验。作为思想教育工作者,在新形势下如何真正融入到学生中,是一个现实难题。作者恰恰通过新闻联播的"变脸",联想到工作可以从"卖萌"开始,与学生沟通交流,解决学生与老师两个舆论场的问题。相信,这份努力,一定会让学生倍感亲切。

(郑州大学法学院团委书记　潘永建)

《爸爸去哪儿》：张亮是个好辅导员

辅导员的生活是忙碌而紧张的，工作之余，能陪孩子看看电视，也是一种难得的惬意。最近的日子里，我的孩子总是在哼着那首《小星星》，而媳妇和妈妈则拿出了当年看《还珠格格》的热情，被那滚动播放的《爸爸去哪儿》给缚住了手脚、黏住了眼睛。

有时候，说实话，我不太能理解女性对于电视剧和综艺节目的狂热，她们总是容易入戏，在观看别人的生活时，总是能够很容易接纳她们，并且情不自禁地走进她们的故事里，这或许就是女性的特点吧。尽管自己对电视剧和综艺节目不是很感兴趣，但是，作为家庭的一分子，积极参与集体活动也是非常重要的，所以偶尔陪大家看看电视，聊聊八卦也是生活必不可少的润滑剂。

初看《爸爸去哪儿》，第一感觉就是以湖南卫视的风格怎会请一个这么名不见经传的男模来与明星大腕们同台做节目呢？但是，后来的情况证明，这是一个不错的决定。节目收官后，有人被拉下神坛，有人一跃而成男神。至于张亮成为男神的若干理由，我并没有按照粉丝们的思路去深入挖掘，但出于职业敏感性，我可以大胆预测，假如让张亮带学生，他一定是个好辅导员。

节目中令人印象深刻的是一天晚饭后各回各家，张亮问儿子天天，今天"村长"在召集大家集合的时候他是怎么表现的。天天没说话。张亮让天天扮演"村长"，自己穿着花睡裤、灰背心在床上打滚，踢着长腿，翻来覆去地要赖。当表演结束后，张亮一个鲤鱼打挺，干净利索地站起来对天天说:"如果你现在是村长的话,喊完集合后你比较喜欢哪种表现的小孩子?"天天低头嘟囔着:"我喜欢听话的。""现在你理解村长的感受了吧,咱俩再试一下,你是张悦轩,我还是你爸爸。"张亮一拍手"集合",天天欢快地跑到面前,立正。

这一幕出现在综艺节目里,是我所始料未及的。同节目里的爸爸们一样,我们做辅导员的同样是做着教育人的工作,我经常跟家长们说的一句话就是"我作为老师,跟你们心情是一样的,都是为了孩子的成长"。可是,在这个教育人的过程中,我们虽然目的一致,但方法确是不一样的。有时候,面对做错事的孩子,我看到很多家长和老师会批评,会说教,甚至会对其惩罚和警示。但是,通过这样的教育之后,我们并没有实现促进孩子成长的目的。相反的,很多孩子听不进去批评,懒得奉陪你的说教,也不在乎你的惩罚。究其原因,说到底是你没有走进孩子的心里,你没有说到人家的心里去。而这一点,张亮做到了。他用换位实践让天天从内心深处明白,尊重别人能给他人和自己都带来快乐。"子非鱼,焉知鱼之乐?"同样的道理,你不是"村长",你怎么知道"村长"心里怎么想的? 所以,只有让你自己也做一回"村长",你才会明白"村长"心里的喜怒哀乐,才会懂得去体谅别人,理解别人。从这点上来讲,张亮是个好辅导员。

其实,与其说辅导员是个技术活,不如说辅导员是个艺术活。因为,我们从事的是教育人的工作,是塑造人的工作。人,是一个最复杂的生物体,每一个人哪怕是个小孩子也都有自己的价值观念,有自己的思维方式和思想体系,我们做思想工作,如果试图用强势和僵硬的方法和手段去给孩子们灌输,去给孩子们说教,我想作用是很有限的。而如果我们能够尝试平等地与孩子们去交流,真诚地与孩子们去沟通,我想一切问题都会有一个良好的解决基础,而促进人成长的工作才会不断前进。

回音壁

生活中,交流是一门艺术,它的目的在于相互理解,可很多时候我们却只想把自己的想法完全灌输到对方的大脑里,忘了更多时候我们应该学会换位思考。换位思考是解开许多烦恼和不快的灵丹妙药,带来的是理解、宽容、和谐。简单的换位思考,也许就能造就不简单的人生!

(郑州大学法学院团委书记　潘永建)

给"另类青年"多一些包容

这是一个标签化的时代。每一个人都容易因为身上的某些特质而被别人贴上标签,而我们自己也在乐此不疲地为别人贴上标签,或调侃,或严肃,而隐藏在标签背后的却往往是成见。

一直以来,校园青年都在悄然进化,从革命青年、知识青年到文学青年再到如今文艺青年、"二逼"青年大行其道,关于青年的定义已经没有那么普通,就连最普通的普通青年,也因其普通而被打上了普通青年的标签。

与标签对应的往往是刻板印象。在人们的心目中,普通青年,生活平平淡淡,没有轰轰烈烈也没有一鸣惊人,有的是循规蹈矩,按部就班,他们对文学及与人类艺术相关的东西无过多热情,只关注生活本身,在生活中慢慢被磨平了棱角。而文艺青年则永远以精力过剩的姿态出现在人们眼前,他们情绪饱满,情感丰富,对生活充满想象,大都具有自由主义倾向和或深或浅地对世界的担忧。而"二逼"青年则往往带给人们意想不到的精神反应,他们总是不按常理出牌,给你意外的惊喜。这三类青年,各有特色,但都有一个共同点,就是基本上都可以归为"另类青年"。

"另类青年",最容易让我们在认识他们时戴上有色眼镜。面对普通青年,我们常常容易断定其没有突出气质,容易滑向平庸;对于文艺青年,我们则担心其能量的过度压抑得不到释放;而"二逼"青年则常常让我们头大,因为无法预判他们的行为规律而不得不常常担心其会不会给我们"惹事"。就是带着这些成见,本来在青年成长中表现出来的一些常态特征一下子就成了我们教育者心中的担忧,慢慢地就成了我们对学生分门别类贴标签的理由。

其实,我们仔细观察,不难发现,所谓"另类青年"大都有其"独特气质"。普通青年虽然行事低调,但我们也常常看到很多低调的人一直在不断地做着修炼自己、完善自己的事情,他们身上没有那么多的"面子工程",却总是会让人看到踏实苦干求上进的影子。文艺青年虽然情感丰富,有时满腹牢骚,但我们也时常看到他们的作品满怀人性关怀,他们的思考充满责任和使命。至于"二逼"青年,我们也常常看到一件看似不可能成功或貌似没有意义的事情,但终究"二逼"青年就是不同常理,当你断定行不通的时候,他们却往往能够靠着那一根筋的坚持而走通那危机四伏的"华容道"。

所以,我们应该要看到,这是一个多元的世界,青年在成长的过程中由于其个人经历、成长环境的不同,其外在会表现出一些看似"另类"的特质,但这并不妨碍他们拥有别具一格的内涵。如果我们对于"三种青年"的认识仅仅停留在表面,对于"三种青年"的态度仅仅停留在调侃或是嘲弄,那么我们就会陷入到一个扼杀天性和歧视打压异己的误区。回顾历史,你可曾记得哥白尼的故事?当人人都把地球当作世界中心时,固执坚持太阳是世界中心的那个人是否就是中世纪时期的"二逼青年"呢?多元世界,释放人的天性,就是在培育这个世界的创造力,让我们对"另类青年"多一份包容,多一点欣赏,用我们充满发现的眼光和满含包容的心充当好这些"另类青年"的保护伞。

回音壁

看到人们对各类校园青年的解读和看法，我想到了两个词"求同存异""包容并蓄"。和谐社会，我想真正的和谐应是"大同而又不同"的共存。在这个大同世界里，"老吾老以及人之老，幼吾幼以及人之幼"。在这充满不同的世界里，每个人都是独一无二，丰富饱满的，既尊重彼此间的差异，又谋求符合全社会共同利益的价值，让每个人的光辉都能够在这个和谐社会里得到展现和绽放，只有这样的社会在面对时代挑战时，才能登高致远，从容面对，绽放精彩。

（郑州大学护理学院辅导员 张威）

青春的维度不只是"北上广"

春节结束后,年轻人是继续背井离乡打拼"北上广",还是扎根故土? 一道"父母在,不远行"与"好男儿志在四方"的选择题摆在了人们的面前,再次成为网上热议的焦点。

其实,对于发展的去向,不仅是已经在职场上打拼的人们所纠结的问题,对于在校大学生而言,未来职业和去向的选择也一直是他们考虑的焦点。最近,一些同学就常常跟我聊到这个问题。很多同学觉得大城市里机会多,生活更加丰富多彩,而对于基层和小城市则往往不愿意去。特别是在我所带的学生里,还有两个班的定向生。这些同学毕业后都将要根据培养协议补充到基层卫生防疫系统,在县级城市工作。一些同学在思想上并没有做好准备,临近毕业,部分同学另有打算,一心向着"北上广"级别的大城市,而不愿"蜗居"县城。

究其原因,大都有两方面的考虑。一方面,学生考虑到在中小城市就业不仅待遇相对较低,而且社会公共事业发展水平低,精神文化生活相对贫乏,精英人群稀少,很多优势资源都集中在大城市,因此学生都不愿意留在基层。而另一方面,则出于家长的影响。家长们对孩子的高期望在很大程度上影响着年轻人对未来的选择。很多家长觉得孩子好不容易通过上大学来到大城市,都希望能够在大城市更加广阔的天地里发展,而重新回到基层则难以接受。

虽然这些考虑都无可厚非,但其背后往往都脱离不了当前社会上"成功学"的影响。在大城市就意味着一种体面的生活,有房有车有面子成为人们追求的成功标准。在这种单一的"成功语境"下,人们的选择趋向于物质化:选择专业时都奔着热门跑,就业时也常常纠结于待遇这个问题,而在选择工作地点时,则首选赚钱多、机会多的大城市。虽然,这种成功学具有一定的合理性,也得到大多数人的认可。但是,如果我们整个社会的价值判断都建立在这样一种单一的成功学上,向上的青春只有一个维度,那么我们城乡发展不平衡的现状就会更加恶化,我们国家的发展就会受到限制,而对于年轻人自己而言,在遇到现实困境时,也难免产生何去何从的选择焦虑。

其实,广阔的基层更蕴含着宽广的机遇和丰富的潜力。年轻人正确认识基层,扎根基层,也能够在基层闯出一片属于自己的天地。最近,习近平给大学生村官张广秀的复信,就引起了人们广泛的关注,一大批扎根基层、奉献基层的大学生村官在平凡的农村,在平凡的岗位上创造了不平凡的成绩,实现了青春的价值。可见,基层不仅是一个锻炼人、磨砺人的地方,也是一个催人成长、催人奋进的地方。对于我们年轻人而言,在大城市闯出属于自己的一片天地,固然值得称赞,但是在小城市甚至在农村,做一番平凡而有意义的工作,也是一种成功。青春的维度不只是"北上广",成功的标准也不仅仅在于物质的积累,而更多地在于精神价值的实现。

回音壁

乔布斯说:"我愿意用我所有的科技去换取和苏格拉底相处的一个下午。"乔布斯的愿望让我想到了一个问题,物质和精神可以实现等价交换吗？这个问题的答案因人而异，正如成功的标准，每个人都有所不同。无论在基层或是"北上广"，未来都很美，我们在路上。

（郑州大学护理学院辅导员　张威）

司法审判能否为扭曲的人性刮骨疗毒

1 月 18 日,上海市第二中级人民法院就复旦大学医学院研究生投毒案作出一审判决,以故意杀人罪判处被告人林森浩死刑,剥夺政治权利终身。一起投毒案,让两个年轻的生命,一个英年早逝,一个被判死刑。当人们扼腕叹息、捶胸顿足之际,另一起投毒案的悲剧又一次在高校学生宿舍里上演。广西某院校两女生遭室友投毒的消息在网上不断发酵,引发人们对于人性的拷问。

回顾两起投毒事件,悲剧的导火索并非什么骇人听闻的深仇大恨,反而恰恰是一些生活中鸡毛蒜皮的琐事。林森浩对黄洋生命的终结是出于对对方的"看不惯",而广西投毒案的动机则在于"受不了宿舍内的嘲讽"。生活琐事,最终演变成相互残害的命案,年轻的生命何以如此经不起生活琐事的考验,而对人性的思考和对生命的敬畏又是否仅仅是司法审判就能够解决的问题?我想,事情远没有那么简单。

对于一个辅导员来说,宿舍矛盾永远都是工作中绕不过的话题。几个来自不同地域,有着不同生活习惯、家庭背景、成长经历和性格特点的人生活在同一屋檐下,矛盾总是难以避免。人与人之间总会有摩擦,宿舍内部之间也常常会有矛盾,正常说来,就好比两口子过日子,鸡毛蒜皮,这就是生活。但细究起来,大学生处理矛盾的态度和方式,则又体现了他们在待人处事上的基本态度和修养,反映了大学生在某些方面的缺失。

谈到这里就不可避免地会绕到我们当前人才培养的现状。长久以来,应试教育对学生人格成长的影响一直为人们所诟病。在一切围绕分数转的应试教育体制下,学生知识的增长和人格的完备并不成正比。虽然学生带着一个好看的分数进入了大学,但很多性格上和价值判断上的问题并没有解决。这就需要我们在知识传授之外更加关注大学生的思想和人格的培养。这就需要我们将大学生的思想政治教育放在一个与知识培养同样重要的位置。正如党的十八大所明确的那样,教育的根本任务是立德树人。知识的培养固然重要,但是脱离了基本的人性,脱离了基本的道德,脱离了对生命最基本的敬畏,这样的人才培养又有什么意义,这样的人才培养又会产生什么样的结果呢?

所谓根本,就是重中之重,就是时刻不能脱离的主线。单纯的注重知识的传授并不能够培养一个健全的人,它解决的只是认知上的问题,而并非人性上的问题。而同样,面对这些令人反思的投毒案,司法审判所能解决的也仅仅只是正义的问题,人性问题的解决则更多的还是要靠教育。我们应该重视在知识传授之外通过价值的引领不断将人性的真善美内化到学生的发展中,把握好、实践好立德树人这个根本。

回音壁

十年树木,百年树人。做事先做人。这些流传千百年的老话道出了培养一个具有健全人格的人的重要性。长久以来,急功近利的应试教育,让分数变成了评判优劣的标准,教育失去了脚踏实地的执着,失去了抬头仰望星空的胸怀,失去了我们之所以为人的思考。只有当我们的教育真正做到以立德树人为根本,我们才会拥有更精彩的未来。

(郑州大学建筑学院辅导员　王逸楠)

被忽视的教育——从一封不靠谱的邮件谈起

在年度学生评优评先工作中,我们需要整理学生的申报表格和事迹材料。为了完成这项工作,我给获奖的同学发了一个通知,详细交代了申报表格上的项目如何填写,事迹材料应该包含哪几个部分的内容,要求同学们在某个时间以前将这些材料的电子版发送到指定邮箱,并且特意交代了邮件的主题应该怎么命名等细节。可当我在规定时间后查收邮件时,问题却出现了:有些同学没有按时发送邮件,理由是没有看手机,所以不知道老师发的短信;有些同学的邮件主题没有按照通知要求来,材料写得很好,就是不知道发邮件的人是谁;还有的同学材料写得毫无章法,规定用第三人称,却还是使用了第一人称;还有些同学没有使用附件直接把材料写在了正文里,甚至有同学直接就发个压缩包,连个主题都没写……不靠谱的邮件,常常出现在我们的邮箱里。

可生活中,不靠谱的事情往往不止邮件这一件,有时候,学生对于细节和基本规范的忽视,常常让辅导员感觉无奈。很明显,我们的学生在一定程度上缺乏对做事情的基本规范的训练。这让我想起现在社会上一些用人企业对于应届大学生的"偏见"。一些企业不招应届毕业生已经不是什么新闻。在人们纷纷谴责企业存在偏见、缺乏社会责任感的同时,我们其实也应该从应届毕业生本身的问题来思考。在一定程度上应届大学生身上确实存在一些让企业难以接受的问题,比如做事随性、粗心大意;心态不正,眼高手低;理论太多,动手太差;期望值高,承受力差……给企业造成了"不靠谱"的印象,无形中就让一些企业对应届大学生戴上有色眼镜"另眼相看"。

其实,造成某些应届生身上这些问题的原因,既有学生自己的问题,也有我们教育缺失的责任。在大学生的培养教育中,我们会理所当然地注重知识的传授,也会对学生的思想道德进行引导。但有时候,却往往容易忽视一些常识性的教育,忽视一些基本规则和规矩的教育。这些东西往往无关知识,无关道德,却关乎能力和素养。比如尊重别人说话的权利、不要轻易打断别人的发言、进入别人办公室先敲门、守时、给人发工作邮件和短信时署上自己的名字等等,这些在平常最容易被忽视,但在关键时刻却又最容易体现一个人的素养。因此,我们的思想政治教育也应该迫切地为大学生补上这一课。

回音壁

细节决定成败。不经意的一个微笑,下意识地随手关门,及时回复邮件等等——对细节的关注,往往体现了我们对自己能力要求的严谨程度。大学生不仅要有心怀天下的大局观,也要有能把小事做好做精的行为方式。庭院不扫何以扫天下?不好高骛远,而是脚踏实地做好眼前的事情,成功便只是时间问题罢了。

(郑州大学建筑学院辅导员　王逸楠)

"记住父母生日"——一道被忽视的"难题"

最近一则新闻引起了人们的讨论。在武汉六中国际部招生的中文面试中一道"请说出你六位亲人的生日,包括父母、爷爷奶奶、外公外婆"的题,难倒了不少考生,几乎很少有现场考生能准确说出父母的生日,更别提隔代长辈的生日了。当天参加面试的 200 名学生中,9 成学生都被这道题难倒。

读完这则新闻,我不禁想起我的一个学生。小杰是家里的独子,平时老实低调,就是学习不好,我多次找他谈心,也帮他安排同学帮扶,成绩就是上不去。为此,我多次与他妈妈通电话沟通情况,商量办法。一开始家长觉得自己孩子成绩不好,还不太好意思与我沟通,后来我主动沟通多了,也就常联系。可奇怪的是,小杰妈妈总是隔个十天半月的就打电话让我帮忙找小杰。找得多了,我也挺纳闷,当妈妈的怎么就联系不上自己孩子呢。后来,小杰妈妈告诉我,自己也很无奈,这孩子平常在家倒也听话,相处也好,可到学校了从来都不给家里打电话,有时候一个月都不主动跟家联系一回。我问是不是母子有什么矛盾,他妈妈说也没有,就是没有这个意识。后来,我找小杰聊,他轻描淡写地说,没啥事,没啥打的。看来不仅是中学生,大学生也有"不懂事的"。

小杰这样一个月都不给家里打个电话,对于一个在外地求学的大学生来说,实在有点说不过去。与记住父母生日一样,出门在外常给家里打电话也被社会认为是一种有孝心的表现。随着人年龄的增长,人的责任感和感恩意识会逐渐清晰,人"开始懂事",自然而然地就会表现出对父母和家人的牵挂,表现在行动上比如会记住父母的生日,在生日时送上祝福,或者常给家里打电话等。虽然这并不是衡量孩子是否懂得感恩和是否有孝心的唯一标准,但这些问题却常常绕不过我们对孩子的感恩教育。

一直以来,无论在中小学还是大学,感恩教育这一环都是容易被忽视和被省略的教育环节。应试教育下,我们理所应当地将培养的重点放在传授知识上而没有注重对学生个人品格和道德修养的深层次培养,这就给孩子的全面成长埋下了隐患。在工作中,我们也曾看到一些学生不知感恩的现象,让人感到人情冷漠的同时也着实意识到加强大学生感恩教育的重要性。比如,在对待国家资助的态度上,在对待母校的态度上,有时候学生的言论和想法还需要大力引导。试想如果一个人拿着国家资助而认为是由于贫困而理所应得,试想一个人对培养了他四年的老师和母校没有一点感情,这样的学生即使专业出色,成绩优良,又能对社会作出什么样的贡献呢?又怎能够承担起建设中国特色社会主义的重任呢?一个能够承担责任的人,首先应该是一个有责任感的人,是一个懂得生命意义和情感使命的人,这需要我们引起重视,并且在教育上有所体现。

十八大以来,我们第一次明确提出了教育的根本任务就是立德树人。可见培养学生品德是教育的一件头等大事,感恩也是品德的一项重要内容,应该成为我们大学生思想政治教育中不可缺少的一环。其实,记不记得父母生日这个问题并不需要过度地去解读,但从中我们能够意识到我们目前的教育还存在短板,补齐这块板需要我们更多地去重视学生道德品质的培养,更多地做一些与"看得见摸得着的考试成绩"不一样的难以短时间显现效果的"隐性"工作,通过我们的教育引导,培养德才兼备的中国特色社会主义事业建设者。

回音壁

做一个有责任感、懂得感恩、懂得生命意义和情感使命的人，应当是对大学生基本的人性要求。只有懂得感恩，我们才能体会到生活中点滴的感动；只有懂得了生命的意义，我们才会更加尊重自己，尊重他人；只有懂得了情感使命，我们才会更加成熟稳健，不断成长。感恩不需要载歌载舞的赞美，需要的是我们怀有一颗感恩的心，回馈周围的人，让我们的生命更加灵动。

（郑州大学建筑学院辅导员　王逸楠）

有必要给大学生补补消费课

2013 年《大学生蓝皮书》发布的数据显示,当前全国大学生人均月消费支出 945.6 元,人均年消费 11347 元,有媒体表示此数据已超过我国人均可支配收入的一半。作为一个没有独立经济能力的群体,居然有着这么高的消费数据,着实引发人的思考。

现在的 80 后时常感叹自己跟不上 90 后的步伐,而 95 后的小伙伴们则发现自己已经与 90 后之间产生了代沟。时代在变迁,社会在变迁,而消费正是反映这些变迁的一个方面。我记得上学的时候每每交学费,我父亲都要感叹一句,现在供你们上学费用真是太大,我上完高中,一辈子上学花的学费也就 75 块钱。当时觉得这种感慨未免可笑,而现在,我们这代 80 后有时也会感慨 95 后们的生活。2005 年我在郑州上学的时候,一个月的生活费是 300 元,那时候一碗烩面两块五,衣服平常都是家里买,偶尔充个电话费,买本书花点钱。父亲教导我们,钱要花到刀刃上,吃上不能省,其他能省则省。再看看我们现在 95 后的孩子们,每个月生活费上千的大有人在,家庭经济贫困的同学一个月生活费少而也在 600 元靠上。一方面是通胀的影响,钱越来越不值钱了;另一方便更突出地则在于孩子们的消费理念和消费方式改变了。

电子产品的更新换代和电子商务的迅猛发展让整个社会都发生了一场深刻的变革。一个改变了人们的社交习惯,一个改变了人们的消费习惯。于是乎,价格不菲的苹果四件套成了 95 后新贵们的开学必备,来自淘宝、京东、亚马逊的商品快递如鹅毛飞雪般运到高校,80 后的"屌丝"似乎已经不能理解95后的"土豪生活"。部分大学生的消费,已经开始出现了常人眼中的"畸形化"现象。一是不眨眼的高消费。一些学生家庭条件好,父母对自己是百依百顺,身上从来不缺钱,呼朋唤友吃喝玩乐,为了女友一掷千金,刚买了iphone5又在追着"土豪金",这些与大学生身份不符的消费行为司空见惯。二是消费成瘾。也许你还没有意识到这个问题,但是,事实上购物和尼古丁一样会让人上瘾。特别是电子商务的便捷性和其支付方式以及商家的各种充满诱惑的促销都为这种上瘾提供了土壤,过节店庆搞促销,不过节不店庆创造节日也得搞促销,"双十一"去了,"双十二"又来,电商大战一波未平一波又起,大学生纷纷"揭竿响应",事后急求"剁手良方"。可见,网购成瘾,对大学生,贻害甚大。

面对当前大学生中出现的畸形消费行为,我们作为教育者,有必要对其进行关注。从当前的大学生教育和培养来看,我们的思想政治教育囊括了学生成长的多方面教育内容,而在消费这方面的内容却很少涉及。这里面有时代的原因,教育的设计有时候是滞后的,早些年经济没有这么发达,畸形消费、超前消费的问题没有那么明显,自然也不用考虑太多。而现在,大学生中存在的消费问题已经相对较严重。一个没有独立经济能力的人大手大脚花钱会让其习惯性地养成不劳而获的思想,从而让其丧失自食其力、自我奋斗意识和能力,对学生的成长极为不利。而另一方面,这种拿父母的钱随意挥霍的行为,也是一个人不负责任的表现,长此以往,这样的学生怎能承担建设中国特色社会主义事业的重任?因此,我们当前的高校思想政治教育亟须给大学生补好消费课,积极引导大学生树立理性消费观念,从而促进大学生的健康成长。

回音壁

有一个故事:18岁的男孩领回家一个女孩,告诉父亲他们要结婚。父亲说你们需要冷静,再考虑考虑。男孩很不接受,反驳道,你17岁就娶了妈妈,为什么我现在不能? 父亲说,因为我17岁的时候已经有足够娶你妈妈的经济基础了。所以当经济独立的时候,花自己的钱无可厚非,可是作为一名大学生,如果拿着父母给的钱随意挥霍,除了可以滋生自己的惰性和不良消费习惯外,对自己的健康成长也极为不利。加强大学生的消费教育,势在必行。

(郑州大学机械工程学院团委书记　杜社娟)

不妨给"潮课"点个赞

爬树课、生死课、三国杀、哈利·波特与遗传学、幸福课、分手课……近年来,高校课堂里一支"奇葩军"异军突起,以饱满的热度和出色的口碑迅速俘获诸多学子的芳心,一下子,各高校"潮"课如雨后春笋,赚足了眼球,也引来了人们的议论。

这些在传统课程体系下让人大跌眼镜的"奇葩"课究竟是一场娱乐的体验,还是一场讲台上的作秀,抑或又是一次不错的教育尝试呢?各路专家看法不一。有人对此愤愤不平,认为这些生活中闲聊的话题难登象牙塔的大雅之堂;有人对此不屑一顾,觉得有伤教学之严谨,当然也有人持包容和肯定态度。且不论谁的看法和评价更有道理,我们先来看看这些"奇葩"课背后其诞生的现实土壤。

这些课程从其解决的问题来看大都可以分为几类:一些可以归为生存技能和体能训练课,如爬树课;一些可以归为哲学课,如生死课、分手课、幸福课;还有的可以归为兴趣探索,如三国杀;而哈利·波特与遗传学,则属于正儿八经的交叉学科。

且不论这些具体的课程究竟如何,但它们无一例外地都反映了一些我们大学生培养中所面临的现实问题。先说生存能力和大学生体能问题。在独生子女的家庭结构中,每一个孩子都被贴上了掌上明珠的标签,大事小事都有人操办,不会做饭、不会洗衣在大学生中不足为怪。而现在广受关注的大学生体质问题就更不用说了,别说爬树,就是跑个一千米也让一些学校胆战心惊,生怕学生挨不过。再说大学生的价值观和心理问题,在恋爱情感、生活态度等方面也时常出现一些令人惋惜的事件,因为感情受挫而轻生,因为生活不顺而悲观绝望,在大学的美好时光里,因为一时看不开而走进了死胡同让人既可惜又可气。而学生创新能力、发散思维的培养也常常陷入固步自封的地步,思路始终打不开。

面对这些问题,高校、社会和学生都很关注。这些"潮"课的开设,就是思考之余一个不错的尝试。尽管一门课的开设肯定解决不了整个面上的问题,但我们不得不承认,其作为一名课程出现,这本身就是在学生培养上迈出了创新的一步,并且让我们感到欣慰的是,这些创新是具有群众基础的。学生喜欢并且能够明确地讲出自己的收获,我想课程就有存在的意义。当今的世界,是一个开放的世界,我们这些在大学象牙塔里的教育者也需要有一个包容和开放的心态。在大学课程的设置上,在保证学生专业培养之外,我们也应该适当地多维考虑,对一些既能满足学生成长的迫切需求同时又对学生发展有所帮助的新奇课程,我们不妨放个行,"点个赞"。当然,"潮课"也需要有底线,对于高校新潮的选修课程,我们必须保证其内容的教育价值,必须确保其对于学生成长所产生的积极作用和启发作用,做到"形之新,质之深",寓教于乐,而不能哗众取宠。

回音壁

人类的每一次前进,开始时都是充满质疑和批判的。很多有价值的东西往往需要接受时间的考验。大学"潮课"的出现是注重大学生人格的全面发展,意在提高大学生综合素质的一种新的教育尝试。对于大学"潮课",我们既要保持一定的"理性批判",也要持有一种积极开放的乐观支持,让"潮课"在科学合理的区间内健康发展。

(郑州大学机械工程学院团委书记　杜社娟)

莫让"心灵鸡汤"腻了大学生的心

我们已经进入了一个浅阅读时代。阅读的精神思考功能正在逐渐地丧失,现在的人们已经无法静下心来深度阅读一本著作,取而代之的是走马观花、不求甚解的阅读速成,这种现象从我们的微博传播和图书热销榜即可见一斑。

打开我们的微博,一股鸡汤味扑鼻而来。初读,甚有道理;细品,奉为人生哲学。但是,当我们打开微博、微信、人人网、QQ空间看到每一天每一处都是这些所谓人生哲学时,我们发现,我们的阅读陷入了一个空洞的世界,满世界的道理,就是没有太多有用的信息。当鸡汤从营养品泛滥而成主食,我们发现其已经成了食之无味的鸡肋。

同样的情况在图书排行榜上也在上演。各大热销榜上从来都不缺乏心灵鸡汤和励志巨作的身影,似乎我们都在努力地想从别人的名言警句中找到生活的勇气,从别人的成功故事中预测到自己充满传奇的将来。更为离谱的是,一些高校居然将这类书籍作为学生阅读的主打推荐书目。最近就有武汉理工学院为学生推荐书目,十本必读书目中,有4本属于职场成功学类畅销书,分别是被称为"世界第一潜能开发大师"安东尼·罗宾的《激发无限潜能》、青年成功参考丛书之《赢得高薪1000法》、被称为"成功学大师"戴尔·卡耐基的《人性的弱点》、教人如何成功的《左手哈佛校训,右手西点军规》。

当然,无论是微博上的"心灵鸡汤"还是推荐书目里的"励志宝典",我们并不想全盘否定。但在这种阅读功利化的趋势下,我们却不得不担心大学生的成长。其实,仔细看看这些所谓心灵鸡汤,我们就不难发现,它们都有一个共同点,就是容易被广大读者高度认同。本来一本书被认同,说明此书有群众基础,是一件好事。但是被认同并不一定代表其水平高,并不一定代表其对我们的成长有帮助。也许,我们不愿意承认,但是事实上,越是生活简单、无独立思考、无专业深度的人越容易接受和膜拜心灵鸡汤。因为,鸡汤的信息往往是生活常识和规律性的东西,是在人生道路上放之四海而皆准的东西,这类东西最容易让人产生认同,但它却不太会引发人的逆向思考。

大学生是我们国家和社会的未来。在他们的成长阶段,探索和发现能力的培养,在很大程度上决定了他们的视野,决定了他们能够走得多远。现在我们常常也感叹,有时候觉得我们的学生相比国际上一些发达国家的学生来讲,相对缺乏一些国际视野和深度关照,对历史,对未来,对人的社会责任等等这些方面缺乏深入的思考。这种差距我们也许不太愿意承认,但却是客观存在的。当然这里面有很多的因素和原因,说的更深入一点也许还会涉及教育体制的问题。但是,抛开这些深层次的因素,单以今日大学生的阅读状况来看,这种差距也许还会更加拉大。因为我们实在难以确信那些缺乏有效信息、缺乏独立思考的鸡汤阅读能够撑起一代学子的思考。

今日的阅读,已然沦落了。阅读危机已经成为摆在我们大学教育者面前的一个重要问题。书香校园如何建设,不仅要读,更要读得有深度。心灵鸡汤要一点,但是不要太腻,我们需要在启发学生思维、培养学生独立思考能力上下更多的功夫,在拓宽学生视野、引发深度思考上下功夫,切莫让那心灵鸡汤腻了我们"天之骄子"的心。

回音壁

一杯清茶，一本小书，一个下午，一片时光，这本是一种难得的休闲惬意。作为一个爱刷微博、微信的大学生来说，往往会被那些华丽的文字所吸引，感慨之余还不忘记转发。可是那些华丽的文字又带给了我们多少思考呢？也许只是随着转发而被遗忘，没有留下任何痕迹。"心灵鸡汤"，是人们心灵的调味剂，偶尔品尝，神清气爽，但若成为了青年人阅读的"主食"，则难免成为"阅读之殇"，对于青年成长，我们需要更多扩宽视野、独立思考的深度阅读。

（郑州大学公共卫生学院团委书记　耿云亮）

从"学渣"到"学霸"——跨越那一步之遥

知识改变命运,这句话给我们读书人建立了一种信念,那就是在开创光明人生的路上,知识就是一座照亮我们前行的灯塔。可见,知识是多么的重要。我们每个人都有追求知识的权利,我们每个人也都有凭借知识改变命运的机会。但是,我们非常明白,在求知的路上,从来都不是每个人都能够用好这些权利和机会。

在科举时代,师出同门者有人鱼跃龙门,有人名落孙山、屡试不第,人生也因此而划分成三六九等。在今天,科举的人才选拔制度已经不复存在,但考试,作为衡量学生学习成果的一个工具,仍然在教育领域长盛不衰地存在着,仍然在衡量着我们获取知识的能力和成果。于是,在以获取知识的态度和行动以及成果大小为参考体系下,关于学习的三六九等又自然形成了。从"学霸"到"学痞"再到"学渣",高校学习生态圈的格局已经层次分明,从"学渣"到"学霸",一条鸿沟横在了学习生态链的底端和顶端之间。

其实,在学习的民间评价圈,"学霸""学痞""学渣"在本质上并非什么新鲜事物,与早些年大家口中所说的优等生、中等生、差等生标签也基本能够找到一个对应关系。换汤不换药,其生长基因如出一辙,全都出自应试教育这个由来已久的顽固母体。多少年来,关于应试教育的弊端已经有各种观点和理论充分论证,而素质教育也一直在不遗余力地推动。但现实总是残酷的,素质教育的呼声喊了这么多年,但在"坊间"我们评价学生的标准乃至学生之间相互评价的标准仍然固化在成绩优劣这条线上。其实,从人的发展来讲,学习上的"霸气侧漏"未必就一定能保证学生未来的发展顺风顺水,而应试教育的"学渣"也未必会一无是处、一败涂地。问题的关键不在标签,而在我们的评价标准以及这一标准对我们人才培养所产生的导向和引导。横在"学霸"与"学渣"之间的,其实就是从应试教育到素质教育的那走了多少年却始终无法跨越的一步之遥。

关于应试教育与素质教育的讨论,说到底还是教育体制的问题,尽管"学霸"和"学渣"都是当前应试教育下的产物,但是我们不得不承认的是,抛开评价标准的科学性问题,在"学渣"与"学霸"之间,态度的分水岭作用是显而易见的。"学霸"与"学渣"这对同门师兄弟,虽本同窗,但生活基本不同轨。"学霸"和"学渣"每天都在同一时间洗脸刷牙,但不同的是,"学霸"已经晨读完毕,而"学渣"却刚刚起床。"学霸"和"学渣"都有一样的校园卡,不同的是"学霸"一年可以重复用校园卡刷开图书馆入口的动作千次以上,而"学渣"也许常常忘记校园卡还有图书馆功能。"学霸"和"学渣"都有业余竞技爱好,但不同的是,"学霸"可能喜欢在学习之余跑跑步,锻炼身体,调节身心,而"学渣"则会选择网络游戏,并将其高端地命名为电子竞技。"学渣"也有为学习废寝忘食的时候,但那常常是在每学期考试要来的那几天,而"学霸"的世界里,对知识的追求永远是常态。

其实,早起与晚起、去图书馆或不去图书馆、跑步还是"宅"着、突击还是常态,对于每一个大学生来说,只有积极和消极的一步之遥,跨越这一步,"学渣"也能"逆袭"成"学霸"。

回音壁

学校是培养人才的摇篮,无论是古代的科举选才,还是现在所倡导的素质教育,育人都是教育的核心。经过几年大学生活的历练,有人逐渐成为行业的精英,有人则平平庸庸,甚至一事无成,同样在大学的校园,同样的起跑线,由于学习的态度、自我的追求不同,学生毕业时差别很大。积极地引导学生,帮助他们养成良好的生活习惯和学习态度,"学渣"也能成为"学霸"。

(郑州大学公共卫生学院团委书记　耿云亮)

令人忧心的"逃课神器"

随着移动终端的不断发展,手机 APP 应用迅速膨胀,在手机应用市场,各种"神"应用闪亮登场。最近,一款号称"全球首款大学生逃课神器"的应用在各大高校悄然传播开来。

金碑银碑不如用户的口碑,这款名为"超级逃课助手"的软件,一经推出后由于其广大的客户需求量以及贴心的便捷服务在大学生中赢得了不少的叫好,据称此款软件覆盖全国 3000 多所高校,每天使用其成功逃课的次数超过 1000 次。

其逃课原理大概是这样的:用户在软件发出逃课信息后,软件会自动进行"供需配对",帮助其找到愿意在特定报酬下帮其代课的同学,完成交易。在报酬设定上,应用开发者充分考虑到了高校学生的群体特点和现实需要,列出了五种回报方式包括:"请吃饭"、"请看电影"、"帮你一回"和"自定义功能"以及支付现款。在付款这件事情上,可以选择见面支付,也可以通过支付宝转账,交易十分便捷。

对于开发者的才能以及市场敏感性,我选择老老实实"点个赞",但是对于这个无节操的应用,我还是要表达一下一名辅导员的担忧。

在大学里,逃课现象其实也并不见怪,特别是在大四复习考研和就业期间,这个时候往往辅导员头疼,任课教师头疼,学生自己头疼,学校也头疼。有时候,一堂百十人的课,抓得紧能来一半,中途接到电话又要走出去一半,剩下的四分之一要么在看考研复习资料,要么在用手机浏览招聘信息。任课教师抱怨不知道课该怎么上;学生抱怨考研、就业压力大,课程咋还这么紧;辅导员抱怨学生也不容易,抓得太紧意见大;而学校则抱怨学生学风不好,课堂秩序差。总之,各有各的苦,各受各的罪。

有矛盾,就会有解决矛盾的方法,群众的智慧是无穷的,在饱受水深火热的煎熬后,"逃课神器"应时而生,从学生的角度来看似乎直接一劳永逸地解决了问题,相安无事,互不麻烦。但其实,无论是学生、教师、辅导员还是学校都非常明白,此事治标不治本,逃课神器令人心忧。

一忧教育缩水。大四课堂的"空巢"现象,直接造成了本科教育的实际缩水,学生被就业和考研绑住手脚,缚住心门,无心课堂,课程和老师成为摆设,四年本科间接缩减为三年专科或沦为研究生教育的预科,这样的情况下,如何能够保证本科教育的系统性,又如何保证人才培养的质量呢?

二忧缘木求鱼。在大四学生逃课这件事情上,课堂管理方采取宽松的管理姿态是值得商榷的。老师和学校出于对学生前途的关心,以及为考研率和就业率的考虑而放松了课堂管理,表面上来看,这对于学生的升造和就业是有一定好处的,但是,从长远来看,这种考虑却相当短视。大四学生不是考研就是实习找工作,无心课程,学业基本处于荒废状态,这样放弃教育质量而去追求就业率和升学率无异于缘木求鱼,直接损害的就是人才培养质量,最终也会影响到学生的升学和就业质量。

三忧学生成长。在很多人看来,在上课、考研、找工作这三件事情上如果需要依重要程度排个序的话,一定会将上课排在最不重要的位置,课堂为考研和就业让路貌似堂堂正正,实则冠冕堂皇。考研就业和上课完全可以如周伯通一样实现"双手互搏",互不冲突。在我们那个年代的小学课本里选编了华罗庚先生的一篇文章叫做《统筹方法》,这篇课文以一个人起床后需要做的事情为例,说明了一个问题。上厕所需要5分钟,洗漱需要5分钟,煮鸡蛋需要10分钟,加起来20分钟,但我们统筹安排,先把鸡蛋放进锅里然后再上厕所、洗漱,这样就节约了一半的时间。其实,我们在上课、考研找工作这些事情上,也完全可以实现统筹安排的。对于考研的同学来说,你不可能一天24小时都有很好的学习状态,所以你该上课照常上课,利用上课的机会既可以掌握专业课知识,也可以调整复习状态,为课后的高效率复习创造条件。而对于找工作的同学来讲,你没必要一直翘课奔波于各大招聘会去找工作,找工作不是逛大街,而是一个精准匹配的过程。比较科学的方法是你可以利用课余时间搜集行业资料和招聘信息,结合自身情况和用人单位要求有针对性地投简历,然后再按照约定时间参加应聘。这样可以最大限度地统筹上课和找工作这两件事情。

其实,在学生成长的过程中,在复杂的情况下安排和处理多项事务的能力也是其综合素质的一个重要方面。顾此失彼有时候是学生自己有意放松了自我要求,有时候是管理方降低了自己的标准,最终受影响的还是学生综合素养的提高,制约的还是学生自身的成长,所以,心忧之下,我们还是应该把好课堂这扇门!

回音壁

一款神奇的逃课软件,在学生中如此受宠,这不得不引起我们的深思。大学生逃课,早已是个普遍的现象,到了毕业班,考研复习、毕业找工作似乎成了学生逃课的正当理由,既让学校、老师头疼,又让学生们抱怨没有以人为本。其实,正如作者所说,大学课堂"打折",我们的教育品质也会打折,最终影响的不仅仅是学校的人才培养质量,同样也会殃及学生成长"本身"。学会统筹,合理安排时间,是学生综合素质中的重要方面,不能让考研累、学业重、头绪多、事务杂,成为我们放松自我、降低标准的理由。

(郑州大学公共卫生学院团委书记 耿云亮)

书香校园，给大学生注入一剂精神"读"药

今年，我校"阅读文化经典，建设书香校园"活动荣获教育部第七届全国高校校园文化建设优秀成果特等奖，消息传来，大家振奋之余，也产生了一些思考。

在我们的理解中，大学本来就应该是一个书香四溢的地方。但是，现在我们越来越感觉到了阅读之殇。读书这件让人进步和高尚的事情，现在已经逐渐在远离我们大学校园。电子阅读、网络、娱乐、游戏……这些网络时代的新事物对于年轻人的吸引力已经远远超过了书籍。大学里的天之骄子开始不读书了，这绝不是耸人听闻，有效阅读已经在不断地减少。

据1995年联合国教科文组织设立世界读书日至今，已经有19年的时间。据统计，欧洲人每年的平均阅读量是10本左右，日本和韩国接近这个数字，以色列人平均阅读量达到64本。而在我们中国，这个数字是1本。其实就这一本来说，其间的水分也是很值得一探究竟的。我常常走访学生宿舍。很多时候我都会有意识地看看学生书架上的书，我觉得，了解现在的年轻人在关注什么，从他们的阅读书目中也可以获得些许端倪。但情况并不是那么乐观，要么书架上摆满教材和英语四六级辅导书，要么就是几本励志书、心灵鸡汤放在床头。大多数人也就是偶尔翻翻，真正静下心来认认真真读完一本书的少之又少。

而相比传统书籍的冷清，在另一个世界，网络里的阅读似乎又很繁荣。我曾经看到有学生一度沉迷网络小说，在起点中文、红袖添香等阅

读网站付费阅读网络小说。这些小说大都有比较细致的分类。如魔幻类、都市情爱类、穿越类、武侠类、仙侠类,大都长篇累牍,有些小说甚至写到几百回,最让人搞不懂的是连网络游戏也可以写成鸿篇巨制。对于这样的阅读,我也曾经想去了解一下其为何会有如此大的吸引力。读了几篇之后,发现阅读这些书籍有一个共同的特点,就是读起来很轻松,基本不用去思考,但读完之后却几乎没什么印象。对于大学生痴迷于此类网络阅读,实在让人担忧。而伴随着这些年微博、微信的繁荣,人们已经进入了一个轻阅读的时代,人们似乎更加没有工夫去阅读了。我们的阅读已然成为危机。

可幸的是,现在高校已经注意到了阅读危机在大学生中的蔓延。我们开始重视和加强书香校园建设。在高校,一些热爱阅读的青年学生自发地建立读书会,搞讨论,写书评,搞交流,逐渐在校园里引领了一股重视阅读的风气,一时间书香四溢,读书作为一件带有时尚气息的事情在一小部分学生圈子中又悄然流行了起来,仿佛为这校园注入了一剂"读"药。我们期待书香校园建设的这剂"读"药能够产生持续疗效,让阅读成为一种常态,成为引领我们青年进步的思想源泉。

回音壁

书是人类进步的阶梯、终生的伴侣和最诚挚的朋友。然而,传统的阅读伴随着网络的普及逐渐淡化,网上获取信息成为学生阅读的新领域。但是,网络信息获取的便利,并没有增加学生的知识,相反,穿越小说、校园爱情、都市言情等网络小说占据学生大部分时间,使得传统阅读更加失去吸引力,造成学生阅读能力下降,缺乏思考分析问题的意识,值得我们深思。

　　("第五届全国高校辅导员年度人物"、郑州大学公共卫生学院辅导
员　孙锦峰)

为"理科身"安上一颗"文艺心"

文理分科的高考制度为每一个学生人为地打上了标签,从此理科男成了人们心中不解风情的"天然呆"。但是,在世界多元化的今天,尽管人们已经形成了对理科男的刻板印象,我还是要警告你:永远不要低估一颗在理工科环境中饱受摧残但仍时时刻刻不忘文艺的心。

"高斯拿走了我的尺规,从今以后我只好,徒手为你修眉。"——数学男的真情告白;

"你是心电图上小而圆钝的 P 波,为了时刻见你,我宁愿'室颤'也不要忍受 0.4 秒的分离。"——医学男的长相厮守;

"我用 0 和 1 描绘着这个世界的美丽,而你仅仅淡淡地说,每一行的 BUG 深深地出卖了你。"——IT 男的爱情幽怨。

无论是前段时间风行网络的三行情诗,还是近期搞得火热的爱情公式,似乎一下子那些一贯严谨、木讷、不苟言笑的理科男、工科女们都搭载着网络的东风开始以文艺青年的形象重新出现在公众的视野,人们不禁诧异,这些理工科的"汉纸们"难道是要向我们这些正统的文艺青年发起总攻吗?

事实上,这样的战斗一直存在,理科生的文艺"逆袭"也一直在不断地上演。远一点的,鲁迅先生弃医从文,搞的是医学,成就却在文学;爱因斯坦在物理学上做出了卓越的贡献,而其在哲学和音乐上也达到了很高的造诣。近一点来讲,"痞子蔡"蔡智恒、青年作家张悦然、郭敬明等都是理科出身;音乐制作人高晓松毕业于清华大学电子工程系雷达专业。

理科和文科,科技和人文其实从来都是相辅相成,彼此影响的。现在,在我们的大学生中,很多同学没有重视自己这方面能力的发掘和培养,导致部分同学在知识结构上发生了偏差,很明显地就是搞理科的不懂文史,搞文科的不懂自然科学。有时候,学生居然连基本的文史和科学常识都不懂,这样明显会制约学生的发展。现在理工科学生的人文素养问题就很值得我们关注,虽然文理分科,术业有专攻,但必要的常识教育还是不可忽视的,如果专业学习走到了一个极端,势必会影响到一个人的全面发展。再者,文理科知识体系虽然大相径庭,但是其学科还是有一些相通的地方,例如社会学会大量使用数学中的统计方法;医学里也十分关注人文和伦理,文理交叉常常会起到意想不到的化学反应。文科生多一点理性思维,理科生多一点人文素养,这样不仅让大家的视野更加开阔,思维更加活跃,而且也能够让我们文理出身的人们能够更好地交流,更好地相处。

一阴一阳谓之道,世界本来就是阴阳平衡的,阴阳互生,相互促进,为学生的"理科身"安上一颗"文艺心",就像为人的发展打开了一扇窗,帮助他通往一个更加开阔的世界。

回音壁

高考制度,造成学生的文理之别。人为划分往往误导学生只注重自己学科,而忽视其他学科素质的养成。人的成长离不开人的全面发展,科学与人文本来就是结合在一起、无法严格分割的知识整体。科学涵盖了自然、社会、思维等客观规律的分科知识体系,人文则指人类的各种文化现象。这两个范畴互相交叉、互相叠加,其共同构成了 21 世纪人才全面素质当中的一个方面:"科学文化素质"。文理分科造成科学和人文的整体割裂,在一定程度上影响了我们学生的全面发展。文科生多一些理性思考,理科生增加些人文气息,所谓一阴一阳谓之道,阴阳互生,文理互补,个人发展才能平衡。

("第五届全国高校辅导员年度人物"、郑州大学公共卫生学院辅导员 孙锦峰)

也谈《江南 style》

　　韩国歌手朴载相先生的"神曲"《江南 style》曾掀起了一股互联网上的大众狂欢,自 2013 年 7 月中旬左右通过网络发行以来,旋即受到美国流行乐明星在 Twitter 上疯狂追捧,加之网友们的疯狂模仿使得朴载相和他的江南 style 很快成为美国家喻户晓的红人与红歌。这一波"红歌"热潮很快传遍全球,以迅雷不及掩耳之势一举窜上 3.2 亿次的点播记录,打破世界吉尼斯纪录之 MV 在线播放点击量,而新的纪录还正在被一批寻找大脑皮层刺激点的网民所刷新。

　　由于受到广大网民以及身边朋友的影响,更是好奇于此曲的神奇吸引力,本人特意观摩了此曲。一曲下来,相当惊艳,朴先生的确相当具有破坏力。且不论"石破天惊"之骑马舞所展现出来的朴先生的创作功底,单是节奏上的快感就已经使本曲具备了迅速传播的能力,不得不说,朴先生的团队在流行音乐之流行原理上掌握得颇为到位。尽管其具备这样那样先天因素,但"神曲"终归是"神曲"。纵观近几年神曲的"前世今生",大抵可以找出一个规律,从早先的《两只蝴蝶》《你到底爱谁》到《最炫民族风》到《忐忑》,再到今天的《江南 style》,"神曲"总是以惊艳出场,旋即快速登上传唱高峰,最终也快速销声匿迹。正如安迪·沃霍尔的成名理论,现代社会每个人都有 15 分钟的成名时间,而事实上,"神曲"也没能逃过安迪的预言,短暂的"15 分钟"后,又回到了被人遗忘的角落,俨然文化界的"快消费品"。

　　在这种工业化的快消费文化产品面前,消费者所能采取的姿态只能是消极被动地接受,他们失去了任何抵抗的能力。人们一方面只认同熟悉的曲段而拒绝陌生的东西(有时候你会发现对于各大新歌榜你总是提不起兴趣,因为快速接受并喜欢上一首新歌对你来说是一个艰难的过程,这就是为什么每次 K 歌总是那些必点曲目),一方面又养成了一种精神涣散与漫不经心的听赏习惯,如此这般地长期与流行音乐耳鬓厮磨,人们感受音乐的能力势必下降,就像经常看通俗读物的读者在真正的艺术作品面前已经无动于衷那样。在长久的社会文化浸泡中,你还保有看到梵·高画及听到贝多芬交响曲的震撼感吗?习惯了这些雷人神曲,那些真正的美好还能感受到吗?

这种现象从当今社会人们的阅读习惯中就可以得到印证。打开起点中文、红袖添香等号称互联网最大牌的阅读网站,其内容之通俗化由此可见一斑,武侠、玄幻、魔幻、情感,甚至游戏类主题的作品往往占据阅读排行榜榜首,甚至创造上千万的点击。在这种阅读氛围下,严肃意义上的文学已经失去其市场,大街小巷再难寻觅几个书店,曾风靡一时的席殊书屋的门店有的已经成了包子铺,图书城的店铺卖的最好的也都是考试专用书店(功能性书籍是不能算作阅读品的)。事实上,在这个全民阅读浮躁化、表浅化的时代里,卖书的效益或许真抵不上卖包子。严肃文学、高雅文学的短路究竟为何?究其原因,可以归纳为经济社会的变化和生活节奏的改变引起了阅读习惯的改变。而多数人们对阅读收益的追求已经从追求心灵的洗涤下降到消遣和打发时间的层次。在这个时代,在这种生活节奏之下,心灵的洗涤已经是可望不可求的追求,生存的压力让你无暇顾及这种田园牧歌式的高级享受,于是在工业化的熏陶下,人们已经习惯了产业化的文化产品,一个主动寻求到被动接受的程式就这样形成。

从“神曲”到网络阅读,互联网带来的新的文化现象总是引起学术界的广泛评论。许多声音不断从四面八方发出,有人称《江南 style》的走红,纯粹是因为其 "贱" 的风格,而网络文学作品的流行则是因为其吸引眼球的标题和若干特殊描写。当然除了批评的声音,也有 "力挺" 的声音,毕竟多元文化已经是一个社会共识。至于人们该如何看待,这就是一个个人认识上的问题。对于此,我的看法是两个方面:

第一,无论是网络音乐作品还是网络文学作品,它们都不是严格意义上的艺术主流,应该将其归纳为时代的产物,工业文明和信息文明下的产物。它们产生于碰撞之中,必然伴随着碰撞而释放出巨大能量(大家知道,宇宙爆炸碰撞之后有些碎片成为星球,有些则成为陨石抑或其他)。这些文化产物产生于时代,其生命力也有待于时代的检验。

第二,无论是网络音乐还是文学作品,都属于文化现象。我们必须承认和认可文化的多元性,一个理性而客观的认识应该是具备包容性的。"贱" 也是一种文化,甚至是一种生活姿态。而一个网络小说的读者和一个严肃文学的读者二者之间谁的层次更加高尚,谁的灵魂更加干净,这不具有可比性,因为他们之间是绝对平等的。

我们需要包容和接纳多元的声音,因为这是一个多元的世界,时代在不断改变,我们处于一个开放的时代,人也应该以开放和包容的姿态投入到这个世界中。

回音壁

"一个网络小说的读者和一个严肃文学的读者之间谁的层次更加高尚,谁的灵魂更加干净,这不具有可比性,因为他们之间是绝对平等的。"按照洛克 "白板说" 的教育思想,一个人可以被后天的各种色彩涂抹成不同的模样,品尝"快消费品"的人群与咀嚼"经典主流品"的人群,在时间积累沉淀出的味道,终究还是不同的。平等的是每一具躯体里藏匿的颗颗灵魂,但依然可以呈现出各种不同景象而组成多元的世界。读书,不论什么书,在这个功利浮躁的年代,本身就是一件值得肯定的大事,读书毫无用处却是维系超脱的唯一路径,而沿途的思考与想象,是延展生命长度最宝贵的东西。至于读什么样的书,实为一件不必刻意为之的自然之事,如同身体缺少什么营养会经中枢神经排列组合并经由肢体完成摄取一样,人生的不同阶段,会对流行、摇滚、乡村、古典进行直面心灵最自然的选择。当青春时看多了不用思考的奇幻穿越,进入到需要严肃文学滋养的成熟期,自然会把它拿起。只要在读书的路上,就是好的。

(郑州大学党委学生工作部部长、学生处处长　戴国立)

后　记

　　自 2012 年底我在教育部中国大学生在线网站"辅导员"栏目撰写原创文章以来,时间已经过去了一年半。在这一年半的时间里,我以一个新辅导员不断学习和成长的节奏记录着工作以来的点滴思考和感悟,直至今日,倒也作出了一些文章,在同学们的大学生活以及自己的职业成长路上发出了三言两语的声响,留下了些许印记。

　　在这期间,我有幸得到《河南教育》高校版副主编赵东老师的关注,在"大学辅导员"刊中刊陆续刊登了几篇文章。赵老师是一个极富热情和有着丰富精神世界的人,他对辅导员这个职业的关注以及为辅导员职业成长所奉献的精力让人印象深刻。今年年初,新学期伊始,我就收到了赵老师兴致勃勃的约稿,他有意将我这一段时间以来所撰写的文章整理成册,于是,便促成了此书的出版。

　　此次所整理的 100 篇文章,是从我从事辅导员工作以来所记录的有关辅导员工作和个人职业成长的 200 余篇文章中所挑选出来的。文章分为五大类,既有对青年成长和教育现象的关注,又有对辅导员工作、生活的思考和感悟。在内容的编选上,注重体现了三个原则:一是杂而不乱,尽管所写的东西常是辅导员工作中的一鼻,一嘴,一毛,但合起来,也几乎可以反映一个辅导员的真实成长状态,已俨然是一个完整的形象了;二是不纠结于大道理,文章注重从辅导员的真实工作状态出发,不说教、不煽情,只讲真话、实在话、贴心话,完全是作者本人真实的情感流露,以期待同广大读者朋友做一诚挚的交流;三是短小精悍,试想在这个资讯爆炸的时代,要求日理万机的辅导员朋友们耐着性子读完属于我们每一个人工作领域里所熟知的长篇大论,似乎不太现实。于是,本书所选文章都尽量篇幅短小,以表达观点,寻求共鸣为准绳。

在本书的编写过程中,郑州大学学生处给予了许多具体的指导和帮助,我校各院系思政工作队伍中的多位领导和老师欣然为作品撰写点评,我所在的公共卫生学院各位领导和同事们给予了大力的支持,同时,我的恩师以及《河南教育》高校版副主编赵东老师为本书的出版工作付出了辛勤的努力,在此一并致以衷心的感谢!

由于水平有限,不当之处在所难免,欢迎广大读者朋友批评指正!

曾 鑫

2014 年夏